U0587395

THE BEHAVIOUR GURU： BEHAVIOUR MANAGEMENT SOLUTIONS FOR TEACHERS

像行为管理大师一样
管理你的课堂

给教师的课堂行为管理解决方案

[英] 汤姆·班尼特（Tom Bennett）著

中国青年出版社
CHINA YOUTH PRESS

图书在版编目（CIP）数据

像行为管理大师一样管理你的课堂：给教师的课堂行为管理解决方案 /（英）汤姆·班尼特著；
彭相珍译. —北京：中国青年出版社，2023.2

书名原文：The Behaviour Guru：Behaviour Management Solutions For Teachers

ISBN 978-7-5153-6810-8

Ⅰ.①像… Ⅱ.①汤… ②彭… Ⅲ.①课堂教学—教学管理—研究 Ⅳ.①G424.21

中国版本图书馆CIP数据核字（2022）第201784号

The Behaviour Guru: Behaviour Management Solutions For Teachers.

Copyright © Tom Bennett, 2010.

This translation is published by arrangement with Bloomsbury Publishing Plc.

Simplified Chinese translation copyright © 2023 by China Youth Press.

All rights reserved.

像行为管理大师一样管理你的课堂：
给教师的课堂行为管理解决方案

作　　者：［英］汤姆·班尼特

译　　者：彭相珍

责任编辑：肖妩嫔

文字编辑：郑敏芳

美术编辑：佟雪莹

出　　版：中国青年出版社

发　　行：北京中青文文化传媒有限公司

电　　话：010-65511272 / 65516873

公司网址：www.cyb.com.cn

购书网址：zqwts.tmall.com

印　　刷：大厂回族自治县益利印刷有限公司

版　　次：2023年2月第1版

印　　次：2023年2月第1次印刷

开　　本：787×1092　1/16

字　　数：233千字

印　　张：16.5

京权图字：01-2021-4540

书　　号：ISBN 978-7-5153-6810-8

定　　价：59.00元

版权声明

　　未经出版人事先书面许可，对本出版物的任何部分不得以任何方式或途径复制或传播，包括但不限于复印、录制、录音，或通过任何数据库、在线信息、数字化产品或可检索的系统。

中青版图书，版权所有，盗版必究

献给我的父母塔姆和贝蒂

以及安东尼·班尼特

感谢你们容忍我个人的所有不良行为

同时献给安娜

Contents | 目　录

第三章 给新手教师的学生行为管理建议　　　　081

第四章 如何进行学生日常行为管理   125

第五章 无处不在的学生行为管理问题　　　167

第六章 如何应对教学挑战　　　　　191

第七章 与其他成年人打交道　　　225

Preface | 前　言

2009年，来自TSL在线（*tslonline*）的盖尔·罗宾逊邀请我继续为《泰晤士报教育副刊》（TES）工作，成为教师们的线上"知心大叔"，为他们在课堂上和其他地方遇到的行为问题提供意见和建议。从那时起，我有机会与更多的教师们讨论了与教会学生保持文明行为有关的不同话题。能够与来自英国各地，有时甚至是全世界的这么多人讨论这些问题，对我来说很有启发。这段经历让我明白，行为问题无处不在，且教师们提出的五花八门的行为问题并非闻所未闻，早已有人在某个地方的某个时间遇到过，为此教师们应该相互支持、分享经验，并将自己的学习成果传授给其他教师，这非常有意义，毕竟我们应该是管理学生行为方面的专家。

我一直感到惊讶的是，仍有那么多的教师愿意无偿地花费时间在建议栏上提供个人的想法。考虑到一个经过深思熟虑的答复需要花费很长的时间构思和撰写，一定有很多的志愿教师通过无偿的善举，赢得了同仁们的认可！虽然总有一小部分人（反复地）登录论坛散布消极言论（我永远无法理解他们的动机），但几乎每一个登录论坛的用户都可以收获各种有用的想法，来解决日常教学工作中遇到的各类问题，确保教学工作的正常开展。在这里要感谢teachur、garyconyers、coolasacucumber和oldandrew等几位匿名用户提供的真知灼见，我向你们致敬！

　　这本书的大部分内容都是我在TES网站上写给来信者的答案。为了避免重复他人的问题或引起版权纠纷，我改写了书中收录的问题，但具体内容保持不变。在大多数的案例中，我在原来答复的基础上进行了拓展论述，以确保答复的内容适用于更多的普通读者，同时希望保持对特定问题的具体答复。这样的尝试是否成功，就请诸位读者自行判断了。

　　祝您阅读顺利！

Introduction | 序　言

　　我曾与来自英国各地的教师们就如何让学生们乖乖听话的问题，进行过无数的面谈和邮件往来，我发现同样的问题不断地被反复提及：大多数新任教师根本不知道如何控制课堂。他们怎么可能懂呢？毕竟，他们从未接受过这方面的教育，不是吗？本书倡导的一个理念是：行为管理是良好教学的基础。如果你无法控制学生的行为，就无法教育他们。这一点至关重要，就好像没有足够的水就没办法好好洗个澡那样。没有足够的水，怎么可能洗得成澡！然而，为什么如此重要的技能，教师培训工作不重视呢?

　　要么是教师培训工作开展得十分顺利（其实不然），要么就是大多数教师认为教育根本没有任何挑战性（但挑战无处不在），但事实上，考虑到有1/3的教师在入职5年内就离开了这个行业（其中一半人离职的原因是学生的不良行为），现实的情况可能比粉饰太平的行业招聘宣传要严峻得多。显然，教师们接受的培训不足以让他们有效地应对学生的不良行为问题。

　　这恰好是问题所在。课堂行为管理不是一种理论，也不是一套规则。它是一种技能，一种行动，一个主动词。它是一种技能，需要一个人全身心地投入，即头脑和身体的结合使用。它需要头脑，因为你必须训练你的大脑，无论在什么情况下，都自动以某种方式思考。它需要身体，因为你需要习惯于以某种方式行事，甚至控制你对某些情况的身体反应，直到它们也成为条件反射。

控制一个课堂，就好像驾驶汽车，一开始你会特别紧张于每一个具体的操作，根本无法同时思考任何其他的事情。但随着时间的推移，所有这些驾驶行为开始成为下意识的行动，有了头脑和身体的熟练配合，驾驶动作变成了一个习惯性的行为。同样的，教学是一种习惯，就像你想要养成的所有良好习惯一样，它必须要被反复地实践，直至成为你的第二天性。如果你对亚里士多德感兴趣（我也是），你可能会说教学强调德行，而非智慧。不过，亚里士多德从来没有遇到一个满腹牢骚的孩子，当着他的面儿说，老师把iPod从他身上拿走，侵犯了他的人权。

我们当前进行教师培训的方式可能很出色，也可能很糟糕，而这正是最棘手的地方——它充满了令人抓狂的不确定性。如果你足够幸运，可能会遇到一个真正懂行为管理的导师，知道如何手把手地传授行为管理的技巧，并足够敬业，一直指导你，直到你能够迈出职业生涯的第一步，也知道什么时候应该后退一步，并且退让到什么程度。这中间的变数太大，对于一个执着于完美地传道授业解惑的行业来说，我们在教师自身的教育和培训方面做得相当糟糕。

但在整个行业开始变革之前，我们也只能尽可能地优化当前的条件，打好手里的牌。本书提供的行为管理原则和建议是行之有效的；当然，它们并非万能，也并非完美无缺，但需要强调的一点是：课堂行为管理没有既定的规则，只有可遵循的原则。你需要学习这些原则，将它们以适合的方式，结合自己每天的教学活动和个人的行为管理方法灵活使用。要怎么用，你自己说了算。

最后，祝你好运！

CHAPTER 1
第一章

人与人之间如何互动

教育不完美，但并非一无是处的孩子

读者须知第一条，就是你可以跳过本章，直接看后面的问答部分。实际上，这无须多言，毕竟如何阅读本书由你自主决定。我想告诉你的只是，要直接回答简单的问题，不要像约翰·格里森姆①介绍故事背景那样长篇大论。

本章将探讨人与人之间如何互动（按照我个人的理解），我的教学工作皆以此为前提，且行之有效。你可以质疑本章提到的任何内容，剖析与反驳本章提到的任何观点。希望那些比我更有学术造诣的心理学大咖，在阅读本书时不要因为厌恶和嘲弄而被咖啡呛到。我敢肯定，我的很多观点难以自圆其说，但我完全不在乎别人的嫌恶与鄙视，一丁点都没有。

为什么呢？因为这些技巧都有效，在课堂上起到的作用明眼可见，我在乎的只有这个，想必你亦如此，毕竟你已经读过本书的前言（除非这本书跟那些被你翻来覆去阅读的畅销小说那样，被你自己翻到了特定的页面）。我明白自己在人性、心理学和人际交往方面，缺乏足够的了解，甚至没有发言权，但我的技巧行之有效。据我了解，多数关于课堂行为管理的理论，也并非来自专业

---

① 美国畅销书作家，擅长写作法律题材的惊悚小说。

教师，是不是很奇怪？

牛顿物理学解释了行星运动，但并非普遍适用。爱因斯坦相对论超越了牛顿物理学，后来普朗克和同事们又提出了量子物理学。也许你的某一位学生也会在这一领域突破牛顿定律，取得惊人的成就，开创出属于自己的科学分支。又或许我还可以训练猴子跳踢踏舞，这谁能说得准？关键在于牛顿物理学仍成立，只要是面向人能够观察并以日常合理的速度与条件运动的物体。

这就是我的方法与策略的出发点：教育那些不完美，但也并非一无是处的孩子。在我看来，大多数学生都是如此，对我而言，这就足够了。当然，行为极端、让人难以理解的学生也会有，但在处理这种情况的时候，你要明白自己的位置，你到底是教师还是教育心理学家。我会在第六章探讨应付极端行为的方法，因为你一定会遇到这种情况。除非你的学生都像瑞士女子精修学校那一对患有学者型自闭症的双胞胎姐妹，那就另当别论。不仅如此，在遇到这种情况时，你还要确认是否有学生让你心有余而力不足。

我要重申一点，你们遇到的问题大部分都可以解决。（而且这些都只是问题，人们何时开始习惯于将棘手的问题称为"挑战"？如果某个周日早上，你打开门，发现一个光头裸男，手握链锯出现在跟前，这是一个问题；有人用手套打你的脸颊，还骂了一句"你个流氓！"，这才是一个挑战。）

那么，如何用最简单的方法解释学生的行为呢？

人是动物吗？

事实上，人确实是动物。几个世纪以来，传统智慧一直认为人类与地球上的其他动物有根本不同。这一观点的理论基础主要在精神层面，按照基督教的经典说法：上帝按照自己的样子创造了人类。非唯物论者认为，有一样东西是人类拥有而其他有机生命体缺乏的，那就是灵魂。

对于这一观点，我既无法证明，亦无法反驳，那就只好保持沉默。但人类无疑与动物有许多类似的特征，不仅是身体，更重要的是，还有心理特征。

如今，于许多人而言，这根本不足为奇。动物睡觉，人类也睡觉；动物进食，人类也吃饭。它们用一堆树枝仔细掩埋粪便，我们也……你懂的。动物与人类的血液循环系统相差无几，皆为某种看似与心脏极为相似的器官所驱动，也都有感知外界的皮肤、眼睛和耳朵，有舌头和泪腺，会疼痛，会恐惧，会腹泻，也会觉得饱。事实上，人与动物的相似之处比"不同之处"多得多。

有些人对此感到恐惧，他们似乎怕自己不如动物。我收到过一些内容更加离奇的信件。我并非一概否定，但我认为这种恐惧没有必要。

躯壳里的灵魂①

诚然，正如古希腊人所认为的那样，我们很有可能只是灵魂的载体，由灵魂与肉体结合而成。即便如此，我依旧坚持原来的理论。我们和动物极其相似，以至于火星人可能认为我们会在圣诞节时与动物交换礼物。这一点显然无可争辩，我的理论起源于此，本书后面的内容皆由此展开。倘若这一观点属于谬论，后面的内容可能也算是荒谬之言。但我不这么认为。

我们有很多关于动物的资料。我们应该为所欲为地对待那些逆来顺受的动物吗？我们把动物装扮成小丑捆绑于火箭之上，还把所有动物都视为食物。上帝对亚当说："我将赐予你权力，统治海洋之鱼、天空之禽以及地上所有的牲畜和爬行的昆虫。"于是，亚当搓着双手，心想："哇，这么多美味的食物。"

对人类行为的研究起步晚，19世纪以前，只有哲学家偶尔会研究这一领域，直到很久之后，对人类行为的研究才用于医疗目的。然而，在动物界的行为研究对人类来说并不陌生，人类研究动物行为已有几个世纪，当然，通常是为了人类自身的利益。研究了解马类、牛类的行为方式大有用处，我们可以以此来预测这些动物的行为，根据人类的需求提高它们的效用。人类学起源于研究行为细节，这并不奇怪。人类学最初研究住在有着栅栏的村庄、印第安人帐

---

① "躯壳里的灵魂"（The Ghost in the Machine）又被译为"机器中的幽灵"，指的是笛卡尔的心物二元论，由哲学家吉尔伯特·赖尔在《心的概念》中提出。

篷以及山洞里的外国人，研究内容则是一些让他们显得很不文明的奇怪习俗。显然，这是自命不凡和拥有科学知识的帝国主义者对原住民文化的研究。在现代人看来，研究中表现出明显的文化优越感，即这些所谓的外国人并不完全是人类，研究他们的时候与研究动物园里的动物差不多。你看！看！那个家伙在鼻子上穿了一根骨头！

到了20世纪，科学家才开始认真研究自然聚居的人类行为。德斯蒙德·莫利斯是其中一位领军人物，《裸猿》一作让他名声大噪，莫利斯的文章轰动一时，解释了人类行为的基本生理前提，包括大笑、育儿、一夫一妻制、微笑、被其他司机惹怒但不采取实际行动，甚至还解释了为何人类会在不必要的情况下穿衣服（不过，苏格兰是例外，他们认为如果穿着不慎，那些巨大的长着短小前肢的爬行动物就会卷土重来；在请谁吃饭或红酒与猴子肉能否搭配的问题上，他们无比纠结）。

令人惊讶的是，人类所有行为在某种程度上几乎都与基本生理需要或与古老文化因素息息相关。而这些文化因素如此古老，以至于我们不知道它们为什么还存在。我们似乎继承了很多源自史前的行为模式，它们就像男人的乳头一样，仍然存在。

舞池里的动物

舞池与人类行为有何关联呢？到伦敦苏豪区的夜总会工作的那段时间，是我第一次对人类行为学感兴趣的时候。这是一项可以使人自然而然变成哲学家的工作。我用了很多时间冷静下来，观察人们在混乱环境下的行为，那些醉醺醺的衣冠禽兽在发泄情绪的同时，经常会放松警惕（别的不说，我们的失物招领盒看起来就像女士的内衣抽屉）。重要的是提前设想应对人群的方法，要知道哪些事情会让他们高兴，哪些事情会让他们恐慌。为了防止怒火中烧的大块头醉汉撞上玻璃窗，还要研究出简单有效的控制技巧。不过自然不是控制身体，而是通过劝说来平息或阻止一场争斗。跟我们打交道的有妓女、醉汉、小偷、警察、生气的新西兰大块头和行为粗俗的年轻女子，要让这样一群人守规矩，绝对不能只靠肌肉。

多数争斗与面子有关。动物之间打架的结果常常不是其中一方受重伤，就是两败俱伤。如果考虑到伤口感染、伤势恢复期、狩猎能力减弱等因素，在野外受伤都可能致命，所以动物打架没有双赢。于是，若非受伤的概率为零，大部分动物对于打架，都是能免则免。但是，动物出于保护伴侣、领地、食物等原因，或者在感到紧张的时候，难免跟别的动物翻脸。那怎么办？打一架？

不见得，动物进化出了一种复杂的、通过摆出各种姿势就可以毫发无伤地解决争端的方式。这种情况在动物界比比皆是，比如猫会弓起背并竖起尾巴，狮子怒吼，狗会围着对方转圈、呲牙和狂吠，昆虫会尽量伸展翅膀和甲壳，让自己看起来比以前大一倍。种种行为都是为了告诉潜在的敌人，想要打架，就可能受伤。换言之，这种非言语的行为表现旨在不使用武力吓退攻击者。受威胁的一方会警告说："劝你三思，我可能把你咬得屁滚尿流。"

这就说到了事情的关键——面子问题。每一种文化都会涉及面子问题，你的身份和别人对你的看法，都与面子有关。譬如在中国，当众发怒、表现恐慌，甚至表露过多的喜悦，都属于行为不当，说明你没有能力控制情绪，所以很没面子。一个人的面子是他向外界展现的公共形象，与内在世界完全是两码事。面子是经过精心设计的假象，目的是展现最好的自己。

那夜总会呢？其实都一样。我见过的所有干架都是因为一些鸡毛蒜皮的小事，比如打翻了酒杯、舞池里若有若无的碰擦、鄙夷的眼色（女人在争吵中喜欢使用这种武器）。当争斗双方都拉开架势（并挺起胸脯）时，他们却君子动口不动手，非常有趣。嘴里说着"我要教训你一顿，你这个窝囊废"，脚下却纹丝不动。他们没几个人想打架，实际上巴不得不用打架。

我见过几次真正的打斗，有人确实对另一个人不满。他们是怎么做的呢？他们径直大步走向惹自己生气的人，二话不说，"砰"一拳打到对方鼻子上。没有过多地摆弄姿势，就是出其不备，一拳锤到对方的鼻子上。这就是一次真正意义上的打斗。其他都与面子有关，担心丢脸。其实，以我的经验而言，多数的打架都是由于双方都下不了台。有什么教训？如果你不想让对峙升级成打斗，就要设法让双方体面下台，而不是让他们显得像个傻瓜。

你的身份地位

与面子息息相关的是身份地位，也就是在同龄人中有什么地位。有些人唯一的人生追求就是身份地位，他们必须开最好的车，住最豪华的房子，用性能最好的冰箱，绞尽脑汁地跻身上流社会。有些人则似乎对权力、地位、他人的尊重漠不关心。但是，人类是一种社会性极强的动物，与他人之间的关系具有极其重要的意义。人们会自发地相聚在一起，即使最离群索居的人也需要陪伴、亲密关系和熟人。真正的隐士其实少之又少，不值得关注。但如果有人说你是一个孤僻的人（loner），那就是对你最大的讽刺［与"失败者"（loser）只有一字之差，真可怕］。所谓"孤僻"，就表明没有能力与他人建立亲密关系。

作为社会动物，人类的自我形象和自尊取决于他人的看法。你或许会说："这不是正常现象吗？不过，我意志坚定，充满自信，地位也不低，不需要别人的认可！"真的吗？即使是以自我为中心、心理稳重的人，也有自卑的时候。这些人有的时候也会渴望他人的认可，也许需要的不是来自大众的认可，而是他们信任与尊重的特定小群体的认可。

我在夜总会经常看到这种情况，男人成堆的地方就更明显。你可以像观察狗一样观察他们的行为，倘若狗也喷迪奥的华氏香水，也在塔普曼男装店（Top Man）购物。其实，狗与人类有许多相类似的地方，把男性群体与狗相比，具有很大的启发性。但凡熟悉自己的小狗狗的人，都应该知道狗是天生的群居动物，尤其关注领头狗的动向。狗群必然会建立一套进食顺序（自然而然，不用法官的判定，这是天性。看，我还能做自然类节目呢）。驾驶雪橇的人懂得这个道理，他们的雪橇犬会有一个雄性领头犬，它必须走在犬群的前面，否则犬群就会在一望无际的雪地上转圈。领头犬后面是地位稍低的狗，以此类推。犬群的最后是戴着眼镜的爱斯基摩人，他们从来不去干预狗群的顺序。他们也乐得轻闲，只要狗群知道谁是老大就行。

这就是所谓的支配性（dominance），人类社会也有这种特性。一起工作的一群男性常常受这一原则驱使——只要明悉谁是群体里的领导者，办事效率就高。但是，领导者软弱，他们就会挑战权威，不断发牢骚，搞破坏，最后不是领导者终于能够管住他们，就是事情完全搞砸，就看哪种情况先发生。我首次雇用的保镖团中，有一个人对此表示认同，他说一个男人走进房间，会四处扫视房间里的人，心里想着两个问题——自己能否打败这个房间里的所有人？哪个女人会喜欢我？我会说我并不完全同意这一观点，免得惹怒了一群正义之士。但不得不说，我的保镖说的还是有点道理，至少从潜意识层面而言是如此。我们会在短短几秒钟之内形成对他人的第一印象，改变对他人原有的印象却需要几周。在动物界，支配者是谁并不难判断，一般而言，体型更大的动物就有能力把别的动物揍一顿，所以谁是支配者显而易见。

然而，在人类世界，支配他人的权力与社会地位和影响力息息相关。我们不再通过打斗解决争端，因此谁控制谁就取决于地位、年龄、长相、工作、收入和其他各种反映优势的指标。其中一个主要的决定因素还是人的言行举止，包括你的态度、脸部表情，甚至还有走进房间的姿态。你见过那种胆小和不善于社交的人没有？还有那种像走进自己的地盘那样走进房间的人？这就是优势。

自信程度决定了表现。如果你对自己所在的处境（比如面对工作或新交的朋友）感到紧张或没有自信，就有可能以顺从的姿态对待他人。但如果你自以为了不起，你就会在心里想，这个傻瓜到底是谁？

谁说了算？

应该如何展现顺从性（submissiveness）？在某种程度上，展现顺从性尤其简单。推销员常常使用小伎俩来销售商品，比如走到潜在顾客或者容易上当的人跟前，掉下一点东西。倘若对方主动为推销员捡起这些东西，那么他们天性就很顺从，即使向他们兜售月球上的房子也能成功；假如对方无动于衷，等着推销员自己捡起来，就说明这人并不好对付。当然，这种情况并没有考虑同情心、礼仪、风俗习惯等因素，不过还是有一定的道理。你是英国人吗？如果人群中有人撞到你，你会先说对不起吗？如果你在开心乐园套餐里发现了一块指甲，你会给那个年轻可爱的服务员好脸色吗？老板把你气得暴跳，他们讲笑话，你还是会笑笑捧场吗？种种行为都能表现顺从性。这些行为方式没有任何本质性的错误，有了它们，社会才会团结。如果酒吧里有个身材魁梧的维京人觉得你喝的酒度数太低，只有10岁女孩才会喝，听到这，你迅速地掂量了一下，发现他动动手指头就能够轻易把你打趴的话，示弱可能可以免遭一顿毒打。如果一个5岁小屁孩指着你，逼你交出身上所有的钱，要是你直接给了他银行卡取款密码，那就太傻了。

我们都会通过对方的行为方式和说话方式，在很短时间内对彼此做出评价。我会在下一节对此进行深入探讨。

这就是我想要探讨的问题。人类是一种会犯错误、小心翼翼、残酷无情、既原始又复杂的动物，他们不一定有更高的智慧，即使有也很难影响他们的行为。接下来，本书将继续探讨这个问题。

支配性、身份地位、自我形象与课堂教学有何关联？

在课堂教学中，有关支配性、身份地位、自我形象等方面的问题至关重要。为什么呢？因为作为一名教师，想要完成教学任务，就必须让学生听话，管好学生。假如有人对此不予苟同，也许并不适合当教师，这很严肃，我不会在这个问题上开玩笑。我真的见过一些教师认为管理学生不是自己的工作内容，也没有为管好学生而做准备。确定要这样吗？这样的话，清洁工则应该抗议说收垃圾不关他们的事。作为一个清洁工，看见有垃圾却不去收，他还算是清洁工吗？我不知道。清洁工收集垃圾是他的工作，清洁工则是他扮演的社会角色。倘若不打算花心思认真准备自己的教学工作，为何还要当教师呢？

教学并非一份工作，而是一份事业，一种使命，一份担当，毕竟，不管喜欢与否，你都会影响学生今后的生活。如果你认为自己的工作没有价值，那么你就会给他们造成一种影响。如果你认为自己的工作有价值，那么你可能会给他们造成一种更好的影响。这关乎的是他人的一生，每个人的人生都只有一次，由不得他人浪费和轻视。所以，教学不仅仅是一种使命，还是你在人生中除了为人父母教育孩子以外，所要承担的最沉重的一份责任。

如果你不喜欢控制他人，那赶紧离开，放下手中的这本书，离开书店。如果你已经买了，那我会退钱。其实，钱我也不会退，因为你一边说着不喜欢控制他人，还决定成为一名教师，简直愚蠢至极。如果你觉得让这些小可爱们为所欲为，他们最后就会乖乖听你指挥，那么赶紧离开教育这一行，我说的是立刻，因为你对孩子们没有好处。说实在的，别为人师表又不管不问，教坏别人的小孩。要是这样，我本人一定找上你这个十恶不赦的大魔头。

我想，假定那些道貌岸然者已经离开，剩下的读者都准备接受这一观点，即他们不得不用自己的意志去影响别人。怎样做到这一点？

控制他人是一种微妙的艺术，之所以能够控制他人，原因各种各样，所幸其中比较重要的原因并不难说明，也容易为教师接纳。人们常说，在昔日美好的日子里，孩子更加敬畏权威人物。（虽然在某种程度上，这种说法有一定的道理。但我一直不清楚何为"昔日美好的日子"。我们应该如何定义"昔日美好的日子"呢？如果有一瞬间这个世界变成了纳尼亚世界的模样，生活无忧无虑，我肯定是眨了眨眼，遗憾错过了。毕竟我现在所处的世界，生活似乎一直充满挑战。）

30多年前，孩子们对长者，包括教师、警察和牧师，可以说是比较尊重的。我祖母那个时代，当牧师从街上走过的时候，整条街道的窗帘都会同时拉开，沙沙作响。电视画面也因此变暗，令人觉得屋里的电视有点像（被欧洲人打败的）奥斯曼帝国。

即使在我当学生的时代，任何孩子，包括有精神障碍的孩子，对教师的不敬也绝对不到我们现在习以为常的一半程度。在我当教师的第一年，上课期间我把一个小可爱领到教室外训话，谁知道，她尖声叫道："你凭什么把我带出来，你以为你是谁啊？"

我说："我是你的老师，也是一个成年人。"她答道："那又怎样呢？"你应该对这种情况也见怪不怪，所以才会读这本书。

学生对教师的尊敬情况早已不同以往。你再也不能想当然地认为，仅仅凭着自己的地位、经验、资质、年龄或所谓的智慧就可以管理学生。也就是说，这些因素到底有什么用？为何本书的立场会有这样的变化呢？接下来，我会阐明背后的部分原因，但现在只要承认这种变化就行了。这是现实，是活生生的现实。这并不意味着人心不古，或者说到处都这样，只是说不能想当然。你只能打好自己手里的牌。毕竟，命运掌握在自己手里。

面对这种变化，我们应该如何应对？改变看问题的角度吧。我上过的课程，有数十门，种类繁多，有行为管理学、神经语言程序学、肢体语言学、"发表言论有何种力量"以及"如何交朋友与影响朋友"等。我也读了很多本这些方面的著作，主题从疯狂的神秘主义者到大企业的自助大咖。（坦白说，我曾经有一段时间感到很迷茫，也读过《谁动了我的奶酪？》《高效能人士的七个习惯》等著作。我安然度过了那段黑暗的日子，但靠的并不是一本书。）

度过了这段黑暗的艰辛旅程，实现自我价值，最终得到的结果可以简单概括为：大多数情况下，良好的行为管理就是常识。我学习过的所有东西，无论是真的行之有效，还是表面有效，都在许多人身上发现过，比如泡夜总会的人、成功的父母、警务人员、保镖、优秀艺人以及我认识的优秀教师。他们都是下意识地管理自己的行为，甚至不假思索。如果要他们中的大多数人解释，如何掌控自己的观众、如何让自己的孩子穿袜子、如何安然无恙地离开夜总会，他们大概一问三不知。下面我简单概括一下他们的做法：

1. 行胜于言

看到政治家在总统大选中许下承诺，你的反应会是："真的吗？人人可以免费吃冰激凌？下一年实现零犯罪率？那美国最佳总统候选人非他莫属了！"抑或是："麻烦做了再说。"博彩公司通知你，你被抽中并赢得了100万英镑奖金。听到这些，你会哭得歇斯底里，然后给自己订一套花花公子大厦套房吗？还是会先等博彩公司的人把钱送到你面前？

对于以上两种情况，如果你选择了第一种做法，我会说"你是否太天真"。正常人都知道，夸夸其谈轻而易举，口头承诺如同易开难兑的支票。作出承诺，却只说不做，对方就清楚明白你原意所在。行胜于言，光说不练无异于谎言，而满口谎言之人决不会成功。

如果一只大猩猩在面对另一只大猩猩时站起身来拍打胸脯，却在最初的威胁之后偃旗息鼓，第二只大猩猩就再也不会把它的威胁当回事了。因此，在跟学生打交道时，不能犯同样的错误，也断然不能拍着自己的胸脯，对孩子夸下海口，却光说不做。

2. 行动要果断

你是否知道80%的人际交流不是通过语言？我们如何看待这个数字？虽然听起来不靠谱，但我感觉非常精准。不过社会学家总是感到不太舒服，认为自己的研究不像重力或汽车发动机运转那样，有着牢固的科学依据。不过，我真的不在乎，毕竟无论是80%、60%，还是99%，显然数据表明的都是"很多"。所谓"言行一致"，就是所作所为亦是所言所说的另一种表达方式。我拿着老虎钳掐着你的鼻子，对你说"我爱你"（这是真的，我真的爱），你觉得我真实的想法是什么？除非你来自有着奇特亚文化的地区，把挑衅认作爱慕，否则你可能会一脸迷惑，或许还会觉得有点被冒犯。如果在一个人头攒动、生意火爆的餐厅里，服务员走到你的身边，说了一句"我马上来"之后匆匆走开，冲向厨房，满头大汗，神情焦虑，这样的服务员会有多真诚？有80%的真诚吗？

如果我想我恐吓一班闹哄哄的学生说，不听话，就给所有人的父母打电话，但是我只是对着一个学生这样说，或者对着墙壁低声说，那么我的话真的可信吗？我真正传达给学生的信息是什么？

3. 注意说话音量与语速

携大棒，轻声说话，这有点像"心口如一"。绝对不能对孩子大喊大叫，绝对不能，除非班级里的学生真的完全不听话，需要大声说话压过他们的声音，让他们认真听讲。否则，不要大声说话，说话的时候，声音保持在稍高于正常谈话的音量水平，不急不慢、稳中有序地说清楚每一个字，像个真正的权威人士那样。你就是权威人士，因为你是教师！

说话匆匆忙忙、语调过高、谈吐不清，种种表现都表明内心缺乏安全感，不够坚定，担心说话的时候别人不会认真倾听。如果你说话很快，这可能意味着你担心别人突然打断你，空气会突然安静，场面突然尴尬。说话的时候应该要有一些停顿，别人才会注意到说话的内容，所说的才会有一定的权威性。这似乎也在说："看，我口才多好！崇拜我吧！"

隔绝外界打扰，在家好好独自练习吧。

4. 注意说话时的身体动作

一定要挺直腰杆。没开口之前，你的一举一动就已经开始发出信号，所以要注意自己的身体语言。你与学生说话，是正面对着他们吗？是在看着他们说话吗？还是移开了视线，看其他地方？抑或一边说话一边动来动去？要是如此，那就更糟了。身体动作与口头话语一样，需要庄重，显得深沉而又克制。不能走来走去，站姿要稳如泰山，抬头挺胸。如果双手不知该如何安放，就拿本书，或者双手放在身体的两侧。别动来动去，显得自己紧张兮兮，因为别人很容易就看得出来，要拿出"这就是我的地盘"的气势来。

5. 教室是你的地盘

确定边界。你可以向学生明确声明，这是你的地盘，由不得他们做主。你走进"那间"教室，面对"那班"学生，经常会忧心忡忡吗？想想，这多么荒谬，你是一个拥有丰富教学经验的学科专家，你已经成年，可以投票、开车、生育、入伍、买烟，还有很多的事情都可以做。而那些孩子有的甚至要在成年人陪伴下才能去电影院看《间谍小子4》。

怎样把教室变成你的地盘？按照自己的想法，摆放教室里的物品。不喜欢桌子和椅子成排摆放？那就重新摆放。喜欢桌子和椅子围成一圈摆放？那就摆放成圆圈。如果可能，要比学生更早到达，随心安排教室的摆设。把黑板放好，拿出书本，一切安排都是为了表明："小屁孩们，我在这儿了，一切都准备就绪！"展现你的威严，告诉他们："我是这儿的主人。"下发新的座位表，命令所有人脱下帽子。只要你喜欢，只要你觉得这样有利于营造安全有序的学习环境，就行动起来。《守望者》小说或者同名电影里有一情节非常有意思。义警罗夏被捕后，与他亲手抓进监狱的恶棍们一起关在监狱里，这些坏人想到终于有机会和他清算旧账了，高兴至极。但是，但凡有人靠近自己一步，罗夏都会把他们打倒在地，还对着一屋子被吓坏的犯人大叫："你们搞错了！不是我被迫跟你们关在一起！是你们被迫跟我关在一起！"这是我能列举的最为贴切的例子。这是你的地盘，由不得他人做主。

6. 切忌动气

要保持冷静。告诉别人你在掌控全场的最佳办法，就是表现出自控力。无论如何，切忌发脾气，也不要大声说话，尽量避免暴露情绪。诚然，这完全就是在演戏，你心中肯定有一团怒火在熊熊燃烧，但是也要控制好情绪。你是专业的教师，要是像学生一般，有事发生，就情绪化，学生就会知道他们已经激怒了你，可以给你带来伤害。所以，如果有人拒绝听从指令，千万别生气。先把名字记下来，罚他们留堂，并且盯紧他们，态度要友好，轻声细语跟他算账。

与学生说话，面对学生，不管事情好坏，都要做到神情稳定如山。至于说话的语气，我能给的最佳建议就是想象自己只是在蔬菜水果店买一斤土豆（如果你是85后，就想象自己在一个没有停车场、规模非常小的乐购店里买东西，超市收银员站在柜台后面）。难道你会对收银员发脾气吗？不会吧。对学生说话，就要假装所说的一切都合情合理，顺理成章。"我要几斤胡萝卜，谢谢。"绝不吵架。管理非常有趣。与别人谈话，视其为狗屎，那么对方领悟到的只有"我位高权重，你一无是处"，后果不堪设想，因为不知不觉中，你把自己放在了对方的对立面，于是无论你要求他们干什么，他们都只会抛诸脑后，这绝非你想要的结果（我曾经见过一个保镖在一桌子女士面前先是骂了一句脏话，接着对她们愤怒地说："你们是不是打算喝完了就离开？"可笑的是，她们根本就没听见他在说出那句脏话后说了些什么）。

另一方面，如果态度过于殷勤，就是走了另一个极端，学生会觉得你软弱无能，他们潜意识中听的就变成了"我很可怜，我说的话没人重视。你们比我重要多了"。所以，千万别对一屋子鄙视你且性格好斗的学生说："拜托你们了，孩子们，你们好好做作业，我会很开心的，做作业对你们有益无害啊。"屈己求人不可取，他们会想，喂，谁在放屁？

绝对不能这样，在接手一班学生的时候，你最好让他们注意到你坚定而平稳的语调、姿态和性格。这样做比甜言蜜语或厉声呵斥都管用得多。给这帮学生上课，只是你必须处理的繁忙日常工作的一部分，绝对不要容忍有人打乱你的日常安排。

奖与罚

人们喜欢能够带来乐趣的东西，不喜欢无聊的东西，这是人类心理的基本特征。我是不是说得太快了？请重新读一遍这句话吧。很抱歉。接下来我要做一个假设：人们做事的目的就是得到喜欢的东西，并回避不喜欢的东西。现在你们可以放心了，我的理论推导到此为止（开个玩笑，莫见怪）。当然，众人皆知，这就是奖与罚的基础——反对一种行为，就会进行惩罚；喜欢则予以奖励。为了避免惩罚，人们所做的努力，要比为了得到奖励所做的努力多得多，不管是于教室生活，抑或于整个人生而言，都是如此。的确，即时惩罚带来的威胁对行为的影响，要比即时奖励的承诺有力得多。大棒比胡萝卜管用。

接下来的内容可能会让人感到不安，若真如此，那就再好不过了。想要折磨他人，惩罚他人，绝对是一种阴暗的心理，有虐待狂的嫌疑。即便如此，也不妨碍上述现象的真实性。棍棒般的威胁远比糖果般的允诺更有影响力，所以，完全以奖励为中心的课堂行为管理体系虽用意良好，但最终都会失败。因为有些学生会懒得追着所谓的糖果跑（有些是多少？是很多吗？大部分人吗？不管多少，肯定会到那种可以毁掉整个行为管理体系的程度），但是无论是谁，一想到会遭受惩罚，都会退缩（几乎每个人都是这样，只有很小一部分不会如此，对于这部分人，可以采取个性化的管理措施）。

把人类描绘成这个样子可能不会给人什么启发，但事实如此：我们都喜欢舒适的生活。我们会在沙发上不断转换姿势，来找到一个不会让我们感到不适的地方。可是在为生活带来实质性的改善方面，我们做得很少。

课堂上呢？同样的道理：行为良好，当然要奖励，学习进步、努力学习等在学业其他方面有不错的表现，都要予以奖励。但是，如果没有实施惩罚的机制，迟早会遇到麻烦。有些教师不使用惩罚，学生仍旧表现良好。为什么呢？因为他们的惩罚措施已经实行了很长时间，孩子们都知道如果违规就会受罚。他们从一开始就有惩罚措施，如今孩子们已经养成了好的行为习惯，所以才不会受罚。

假如教师未威胁一旦犯错就会惩罚，学生就会为所欲为。为什么不呢？难道真的人性本善吗？我认为纵使真的人性本善，也不可能每个人都性本善。总会有小部分学生喜欢搞破坏。毁掉整个班级只需要几个调皮捣蛋的学生。

所以，无论在教室里做什么，希望你一定要制定惩罚机制，确保这个机制一直有效，公平适度。若前后不一，只会让学生觉得他们偶尔可以免受惩罚，于是就反复违规（不管具体是什么行为）。惩罚机制不公，学生就会抱怨，对你恨之入骨。他们会投诉你种族歧视、体形歧视、偏心个别学生等等，学生家长也会致电投诉你，说你故意刁难他们的孩子。惩罚机制没有掌握好度，人们就会觉得你性情暴躁，他们这样想，可能也没错。如果某个孩子忘记铅笔放在哪里了，你也没必要在教室里大发雷霆。

　　总之，学生做了你不喜欢的事情，就惩罚他们；做了你喜欢的事情，就奖励。但至少在开始阶段，惩罚应该比奖励多得多。奖励太多，学生会认为你就是一个脸颊红润的圣诞老人，而不是你需要成为的掌控权威的人。对学生太好（没错，教师对学生过于宠溺也是有可能的），学生就不会尊重你。这有点让人痛心，但是铁一样的事实。他们会觉得你很容易对付，然后你就真的变成这样。最后，学生会毫不犹豫地犯下一系列大错，没完没了。给学生奖励时要非常谨慎小心，为什么呢？假如班级过于难管，有几个学生整节课都像个傻子一样在大呼小叫，拜托你，千万别因为快下课了，他们在嘴里塞了点吃的，不再大吵大闹，而对他们说"谢谢你们""你们也没有表现得很差"之类的蠢话。表扬学生的积极行为确实重要，但一味地这样表扬，学生们就只懂得"糖果"的滋味。很遗憾，在一个坐满几十个学生的教室里，你鲜有机会去表扬行为良好的学生。但纵容一个人的自私自利，整个班级都会失望。

　　告诉学生你有的是办法对付他们，同时，只有来真的，他们才知道你不是在吹嘘。但也不是说随意使用惩罚，而是说要让他们清楚地知道，你对他们的行为有什么要求，明确他们的界限。就比如猎人捕狼，一旦有狼越界，必定有"捕狼陷阱"等着。抓住越界者之后，立刻实施惩罚。其他狼也越界？启动另一个陷阱，来一个抓一个。（别担心，这样的陷阱还准备了很多。）以此类推，抓住！抓住！全都抓住！第一次有人越界，却没有受到惩罚，学生就会觉得偶尔越界也无妨。于是，他们就会冲破界限，寻找下一个可以跨越的界限。换句话说，想象自己在侏罗纪公园，公园周边装上了电网围栏，困住公园里的动物，四周都立着"禁止进入""前方是禁区"等指示牌。学生就像是侏罗纪公园里的迅猛龙，沿着电网围栏飞跑，看看围栏哪里破洞了或者没有通电。一旦发现，就立刻冲破围栏，接着寻找下一处可以跨越的地方。

　　上了几节课之后，学生的越界行为很快显现，最迟不超过开课后的几个星期。学生会听话一段时间，在"围栏"前不断试探。一旦开始出现越界行为，他们就决不会停下，直到你开始采取行动。请牢记两点：设置"围栏"，备好"惩罚"。只要有惩罚手段，学生再难管，也没有办法一直无法无天。

永不言弃

永不言弃是我能提供的最简单的忠告，集之前我提过的所有观点于一身。事实证明，孩子们更相信眼见为实，所以比起你所说的，学生们更相信你所做的（噢，说的就是这些不靠谱的孩子们）。因此，设定了留堂机制，就一定要贯彻落实。倘若届时没有人如预料中那样在下课后留下来，倘若一切照旧，那还不如根本没有设立这样的留堂机制。"噗"的一声，惩罚就像魔法一样消失得无影无踪了。所以，要永不言弃。要在放学留堂和联系家长方面牢牢把握主动权，也就是说要认认真真记录好犯错学生的名字，记录犯错的具体时刻和日期、事情发生的具体细节，这样如果他们反驳，就会有足够的证据与他们对抗。学生无视一次留堂惩罚，不参加一次集会，超过一次最后期限，就升级一次惩罚，这样他们才会因为反驳教师而后悔。

请记住，按照我们所假设的动物模式，在你让它们养成正确的行为和反应习惯以前，你只能这样做上几次。你的小狗在地毯上排便，就给它教训。这样似乎场面不太好看，但你愿意狗狗活了15年，就亲手洗干净地毯上的便便15年吗？还是把它训练成行为方式更让人满意的小狗呢？可能话说得有些夸张，但是一直追着小狗尾巴跑，就是在无止境地浪费时间。

教师教育孩子做到品行良好，并非缘于享受控制欲，也不是因为以前从未在学校交过朋友，而是由于在乎学生。因为在乎，所以希望他们能够表现好。希望他们表现好，就会坚持要求他们遵守立下的行为规则，因为行为规则是打造良好教育环境的根本。说到底，这才是最重要的事情。或许，这些条条框框会给他们带来些许伤害，会让某些学生不舒服，甚至让学生感到厌烦。可是，你是成年人且真心关心学生，更重要的是，你清楚什么是对他们有好处的，就好像保持健康的饮食也许不如吃薯片配热月龙虾那样让人津津有味，但是健康的饮食有利于延长寿命。

从某些方面来看，行为管理规则就好像锻炼身体，有益于身体健康，但有时让人不适，不过真的不可或缺。管控学生行为不是为了讨学生喜欢（如果真的如此，那也不错。但是说真的，有多少成年人会和12岁的孩子交朋友呢？我有许多学生，我也很喜欢他们。或许，他们也喜欢我，但没一个算是朋友。我不会给朋友设留堂机制，就算他们连续10次都忘记带笔，也不会责骂他们。我与朋友一起喝酒，允许他们批判我的生活习惯；我会对他们发誓，也认真听取他们的人生建议）。管控学生一言一行，是因为他们需要你，需要你去承担一个成年人的角色，去掌控一切。一位经验老到的同事曾经对我说："孩子们非常有趣，他们反感权威，同时又渴望权威。"这话说得一点都没错。问任何一个孩子，怎样才算一名优秀教师，除了那些让人发笑、无关紧要的老套说法，总会听到他们回答"有能力管好整个班级"。这种回答并不罕见。如果你表现得值得他人尊重，学生就会尊重你。如果表现得软弱无能，他们就会讨厌你。这话虽然难听，但千真万确。

我们一定不要忘了孩子来上学的目的，他们在学习做人。学生的确有自己的权利，每一个学生都有很多权利。有时甚至他们所说的话，有不可低估的价值。但我们绝不能忽略了教师的目的是充当领航员的角色，引导学生长大成人这一点。为人师表，不只为了教书，从来不是这样。为人师表，还要育人。所以，我们要勇于承担为人教师的责任，承认掌控权在自己手里的事实。某些教师不确定自己现在拥有或应该有多大的权力，能够管得了学生多少，近乎到了胆怯而不敢行动的地步，这是我从事教师行业以来见过对教师行业伤害最大的一件事。此外，有些教师还会怀疑"我们真的有权给学生立下规矩吗"。最糟糕的是，因为这种不确定，有些教师甚至很可悲地去安抚学生，与学生商讨将要立下的规定，还想要试图说服学生遵守规则。

这简直荒谬。如果年仅4岁的小孩子想要碰烧得炙热的煤炭，难道还要与她谈判，耐心解释不能碰的原因吗？当然不用，直接命令她不能这样做即可。我要是聪明，可以解释其中缘由，但不管解释与否，她都应该听从我的禁令。现在，随着这个4岁小女孩逐渐长大，她完全可以去研究事物原来的样子，可能还会思考事物应该是什么样子。思考这样的问题对小孩子而言有益无害，他们在成长的过程中不就是应该多思考多质疑吗？不过，这位4岁的小女孩想要获得立规矩的权力，就要像教师一样主动去争取。在此之前，比她年长而且有智慧的人说，所立下的规定公平公正、完全正确，那她就得认真遵守。

比如，作为一个哲学教师，我明白生活中许多事情并不是非黑即白，也会有灰色地带。譬如，杀人究竟对不对？也许对，在战争期间可能是对的，在自卫过程中可能也是对的。大家都清楚这一点。但是，即使我心里明白事情不会那么简单，我还是会告诉学生，杀人是不对的，撒谎也是不对的，盗窃更是不可取的。为何？这样她才会知道这些道理，她可以长大以后再去了解这个复杂的世界。想要一个4岁小孩懂得伦理道德的微妙，懂得人生百态，简直是天方夜谭，所以我不会让她承受这种负担。

同样，对于大部分青少年，让他们为自己制定规则是他们无法承担的责任，因为他们还不够成熟，还没准备好。许多青少年的心理处于一种所谓"目中无人"的阶段，他们自恋自大的程度已经到了极点，许多人还难以换位思考去理解他人的需求，只在乎自己是否能得到认可，而忽略身边人应有的权利。总而言之，他们有些许自私自利。不过，这问题也不大，属于意料之中。我也年轻过，我们都年轻过。以前年轻时，一些好心的教育工作者告诉我，他们很看重我的所思所想与内在感受，如果我不想遵守规则，我只是在"表达一种需求"，但这些都是我不需要听到的。孩子们需要成年人的指导，直到他们长大成人，然后我们会让他们做他们认为合适的事情——只要他们能承担后果。

我们是成年人，为人师表。他们都是懵懂小孩，帮助他们去做我们做过的事，学会我们的本领，甚至超越我们，是我们的责任。所以，教师的工作才会如此重要，想要能够胜任这份工作，就应该教会孩子们如何成为品行优良的人。

　　"你以为你是谁?"

　　我是你的老师。

整治课堂小动作

一条溪流从山上缓缓流下，不断侵蚀山体，然后逐渐形成一道峡谷。一条小溪可以切开一座山峰，并不是因为它很强大，而是因为它的持之以恒与耐心。所谓滴水穿石，就像一颗杂草的种子最终可以顶穿铺路石倔强生长那样，它们都利用了同一个强大的武器：时间。同样，学生的不良行为也会对你的课堂造成水滴石穿的效果，如果你放任学生在课堂上的各种小毛病，那么它们就会最终彻底毁掉你的理智和课堂效果。各种课堂小动作是教师们最经常遇到的一个问题。不要在乎同事们在休息室分析的夸张的破坏性行为，例如将椅子扔到教室外（但这也是我们不应该忽视的严重破坏性行为，如何处理详见本书第六章），因为教学工作实际上主要需要教师们处理学生们日常的小问题（就像那些潺潺溪流，而非汹涌澎湃的大江大河），而所有这些令人生厌的小问题已经足以令你疲于奔命。

这些课堂小动作单个看起来算不上什么大问题。当你终于结束了一周漫长的教学工作，在周末的时候从教师的身份中跳出来，与教育行业之外的朋友们聚会时，它们甚至不值一提，但当你将所有这些细微的、在你的身边反复出现的小问题的负面效应叠加时，它们就会形成一片痛苦的海洋，令你漫漫长夜无心睡眠。所有这些无伤大雅的小动作，会成为一堂精心规划的课堂的软肋。

那么，什么是课堂小动作？我可以通过举例和定义来提供两种答案。让我们先从常见的例子入手：摇晃桌椅、用笔到处敲击、不经允许跟其他人交头接耳、老师讲课时插嘴、传小纸条、放屁、迟到、嚼口香糖、上课用手机发短信、在教材上涂涂画画、戳身边的同学……事实上，我们可以无穷无尽地举例。基于这些非常熟悉而具体的案例，让我们给它下个定义：任何破坏课堂效果，但又没有真正地影响课堂进度的行为，我个人习惯将其定义为"一切烦人的行为"，尽管这个定义不一定客观准确，因为我们是不同的个体，讨厌的东西或行为或许各不相同。当学生们不想学习又不敢告诉你时，他们就会在应该学习的时候，表现出这些琐碎的、令人不安的捣乱行为。

这些课堂小动作具备巨大的破坏力，身为一名教师，在你必须承担并履行教书育人的责任时，这些行为会一直如影随形地破坏着你的努力。这是日常教学工作中不可分割的一部分，就好像附着在船底的藤壶。这些捣乱行为看起来很轻微，所以你觉得处理起来应该也很轻松，事实上，当你只需要处理单个的此类行为时，问题的确能够很轻易地解决。任何老师都能够对付一个在课上把圆珠笔弄得咔咔响的学生。不过当全班学生此起彼伏地这么做，还有学生不怀好意地制造噪声，而坐在后排的学生又在打赌，看你什么时候会爆发、爆发的时间会持续多久、爆发的程度会多严重时……问题就会变得很棘手。

既然你是人，那么你的耐心肯定是有限度的，你的精力也有限，在同一个时间段内，只能够专注于解决有限数量的问题，否则你会心烦意乱，无法集中注意力。令人惊讶的是，很多时候，少量的烦人行为就可以把一个老师逼疯。因此，你要时刻牢记下面两点：

1. 这种课堂小动作经常发生；

2. 很难同时处理十几处小动作。

学生们早已掌握在课堂上捣乱的诀窍，他们知道这些行为能够让你的血压值瞬间飙升到水银柱的顶端，就像游乐场里测试游客力量的工具那样。多数学生没有胆量直接挑战教师的权威——不管你相信与否，他们仍然只是孩子，尽管有些孩子已经因为各种捣乱行为而恶名昭著，但多数学生依然害怕直接挑衅成年人。因此，多数学生不会直接在你的课堂上站起来，四处乱窜，他们喜欢玩一些传统的把戏来捉弄教师。学生的此类行为背后的动机，大致可以分成下面这三大类：

1. 为了让老师陡然变色；

2. 为了在有关犹太食品法的"精彩"课程中分散你和他们自己的注意力；

3. 鉴于有太多东西已经被禁止在课堂上使用，他们需要找到一些事情来打发时间。可怜的孩子们，他们在课堂上除了学习还能干吗呢？哦，对了，还可以捉弄教师……

大多数教师（尤其是新任教师）对学生在课堂上的不良行为十分敏感——必须压制任何不良的苗头。因此，当类似的捣乱行为同时发生，或同一行为短时间内频繁发生时，教师们就会迅速地感受到极端的压力。然而，教师们一定要牢记，最重要的一点是千万不能让这些捣乱行为干扰到自己的正常教学或让自己情绪失控。是的，我知道，你们觉得挺容易，对吧？大多数时候，学生的各种小动作是为了娱乐他们自己，就这么简单。如果他们发现，这样的行为还能够顺带让你血压升高，变得气急败坏，那么毫无疑问，他们一定乐此不疲地重复这样做。而反过来，如果学生们发现，这些小动作并没有困扰到你或让你失控，那么他们自己就会很快感到厌倦，并寻找其他的事情来做。幸运的话，他们可能会听课！

那么，身为教师的我们，在学生的糟糕行为面前，如何保持冷静，不发脾气呢？在本书的第八章中，我将会探讨教师如何应对和处理来自课堂之上或课堂之外的诸多压力，但此时此刻，针对小动作，我给诸位的建议是，你可能需要改变自己的态度。你需要学会对其置之不理，需要认识到这不是针对你（教师个人）的行为（因为学生并不了解你），此外，还需要牢记，教书育人是你的一份工作，你不是在养育自己的孩子。而且，你要发自内心地相信，任何不当的行为都要受到惩罚——如果不是在课堂上，就是在以后的某个时刻。关于这一点，我想要强调的是——你必须理解它——这种认知将让你在学生的糟糕行为面前依然能保持冷静，因为他们会受到惩罚。

此类课堂小动作，实际上是学生们让自己有事可做的一种方式，因为他们往往只是单纯地感觉无聊，无法集中注意力跟着教师的节奏在学习的汪洋大海中往前航行。鉴于这本书是一本专注于探讨课堂行为管理的著作，我不会在这里展开论述如何让课程变得更有趣，这是因为，如果教师们不能妥善地解决学生们在课堂上的不良行为问题，再精彩的课程都无法给予他们学习的动力。那么，我们要如何处理学生们的实际行为问题呢？

除了假装自己不会因为这些行为而像一个圆鼓鼓的气球被戳破之外，教师还需要做的事情是：执行惩罚。想要绕过它是不可能的——这就是教师们在学校里要做的事情，哪怕你工作的学校以学生们的自律和听话闻名，就好像一个垃圾清洁工需要捡起垃圾、裁缝需要缝纫……那样。因此，如果你不得不执行惩罚措施，那么这并不意味着你是一个失败的教师。正好相反，这会让你成为一个成功的教师，成为一个专业的教师，因为你正在履行自己的职责，这是一件正确的事情，只要你还承担着教师的身份，这就是你的工作职责。永远不要再怀疑地提问"我到底什么时候才可以不用训斥学生们的行为"，因为答案或许会是"可能永远都不会有这样的时候"。

正如你将从下文的问答中看到的那样，处理这些课堂小动作，说起来很容易，但在实践中却十分困难。这完全是一场消耗战，而身为教师的你一定要取得最终的胜利，你不能退缩、恐惧以及转移视线。只有这样，你才能够赢得这场战争，而如果你输了，那就意味着在未来的每一节课上，你都需要反复地打同样的仗。

那么，你打算怎么做呢？

源源不绝的请假

亲爱的汤姆：

　　我现在是一个4年级班级的实习老师，一切都进展得挺顺利的，但有一件事情让我觉得很困扰。我的班级似乎一直没有摆脱学生流鼻涕、头痛、肚子痛和咳嗽的困扰。学生们不停地找我，表示他们身体不舒服，并且经常有学生觉得想要打喷嚏、看医生、回家或吃麦乐鸡等等。我并没有手忙脚乱，每次都会严肃而认真地处理他们的请求。但令我崩溃的是这样的请求源源不绝，有的时候，我甚至要花上20分钟的课堂时间来处理这些五花八门的病假理由！当然，我也不敢完全无视这些请求，万一他们真的觉得不舒服呢？！我到底该怎么办？我是一个教师，不是医疗救护人员！

　　对于那些怀疑自己生病了的学生，以坚定、严肃的态度回应他们的请求，你可以说一些类似于"嗯，我明白了，好的，现在请你安静地坐下，等到休息或午餐时间，我们再来看看你的情况怎么样"的话。然后，尽快安排一个生动有趣的活动，并要求学生积极参与。如果抱怨自己不舒服的学生率先参与了活动，你就会知道他们实际上夸大了自己的不舒服；如果他们表现得恰好相反，那或许是真的生病了。

学生的家里一团糟，我怎么联系学生家长？

亲爱的汤姆：

　　你好！我接手了一个很难管的8年级班，但幸运的是，大部分的学生都很配合我，除了一个小女孩，她的问题真的很严重。当我向年级主任反映她的问题时，年级主任告诉我，她也无能为力，因为小女孩的母亲刚刚中风了，另外，她的哥哥也有精神问题，总是在家里试图踹她的房门。

　　我真的很同情这个学生，她的家庭生活听起来实在是很糟糕，但我无法接受她在学校里表现出的攻击行为。我觉得打电话给她的家长好像不是很合适，我要怎么解决这个问题呢？

考虑到这个学生家庭生活的混乱和焦虑，我认为她现在可能比以前更需要明确的规则和严格的界限。我认为，学生的母亲如果知道自己当前的身体状况助长了女儿的捣乱，并对孩子的教育产生了不利影响，应该会很担心。如果我是学生的母亲，我会希望在女儿的生活中，有其他负责任的成年人尽可能地为自己的孩子提供正面的支持。

　　你在问题中并没有提到，这个女孩是不是需要照顾自己的母亲，或需要自力更生地照顾自己，还是有其他家长的参与，如果她的生活中还有其他成年人，那么请你联系这个人，向他/她解释一下，每个学生都需要遵守学校的纪律，不管他们的实际生活情况如何。遵守群体的价值观，是一个群体对其所有成员的期望，这个小女孩也需要明白这一点。她的母亲正在经历人生中最艰难的一段时光，从某种意义上说，这么讲或许很残酷，但她的女儿，怎敢以此为借口，粗鲁地对待他人和自己的老师呢？她的母亲最需要的是支持，而不是提心吊胆地担心女儿会因为自己的病情而走上歪路。

　　因此，这就是这个小女孩需要从老师这里听取的强硬言论，如果她试图打断你，并表示"你不能这么说我，我的母亲已经病得那么严重"时，只要她母亲的身体状况已经恢复到可以与校方沟通的程度，那么你应该直接联系她的母亲。如果不行，那么就与她生活中其他可以影响其行为的成年人沟通。如果小女孩需要放学之后直接回家照顾母亲，那么惩罚小女孩的时间或方式可能需要调整。如果她不需要这么做，那么可以要求她放学后课后留堂，并同时实施常规的惩罚。

　　生活中的悲剧并不能成为自私自利的理由，这些悲剧或许能够说明学生的不良行为或提供理由，但不可以成为理直气壮的借口（我曾经教过一个10年级的学生，她的母亲去世之后，她亲自来到学校，向教师解释说，她需要休学一段时间，但会在后面的几周把学习的进度赶上来。说真的，我对她这种处理事情的成熟度感到震惊）。这个小女孩肯定需要很多关爱，你需要以同情和理解的方式与她沟通，告诉她你能够理解生活的突发事件使她和她母亲感到很困难。但她的行为需要遵守界限，这恰好是学校和教师可以为她提供的东西。

假装听不见的学生

亲爱的汤姆：

*　　我10年级的班上有一个难搞的小姑娘。她经常做出各种各样的举动来破坏我的课堂：她会假装听不见，让我不断地重复说过的话，然后转过头就跟朋友嘲笑我这样有多蠢；在我教育别的孩子时，她不仅会插嘴，还会嘲笑这些学生；一看到愚蠢的、搞笑的事情，她会不顾场合地笑得前仰后合。我们尝试了留堂的惩罚，她会有所改善，但很快又会故态复萌。你有什么建议吗？*

　　这种行为一定让你十分厌烦，因为它如此地令人感到沮丧和无奈。

　　首先，控制这种行为的主要手段永远是惩罚，而且必须无情地、严格地实施。只要学生大笑出声，或嘲讽同学，就应该执行惩罚了。教师应该平静地、不慌不忙地告诉这些学生，他们将受到留堂或校规的惩罚。在宣布惩罚措施之前，一定要确保他们清楚地知道自己犯规了，例如：在课堂上放声大笑等于无缘由地大喊大叫；在教师教育他人时插嘴等于不经允许交头接耳。所有这些小动作，都进行了伪装以逃避惩罚，但都是没有用的。这是蓄意的卑鄙行为，因为学生本来想侮辱你，却用另一种行为加以掩饰，在被惩罚的时候喊冤。如果学生们就是这样想的，那么教师就需要明确地解释清楚：在教师看来，这些都是不良的行为。那么不管学生如何抗议，都必须接受你的定义。而如果他们选择无视教师的警告，重复此类行为，就要做好接受惩罚的准备，因为教师已经事先给出了公平的警告。

所以，教师首先要确定，学生们是不是每一节课上都会玩这样的把戏，如果是这样，教师就需要每节课执行惩罚！如果这样都没办法修正他们的行为，那么可以加重惩罚的措施，直到暂时将他们驱逐出课堂（仅在必要的情况下）。因为，是学生自己导致了事态和惩罚的升级，不是教师。

这听起来有点像师生关系不和谐的问题（或许这种说法有点轻描淡写），比如学生不喜欢你？因为学生讨厌特定教师，也会成为某些课堂行为问题的导火索，哪怕是因为教师是唯一管束和纠正他们不良行为的人。

如果可以，教师应该与学生开诚布公地谈一谈，告诉他们，你所做的一切，都是希望他们能够变得更好，而且你相信如果他们努力尝试，就可以变得更好；同时让他们明白，他们之所以被课后留堂，是因为他们不停地违反课堂的纪律。

当然，在谈话过程中，教师也可以适当地表扬和肯定学生，比如说没有人认为他们是坏人，他们的行为在某种程度上是可以被原谅的。为了说服学生，你需要使学生们相信教师并不是高高在上的，也是可以理解他们、换位思考的，且你提供的建议是有价值的。

最后，不惜一切代价，尽量不要对他们的小动作做出反应，至少不要以任何方式满足他们的预期或意图——你只需要事后告诉他们可能会受到什么样的惩罚就足够了。如果教师自己可以做到不小题大做，揪着不放，那么学生往往很快会放弃，毕竟这些小可爱们这么做的初衷就是为了惹恼你！

学生们一点都不怕我

亲爱的汤姆：

　　我开始怀疑自己作为老师的能力——我曾做了很多年的老师，然后休息了一段时间，现在又重返教育行业做兼职老师。回归之后，我发现教书育人变得困难了，学校也不像以前那么好管理了。在小班教学的时候，一切进展得还算顺利，教学效果还算可以接受。

　　但是在给其他老师代班的大课（很多课都是大课）中，全班同学都不愿意按照我的要求做事。这些课程的教学质量并不高，学生们的表现虽然不至于让我叫来校领导，但他们从未在我的课堂上真正学到东西，因为我整节课都在疲于奔命地忙着救火。对我来说，这样的教学堪称糟糕。我很喜欢教学这份工作（或曾经热爱），但如果我不能真正地教会他们一些东西，那我就不知道自己是不是真的适合做这份工作。我感觉自己曾经掌握的课堂管理策略一点用处都没有了。在考虑辞职之前，我想听听来自您的专业意见。我曾被学生视为一个让人害怕的老师，但真正亲近和了解之后，你会发现我其实很友好。

我们不可能赢得每一场与学生对抗的战斗。我钦佩你的职业抱负。帮助其他教师管理或辅导陌生的班级，是对每个教师的教学技能和责任心的终极挑战和考验。它将让你意识到，全世界最恰当的肢体语言或最好的教学状态都无法与熟悉的环境和明确的行为准则相媲美，而所有这些都需要重复、惩罚和言行一致的坚持得到强化。

如果你真的可以做到言出必行，并想把这些问题搞清楚，那么你就必须要竭尽全力地在新班级中树立全新的口碑和权威。观察和了解新班级中每个学生的每一个不良行为——如果你不知道他们的名字，就请他们的班主任来帮助辨认，然后按照教师们最喜欢的惩罚或升级惩罚的路径，处理这些课堂不良行为，而且要坚持每一次都这么做。当然，这必然需要付出海量的时间和精力以及具备坚定不移的决心，在所有这些措施生效之前，你可能需要等待一段漫长且看似无望的时间。或许你会像约伯那样在黎明前咬牙切齿、放声号哭。只要你能够坚持如一，那么最终你一定可以与学生打成一片。他们会意识到"这个老师是一个永不放弃的人"，并悄悄地相互转告这个认知。那么，你有胆量接受这个枯燥而艰巨的挑战吗？

当然，你也可以选择另外一个完全合理的处理策略，该让步时就让步，循序渐进地建立起个人的权威和声望（鉴于你只是代课老师，这个过程要缓慢得多）。最终，学生们会认可你的权威，你将再次成为那个令学生们"害怕"的老师！

无所事事的学生

亲爱的汤姆：

班上的一个学生让我很是头疼。如果没有我一直施压和盯着他，他就会……什么都不做。他是个安静、低调的学生，看起来总是沉浸在自己的世界里。我找他谈了关于学习的问题，他也同意更努力地学习，当我问他，我可以做什么或改变什么来帮助他提高学习成绩时，他说不需要。他的妈妈也加入进来，配合老师们一起努力，但其他经验更丰富的老师无计可施。按照他这个节奏和状态，他将无法完成课程的学习（他现在是10年级，所以亡羊补牢，为时未晚）。他觉得自己很笨，因为班上其他的孩子看起来很聪明。我该如何处理他的问题？

这是另一种形式的课堂行为问题——学生的行为完全不具备破坏性，但他的表现可能导致大多数课程的成绩不佳，或挂科。

对于这个男生来说，威胁和惩罚能够起到的作用很有限——如果为了避免课后留堂的痛苦，他可能会愿意更努力一点，但他只会做最低限度的努力以避免激怒老师或平息老师的怒火，因此看起来并非有效的解决方案。此外，你可能需要费尽九牛二虎之力，才能够让这个学生早起一点学习。所以，这些都不是很有用。

这个学生的家庭背景是什么样的？他的家庭是否重视教育？如果他的家人不支持和认可学校的工作，那么这个孩子必然不看重自己的学习。但大多数家长（即使是那些自己年轻时没有好好学习的家长）都很聪明，会很看重孩子的未来和学习，你是否与他的家长交谈过？来自家庭的压力比一百次留堂的效果更好。

对失败的恐惧或许是导致他不愿意学习的另一个潜在拦路虎，在这种情况下，教师要充分地赞美他在学校表现出来的任何主动或积极的行为。我建议教师大力地肯定和赞美他的课后作业，因为这种做法成效显著。请注意，"任何事情"都可以，而且应该包括教养方面的表现，如善良、礼貌等。

这可能是一个难以解决的问题，因为我们面对的是由于长期缺乏信心与自尊而形成的障碍，因此也不要期待奇迹，觉得学生可以一夜之间发生巨变。如果进展缓慢或毫无进展，也不要觉得这是自己的失败。即使你永远看不到他身上的变化，他也会记住你为他付出的所有努力，所以尽管你没能帮助他通过考试，但至少你证明了，还有其他人相信他的能力和努力，而这对他而言，可能是成长过程中能够收获的最有价值的东西。

学生将矛头指向教师

亲爱的汤姆：

我教的10年级尖子班上有一个女孩，她非常聪明，但却给我带来了很多麻烦。下面是一个常见的典型例子：她说"你教的都是些什么垃圾，如果我考试没过，就都是你的错"，我开始给她写课后留堂的通知，她走过来看到我正在写惩罚单，就开始喋喋不休地抱怨我有多么的不公平，以及为什么我不可以让她课后留堂，等等。然后她说她要去投诉我，因为我专门针对她，然后她还顺手偷走了我的白板笔和橡皮擦。

如果她真的很聪明，就对她说你欣赏她的智商，这可能会让她感到惊喜，很多聪明的学生在面对低难度的学习内容时，通常以不良行为的方式做出反应（且这很常见），这是他们表达蔑视的一种方式。这种思想或行为本身就需要被驳斥，但身为教师的你可以告诉她你知道她真的很聪明，并询问她是否愿意接受你给她安排一些真正有挑战性的学习内容。或许这种迎合了其自尊心的做法能够产生奇效。

尽管如此，她也需要很快意识到自己的行为是有问题的，教师必须严格而迅速地惩罚这种违规的行为。因为她表现得就像是一个引导不良行为的领头羊，如果教师放任她的行为，不予理会，那么她将带坏整个班级的学生。作为领头羊，其他学生会从教师处理她的行为中获得暗示，所以教师要迅速采取行动，调动自己所有的毅力和力量，执行学校规定的惩罚措施。如果这个女孩没有因为偷走了教师的白板笔而被处罚，那么学校需要反思其学生管理的规范，以及如何为教师提供足够的教学管理支持。

一些高智商学生的傲慢与无礼

亲爱的汤姆：

我的学校里有很多有才华和聪明的学生，虽然我很喜欢这种高难度的教学挑战，但作为一个学科专家，我遇到了一些明显想要让我出丑的学生。有的时候，当我承认自己不知道问题的答案时，他们看起来得意洋洋，并交头接耳地说"你看，他又不知道答案了"等类似伤人的话。我觉得他们是想让我看起来愚不可及，我应该怎么办？忽略他们吗？可能他们只是喜欢捉弄我。

这就是一些很聪明的学生的黑暗面：傲慢。他们绝对不是在表达对你的兴趣，除非是对嘲笑你有兴趣。我的建议是：

将这些学生打散安排座位，你可以尝试重新调整全班同学的位置，这样他们就不会感觉这个举动是专门针对他们而设计的。或者你也可以直接只调整他们几个学生的座位，他们怎么想，重要吗？他们显然已经因为无礼而冒犯了老师，按照我在这本书中传达的理念，这意味着你需要采取惩罚措施。你无须在课堂上正面回应他们无礼的评价，但可以要求他们课后留堂（不直接在课堂解释，是为了避免在课堂上发生冲突）。课后留堂时段，你可以跟他们"谈话"，应该围绕无礼和礼貌这两个核心的话题展开。在"友好的交谈"之后，继续执行留堂的惩罚。通过这些措施，他们应该清楚地意识到，贬损老师是违规的。但身为教师的你，如果选择无视这些行为，那么忽视的时间越长，他们对你的伤害、对课堂的破坏就越久。这种示弱将强化他们的行为，导致他们进一步地藐视课堂和教师，更糟糕的是，这可能会鼓励其他学生有样学样，因为你没有能力处置这些厚颜无耻的家伙。

更严重的是，如果你不立即着手解决这些行为，整个班级的纪律就会受到影响——孩子们非常聪明，他们会很快嗅到你的弱点。但如果处理及时、得当，他们也将学会尊重教师的权威。所以身为教师，你要让学生们明白一个道理："惹恼老师没有好果子吃！"

教室里无处不在的交头接耳之声

亲爱的汤姆：

　　我教好几个大班，每个班里都有那么七八个学生在上课时不停地讲话，严重地影响了正常的教学秩序。我给他们实施了课后留堂的惩罚，但效果不佳，下一次课他们还是老样子。每次看到这些学生，我都不敢肯定自己能不能把正常的教学内容讲完。我知道不可能把他们赶出课堂，但有的时候刚说完消停了一会儿，不一会儿的工夫他们又开始讲话了。

我该怎么办呢？

显而易见，这是一个令人痛苦的情况，你忍受这些学生多久了？如果是一整年，那么你就需要反思一下，他们在留堂的时间里都做了什么？你采取的措施是否严厉到可以威慑他们？在留堂时段内，要确保这些学生按照要求去学习，如果你对学习的成果不满意，就让他们重做。

另外一个问题是，课后留堂的时间是否足够长？如果你只要求他们留堂5分钟，显然是不够的（即所谓的威慑力不足），针对所有扰乱教学秩序的行为，至少实施半小时以上的留堂，并要求学生全程保持安静，专注于学习。如果没有效果，可以延长留堂的时间，从半小时延长到一小时，然后变成两小时，还可以从自己监督变成年级主任监督，或实施周末来校留堂，甚至内部开除（这个惩罚的具体实施细则，需要参考你们学校的校规）。在惩罚措施无效之后，要确保调整并加重惩罚的举措。坦白地说，如果一个学生每节课都被留堂，但没有取得任何改善，破坏行为还是周而复始地出现，那么我会选择自动加重惩罚，理由是他们的干扰是持续性且故意的。

还需要谁参与惩罚措施的执行？你或许需要请其他同事（比你的职级更高）参与，必要时可以请家长。可以要求家长在家里实施同样的惩罚，作为学校内部惩罚的延续。此外，这些学生在教室里是不是坐在一起？如果是，先把他们的座位调开，不让他们有与任何人交谈的机会。

向这些学生重申你的行为监管规定，并在他们每次违规时实施惩罚。永远不要放弃保持公平公正地设置（并参加）留堂。只要坚持不懈，你会发现除了最难缠的人之外，大多数的人都会对这些惩罚措施做出反应，有所改变。

当学生凑在一起捣乱时，该怎么办？

亲爱的汤姆：

　　班上的学生都很棒，除了两个男生。他们俩不待在一起的时候，表现也挺正常，但一旦凑到了一起……我就会很苦恼。第一个男孩就是个坏学生，态度恶劣，经常迟到，非常懒惰。第二个就是个傻乎乎的小跟班，像狗腿子一样跟在第一个学生的屁股后面，有样学样。他们都很聪明，但是学习成绩一塌糊涂。

　　全班的学生都很讨厌第一个男生，我也知道他根本不介意一直被老师撵到隔壁班去。隔壁班的老师总觉得这个学生的问题是因为我教得不好，但实际上这是他自己的问题，他是个傲慢的家伙。他总是跟我对着干，我说话的时候他从不听，也没有按照承诺的那样改进自己的任何行为。

看完你的问题，我首先注意到的是"聪明"（事实上，我也注意到了"学习成绩一塌糊涂"），我经常和聪明的小孩打交道，而他们经常会表现出问题行为，他们傲慢、粗鲁、懒惰、瞧不起普通人等，问题层出不穷。你班上的这两个男生大体上属于下面这类人：

成双结对的捣乱小分队。他们互相助长对方的傲慢，通过一些心照不宣的握手、玩笑、翻白眼和心灵感应来呼应对方，从而放大他们的自尊，变得更自负。

他们已经联合了起来，认为你的课堂没什么用，所以他们将其视如敝履。对这两个男孩来说，这是一场竞争，看谁能够表现得更无礼。一天下来，他们交换自己的故事，互相拥抱、惺惺相惜。当然，我或许有点儿夸张，但事实是，这两个男孩凑在一起就能捣乱，你能把他们完全分开吗？如果可以，这或许能解决他们令人不快的行为和态度问题。但如果不能，那就需要进行以下操作：把他们的座位分开（这是必须的），分别施加惩罚。绝对不能把他们放在一起留堂，此外，邀请家长参与。

你可以采取区别对待的方式，满足他们的虚荣心，给他们提供更有挑战性的学习任务。他们之所以吊儿郎当，也许是因为觉得很无聊，或认为学习的内容太简单。如果是这样，加大学习的难度。如何实施积极的区别对待？给他们布置在题目设计、结构或技能要求方面适合更高年级的作业，同时保持内容和教学大纲的关联性。如果你能够在解决不良行为问题的同时解决学习方面的问题，就能够赢得他们的支持，同时告诉他们谁才是老大！

怎么向有经验的教师学习？

亲爱的汤姆：

我正在参加7年级和8年级的的英语教学培训（我之前的学校很好，新学校则差一些）。班上平均阅读年龄是7岁，而且有17个存在特殊教育需求的学生！老实说，我觉得自己完全没有做好准备，我从来没有在上一所学校中经历过类似的事情，而且我觉得现在这所学校的孩子很难管理——我根本没办法让他们安静下来阅读。我采取了明确而严格的惩罚措施，但他们依然只会在老教师在场的时候安静下来，这让我感觉自己很糟糕。

我试图模仿更有经验的教师的做法，想让学生们变得更安静。但奇怪的是，其他教师这么做的时候有效果，轮到我这么做的时候就毫无用处。我该怎么办才好？

在这里，我觉得需要再次提醒诸位教师同仁的是，良好的课堂行为是保障良好教学效果的前提，除非全班的同学都在认真听讲并专注于教师的授课，否则再多的教学技巧也无法带来良好的教学效果。

你的确是没有做好准备，因为英国当前的教师职前教育对课堂行为管理的关注不够。有时候，你可能很幸运地遇到一些非常专业的教师，他们或许会引导你如何管理课堂，有时候则不然。更大的问题是，引导新手教师管理课堂的过程中运用的方法并不严谨，也不够一致。

我说这些是为了让你不要因为无法实现自己的目标而自责，学生们表现不好不一定就是你的错，但身为教师，你的确有责任采取措施，确保学生能够学到东西。

其他教师们采取的措施之所以有效，是因为他们已经与学生们形成了一种相对熟悉的师生关系，这是你一个新来的教师无法模仿的。你能做的，就是基于老教师们建立的学生管理惯例开展教学工作，同时也意味着你要针对捣乱的学生，采取传统的留堂和惩罚措施。

严格执行学校关于学生行为处罚的规定，哪怕这意味着每天中午、课间休息时和放学后都有学生接受留堂的处分。记下逃避留堂的所有学生的名字，每一次都要严格执行留堂处罚，并在无效的情况下加大处罚的力度，或直接致电家长。很快，全班同学都会意识到你是认真的，大多数学生都会乖乖听从你的指令。

当然，这样做的一个前提是你能够获得来自领导的全力支持，他要随时准备采取进一步的处罚措施。我建议你先观察周围认识的那些擅长管控学生行为的同事，看看他们是如何做的、是如何控制自己的情绪的。请记住，在你观察这些教师同事时，或许无法直接观察到他们用来管理课堂的手段，这是因为他们做的很多事情都不会显露在台面上，学生们已经被训练得服服帖帖。但你肯定可以学习到一些非常有用的"语言和管理风格"方面的技巧。

此外，还需要确保你的领导已经意识到，学生的行为问题严重地影响了你的教学进度，导致你无法实现其他的教学目标，这样一来，在你无法完成其他教学目标时，就不会受到太过严苛的惩罚。

如果学生对教师的安排无动于衷，该怎么办？

亲爱的汤姆：

我有一个2年级的学生，她几乎从不做作业，我尝试过表扬、设定小目标、一对一的学习小组、一对一的课后辅导、调换座位，甚至是刻意地盯着她的进度，等等，但什么效果都没有！她的妈妈说她会自己写一些小故事（我有幸读了一个，还狠狠地夸赞了一番）。但接下来，我如何让她写作业？如果她继续不写作业，我没有办法评估她的学习效果以及给她评分，她甚至有可能无法参加升级考试。请帮帮我吧！

在某种意义上，你可以通过她自己写的那些小故事评估其学习能力和水平。这一事实说明她具备了学习能力，并且的确能够收获学习成果。这些故事意味着创造力和独立的努力等，因此，这可能是你引导她写作业的一个切入点。

尝试让她在课堂上写故事，即使这意味着以牺牲常规的作业为代价，但尽可能在给她布置的故事作业上做文章，使其与常规的课堂作业或内容产生联系。

找出她写的小故事的闪光点，尤其是与教学内容或大纲相关的地方，一定要不吝表扬。然后，逐渐尝试将学习任务的重点转移到你希望她学习或掌握的内容上，同时保持写故事的任务继续进行。毕竟，创造故事是她的主要才能，并且需要得到教师的鼓励和肯定才能够充分发挥。

对一些孩子来说，他们很难把数学课视为重要的东西，尤其是他们倾向于从艺术或文学的角度理解和解释这个世界。但现实世界可能会需要他们尝试学习代数的乐趣，身为教师，我们用他们真正喜欢的东西作为诱饵，引导他们去学习必须掌握的学科知识。对你来说，这或许会是一个不错的解决方案。

惩罚与奖励：我到底应该给学生多少赞美？

亲爱的汤姆：

你好，我接手了一个新班级，这个9年级的班上几乎都是男生。大部分学生的底子很差，学习能力不强。他们在我的信息与通信技术课上经常为了电脑使用权而争吵。我希望他们更多地参与到课程学习中来，我听说应该多奖励和表扬学生，哪怕是微小的进步，才能够激发学生的学习积极性。那么，关于提升学生的学习积极性和参与度，你有什么更好的建议吗？

显而易见，一个无法避免的问题是差生共享一台电脑。如果学生必须分组共享电脑，那么要确保不让他们自由分组。教师可以尝试将互不认识的学生分到一组，或将性别、种族和年龄不同的人分到一个小组中，尽可能让成绩好的学生和成绩较差的学生分到一起（作为一种教学策略，让成绩好的学生帮助成绩较差的学生，这对他们都有好处）。

在学生人数超过电脑机位数量的情况下，可以在一部分学生操作电脑的时候给班上的另一部分学生布置一些不需要依赖电脑操作的准备工作，然后轮换。这样一来，每个学生都有单独操作电脑的机会（并同样受到管理），同时学生要知道必须先完成准备工作才能进行电脑操作。基于我个人的经验，很多学习成绩较差的学生通常在分组学习中表现不佳（尽管也存在少数例外情况），可能是因为分组学习让他们更容易产生厌学情绪。

如果你的课堂上还存在师生沟通不畅的问题，那么请确保认真地批改每一个学生的作业，这是一个很好的机会，让你能够有针对性地表扬每个学生的任何积极行为，也不会让他们在全班同学面前感到难堪。这样做能够对学生的自尊产生正面的影响，尤其是当他们清楚地意识到，老师的确投入了时间和精力来认真对待他们的作业时。

最后，关于提升学习积极性的问题，尽管这是激励学生成功的最佳方法，但它不能脱离坚实的课堂纪律发挥作用。当学生在课堂上捣乱时，一定要让他们意识到错误，否则，身为课堂管理者的教师可能会被学生带入一个思维陷阱，认为在课堂上的任何行为都是可接受的。当学生们感知到这一点时，整个课堂的纪律性就将被削弱。

如何才能够让学生严肃认真地对待教师的话？

亲爱的汤姆：

我现在带的6年级学生存在各种各样的问题——几乎全是男生，11个学生有特殊教育需求。整体来说，我在学生行为管理方面做得还不错，毕竟我是一所小学的副校长。

但有那么一小群男生，他们不把任何纪律放在眼里。有人批评他们时，他们只会嬉皮笑脸地应对，哪怕是面对校长时也一样。这让学校的一些老师感到头痛，老师们向我求助，我一去，他们就老实了，但这让我感到非常疲惫。请你给我一些可行的建议吧，因为我知道，随着时间的推移，他们的这种行为一定会反复出现。

嬉皮笑脸是一种古老的诡计，能够让权威人士大发雷霆，但犯错的人总是会为自己的行为辩护说："我什么也没干啊，不就是笑了一下嘛！"（同样的情况包括打喷嚏、咳嗽、清嗓子等。）当然，这有可能只是学生对老师的试探，与上课时大喊大叫或乱扔橡皮（或任何其他能够让老师感到恼火的学生行为）的性质没什么不同。

但这种行为也能够很快实现预期的效果。学生会发现，这一招能够激怒大部分老师，就像达尔文没说过但可能想过的那样：有用才会赢。

在课堂上偶尔的傻笑行为可以被原谅（毕竟，压抑笑声是这个世界上最难的事情——而且似乎越是试图压制，越是难以控制地笑出声），但重复出现则意味着对教师和课堂的挑衅，或许意味着精神问题。鉴于你提到这是一种群体行为，我们可以排除学生存在精神问题的嫌疑。

看起来你已经尝试过正确的处理策略——严厉且……另一点是什么来着？我总是记不住你们的策略。要知道，只要学生知道你明白那是一种无礼且刻意的挑衅行为，那么在你惩罚他们时，他们就不能喊冤。搞清楚这一点之后，他们每一次在课堂上的傻笑都要接受惩罚，每一次！但尽量不要让他们一起留堂，因为一起被老师处罚，可能会加重小团体成员之间的"患难友情"，象征着小团体的"我们"与教师群体的"他们"之间的对立。如果你冲着他们大喊大叫，可能会正中他们的下怀，毕竟，让老师们失控恰好是他们向小伙伴们证明自己的方法。

因此，当他们在课堂上扎堆傻笑时，不要表现出任何情绪。记下学生的名字，并在课后严肃而坚定地执行惩罚的措施。千万不要表现出自己的不适或其他负面情绪，以免助长他们的破坏欲。这样一来，他们很快就会丧失制造捣乱行为的动力，并有所转变……相信你能够理解这一点！

学生的手机总是不断地打乱我的教学节奏

亲爱的汤姆：

我10年级班上的大部分男生，在上课时双手都藏在课桌里，全程低着头在玩手机，我很确定他们是在用手机聊天，我要怎么做才能够制止这样的行为，但又不会引起学生的抵触呢？

我的老天爷，我真的希望他们是在发短信，不然问题可能就更大了！如果你想要简单有效地解决问题，只需要将有嫌疑的学生的座位调整到你的眼皮底下，这样一来，那些想要通过手机跟朋友在课堂上聊天的学生就能够轻易地被你发现。在我的学校，当教师在课堂上看到手机时，拥有没收手机的权利。当然，如果你不想这样做，那么看到学生玩手机的时候，安静地记下他们的名字，默默地安排留堂惩罚就行了。

当然，我建议你采取更强硬的方式，直接告诉学生"要么上交手机，要么离开教室，就这么简单"。当然，你在重申课堂规则的同时，还可以通过另一种方式，表现出做法人性化的一面，让他们更体面地收起手机。假设学生狡辩说："手机，什么手机？"你可以保持微笑，说："啊，很好，如果你们都没有玩手机，那就没有问题了。"他们知道，你知道他们玩手机，班上的其他同学也心知肚明，但最后是个皆大欢喜的结局，每个人都开心。

如何应对学生的质问和抱怨？

亲爱的汤姆：

学生们最近表现出的一些行为让我很不爽，如果你要求一个学生站到讲台上说几句话，他们就立刻爆发了："为什么？为什么？我干什么了？天哪！"这种反应实在是太幼稚了，而且男孩女孩都会这么做。有时候，在课堂上我弯腰去看他们的进展时，他们也会做出同样过激的反应。不管我如何谨慎，他们总是抱怨着说我侵犯了他们的私人空间。然后，这种行为会升级成持续一整天的大吵大闹和令人头痛的折腾，我要怎么样才能够尽可能地减少这种夸张而过激的反应？

我们越是对孩子的这种过激行为做出反应，他们就越是能够有效地控制我们。为了扭转这种不利的局面，教师必须设定行为的边界，让孩子们明确地知道什么是可接受的，什么是不可接受的，并尽可能地不对学生的抱怨和夸张的表现做出反应，除非是为了严肃地告知他们接下来将实施的处罚或警告。如果你顺着他们的质问和抱怨做出回应，他们就会将你引导上一条无止境的争吵之路。就好像学生在上课的过程中，突然向老师提出一个离题万里、毫无意义（但很可能非常有趣）的问题时会造成的后果。老师可能会忍不住回答这个问题，然后孩子们就知道你上当了，因为他们成功地将你的注意力从应该教授的内容（或他们应该完成的学习任务）上扯到了别的地方。

如果一个孩子冲你大喊"为什么"或者其他类似的表述，在我看来，这就是一种在课堂上大喊大叫的不良行为，也就是会导致留堂或者其他处分的行为。学生们必须接受适当的行为约束和训练，以确保他们在越界时会感到不自在或不愉快。你可以把这些手段想象成安装在孩子们椅子上的蜂鸣器，每当他们表现出不良行为，你就打开开关，警示声就会响起。当然，我是开玩笑的，我们绝对不可能这么做的！

如何应对与教师过于亲昵的学生？

亲爱的汤姆：

　　这是我在这所市区中学任教的第二年，这所学校的学生比较难管，我遇到的问题是：很多学生直接管我叫"老哥"或在走廊遇到的时候叫我"伙计"，而且总是在周围有很多学生的时候这么干，但如果我们单独相处，他们就从来不会这样称呼我。后来，事情变得更奇幻了，有些人开始直呼我的名字，比如"好吧，布拉德伯恩"，而且不仅仅是固定的一小部分学生会这么干，是很多学生都会这么做，他们不仅仅是这么称呼我一个人，对其他的教师也一样。这种称呼方式真的令我失去了冷静，因为总给我一种羞辱和贬低的感觉。有没有什么方法可以解决这个问题？我觉得我自己很难接受学生这样的称呼方式。非常感谢您。

我认为，最好的解决办法是无视他们。如果他们看到你因此而愤怒，那么他们一定会重复这个过程，直到把你逼疯，但如果你不满足他们这种恶趣味，他们很快就会感到厌倦，并放弃这种无聊的游戏。

这是因为，如果我们对他们这种行为做出反应，就意味着将控制权交到了他们手中，但如果我们能够完成一个看似不可能完成的任务，即迫使学生对我们做出回应，那么这就表明我们才是拥有控制权和话语权的人。同样的道理适用于在课堂上不举手就提问的行为，如果我们能够坚持无视这些问题，那么学生迟早能够明确不举手就等于老师不回应。否则，我们将助长他们更多不良的行为。

当然，如果学生的无礼行为变得极端，他们说的话让人难以忍受，那么完全可以一对一地约谈这些学生，向他们解释为什么你认为这种称呼行为是不恰当的，以及如果再次出现同样的行为，就要对他们进行处罚。没错，跟进所有这些后续的纠正都需要花费时间，但如果学生不礼貌地称呼老师或辱骂老师的行为持续了很久，这就意味着老师们必须采取行动，纠正这些行为。

如何应对对教师指令反应过激的学生？

亲爱的汤姆：

我的高中英语班上出现了一个令人忧虑的现象：每当我试图温和地提醒学生应该完成作业时，他们就会愤怒地大喊，"我已经在做了！"当然，我能够理解学生不喜欢总是被告知该做什么的心情，但我感觉他们这种过激的反应只是为了挑衅我。有没有什么简单的策略可以减少或停止他们这种令人恼火的行为？

我的建议是，预防而不是治疗，当你在班上走动并观察学生的进展时，注意看看他们都在做什么，并悄悄地私下指点（例如"进展不错，但速度不够快，你需要抓紧时间做完第10题"等）。如果你所说的是没有争议的事实，他们就不能反驳你的建议，也就是说，当你亲眼看到他们没有做某件事情的时候，他们就没办法嚷着说"已经在做了"。

第二个建议是，督促学生时，使用正确的语气很重要。我发现客观的、带有权威性的语气是效果最好的，就像你在电话里订披萨那样不紧不慢，但又需要像告知他人时间那样确定以及肯定。你最好私底下一个人先练一练语气，因为这是一种表明或陈述事实的语气，不应该带有任何对抗或恳求的色彩。这种语气能够平息大多数学生的抵触心理，因为它本身没有提供任何值得攻击的点。

如果你是坐在教室前面监督学生（也就是坐在讲台前），那么可以简单地问问他们现在都在做什么题。可以先提问一个有礼貌的、没有对抗心理的学生，然后再问问那些刺头儿学生。当你已经问过其他人的进度，再回头询问他们时，他们就很难对着你表达不满。毕竟，你只不过是在询问一个事实，而不是检查他们的进度。当然，你可以之后走下讲台，到学生身边看看他们是不是说了实话……在我看来，发现学生对老师撒谎总是一个将他们课后留下来做更多作业的好理由。重复几次，学生们的撒谎、撒泼或拖延等现象就会减少。

"棒棒糖教学法"普遍适用吗？

亲爱的汤姆：

我现在这个学校可能就是许多人口中的"垃圾学校"，学校里有大量的问题学生，大部分学生都存在特殊教育需求，逃学率也非常高。很奇怪的是，我喜欢这样的学校，我觉得自己更适合这样的学校。

我在教学实践中摸索出的一个有用的策略，被我称为"棒棒糖教学法"，也就是说我会给那些表现优异的孩子发棒棒糖。这种奖励行为让孩子们的不良行为次数明显减少，出勤率也得到了提升，孩子们也变得更努力学习了。因此我向大家推荐这个方法。是否可以推广一下这个方法，使其成为主流呢？

嗯，除非你相信广告上所说的玛氏巧克力棒和利宾纳饮料是"营养均衡饮食的一部分"，但这种广告宣传就像是把纵火犯看成是不同热力景观的一部分。

我的一位同事（我们称他为蒂姆）希望我们可以给每个学生发放棒棒糖，除了那些真正令人讨厌的学生——就好像给学生戴上傻瓜帽，但实际上没有发放任何实物那样。我告诉他这种想法很不对，然后建议他去参加以下培训："社会与情感方面的学习和学生的声音——认识你的内心小孩。"

年级小组的问题

亲爱的汤姆：

我的8年级小组里新来了一个小男孩，他会随时跟我顶嘴。留堂对他没什么用，学校也不支持我叫家长，因为他的家长很偏袒自己的孩子。问题是，一开始我还试图保持友好，现在已经抑制不住自己的怒火了，但又感觉太迟了。我的吼叫看起来没什么用，而且也没有取得任何预期的效果。年级小组的学生抱怨说课程很无聊（或许我把太多的精力放在了科目内容的教学上），于是我试图安排一些有趣的活动。我的教学效果还是不错的，但是课堂行为管理可能就很差劲了。

坦率地说，如果你的班级在其他领域取得了亮眼的成绩，我很想告诉你，你明显已经知道应该做什么，因为你在课堂上取得了成功。

当然，年级小组的情况可能有所不同：许多学生认为，"他能把我怎么样？他又不是我们班的老师——他最多就是记下我的名字"。事实上，最好的办法是将年级小组教学视为小班教学，任何不守规矩的学生都将接受留堂的惩罚，就像正常班级教学时那样。你说给学生家长打电话不见得有用，但我个人的建议是先致电家长试试看。当然，与其告诉家长他们的孩子有多差劲，不如先说一些积极的话，例如："丹尼在艺术课上做得很好，但在我教他东西的时候，他拒绝接受，你们能够帮帮忙吗？"

我知道有些家长很烦人，不会提供任何帮助，但绝大多数家长都希望得到你想要的东西——他们孩子的学业成功。如果你能向他们展示这个共同点，那么他们就会同意你的观点、支持你，而你就能够更全面地了解这些学生。

花一节课时间说明你的课堂规则，或者干脆打印出来，发给学生们阅读，并警告所有的学生，从明天开始，如果有人违反了这些规则，就要受到惩罚。此外，要对你自己有信心，年级小组的教学情况由你控制，他们一定会按照你的要求去做，否则就要接受惩罚。在学生们安静下来之后，可以让他们放松一会儿……只要你愿意。如果孩子们因为表现良好而得到奖励，那么他们会感到很高兴。我认为最好只奖励那些听话的孩子，将那些不配合老师的孩子排除在外，毕竟他们一直在犯规，所以为什么要奖励他们？或者你也可以通过荣誉表彰、奖励卡片或明信片等奖品奖励表现好的孩子。要让他们知道，教师的奖励是有意义的。

最后，你需要制止麻烦制造者的不良行为，让他彻底明白你的行为规则并为自己的做法后悔。

如何鼓励消极落后的学生？

亲爱的汤姆：

我的7年级小组中有一个男孩完全不喜欢上课，他根本不在乎学校的任何事情。他对违反学校规则的后果，包括留堂或其他处分不屑一顾。似乎什么都不管用，导师、体育等等。他的家人们很支持学校的工作，但他的哥哥也存在同样的问题。我猜他的家庭可能并不怎么重视教育，所以我应该怎么办呢？谢谢你。

棘手的是：这种情况直指问题的核心——为什么孩子会厌学？为什么有

些孩子会爱上学习?

孩子们(和成年人)会倾向于参与能够获得某种回报的事情,并逃避令他们感觉不好的活动(人类行为的功利主义模式)。虽然这背后的逻辑十分复杂,但我个人认为这是人类根深蒂固的天性。

学生们从什么地方得到回报?(学校里提供的)经验表明要么他们享受活动或科目本身,要么他们享受参与活动得到的间接结果。例如,一个学生可能因为喜欢踢足球而喜欢上体育课;另一个学生可能喜欢体育,不是因为他喜欢足球,而是因为他喜欢胜利的感觉或从老师那里得到的表扬,甚至是为了运动带来的健康益处。我不喜欢举重,但为了避免我的腹肌因为吃了太多巧克力而消失不见,我还是会坚持去健身房锻炼。

同样地,孩子们选择逃避什么?是他们主观上就不喜欢的活动,还是活动带来的间接结果?一个孩子讨厌数学,因为他觉得数学很难,而且他不想显得愚蠢(但如果把他放在能力水平相当的班级中,他很乐意学数学),而另一个孩子讨厌数学,因为她只是觉得数学非常无聊,哪怕她可以做得很好。

我想补充的是,我们倾向于喜欢自己擅长的活动,而不喜欢自己不擅长的活动:这种情况综合了对事情本身及其结果的喜好。我们可能喜欢某个活动,也喜欢该活动带给我们的满足感。

这种认识与学生的课堂行为有什么关系呢?因为这个年轻人的内心或许有一个声音在告诉他:"学校里没有什么东西是重要的——这里没有适合你的东西。"你对他家庭环境的观察是非常正确的——教育在他的家庭里受到重视吗?他的哥哥姐姐或家人们是否树立了一个好的榜样?也许他家庭里的长辈对教育持有一种消极的态度,而现在他们把这种态度言传身教地传达给了家庭里的小孩。更糟的是,他们是否以某种方式不让小孩子好好学习?可能正是家人的这种态度使得这个年轻的学生早早地就丧失了努力的动力。他无疑会以家人为行为榜样,所以你能让他的家人也站在你这边吗?

有什么改进的方法?首先,找出这个学生喜欢做的事情——任何事情都可以。想出一些办法，将其纳入他的课程（假设他喜欢的事情可以与不同学科联系起来），并与他的老师在这方面进行交流。确保他的老师表扬他取得的任何成就，无论多么微小（当然，不要过度表扬），让他学会将学校与良好的感觉联系起来，并将学校与他取得的成就联系起来。可能他在家里没有得到很多温暖、肯定的感觉，所以尽量确保他在学校得到。

此外，要注意他受到的每一次惩罚都会加强他的信念，即学校是"他不愿意去的地方"。他的不当行为仍然需要受到惩罚，但如果你也强调表扬，就不会只有打击，没有鼓励了。

让这个孩子知道，你关心他的表现，甚至只要他做了一件好事，比如主动递笔之类的，你就可以表扬他。在与他的谈话中，强调你希望他是什么样的学生——告诉他"你是个好孩子，我知道你想获得成功；我认为你其实很聪明，但有时你不清楚上学的意义所在"。

如何吸引并保持年幼学生的注意力？

亲爱的汤姆：

*　　我正在给1年级的孩子代课，但我在吸引和保持学生注意力方面存在比较大的问题。我一开始教东西，孩子们就会动来动去，互相打闹。这让我感到很沮丧，我甚至把游戏时间都缩短了，但我至少需要15分钟才能教完发音的内容。也许我说得太多了！感谢您的任何指点！*

嗯，我不会先入为主地认为这是教师的问题，毕竟动来动去的小学生确实让教师头疼。当然，教师们也可以通过做一些事情来提升你的课程吸引力，但考虑到你是代课教师，我可能会倾向于认为你遭遇的麻烦部分是因为你跟学生的关系不够亲密，以及一些不太听话的学生可能很难像其他学生那样迅速地承认你作为教师的权威。

对于那些带头表现出不良行为的孩子，可以实施常规的处罚措施，并确保其他的学生看到。哪怕这么做可能让你感到不舒服，但你要坚定地相信，哪怕是幼儿园的孩子，也需要畏惧教师的怒火，直到他们学会如何避免招致怒火并改正错误的行为。也许刚刚上学的孩子还误以为学校是娱乐时间的延长，但他们需要教师清楚、简单地解释对他们行为的预期，如果他们违反了这些预期，就需要接受惩罚。这个惩罚的过程或许需要不断地重复，直到达到理想的遵守程度。

有些学生天性好动、精力充沛，一分钟都坐不住，尽管这种行为通常被认定为无法避免的、无法改变的，但大多数此类行为都可以通过一种被称为"意志力"的能力予以控制，而这种"意志力"本身又被另一种叫做"自主选择"的能力激发。不过，这些学生在对抗他们令人讨厌的自然冲动时，你仍然可以提供帮助。教师可以给他们一个压力球，让他们在坐着的时候玩一玩，这有可能将他们的精力转移到手里的玩具上，而不是通过拳头、抖动的脚或者烦躁的表情来发泄。

顺便说一句，现在有一些出色的研讨会，旨在提升人们讲故事的技能，我认为这个技能对教师而言尤为重要，但很多教师忽视了这个能力的培养和提升。

饶舌的男生让我心浮气躁

亲爱的汤姆：

我的5年级班上的学生们都很可爱，但新转进来的一个小男孩表现很糟糕，虽然在我看来，他不过是一个不开心的、寂寞的、缺乏安全感的小男孩，并且需要有人教他界限感。他会自己坐在地上喃喃自语，或是跟所有人搭话，不管对方是谁。虽然我知道他非常需要关注，但他这种喋喋不休的状态必须停止。其他老师告诉我，这个男生会故意挑衅老师，我还没有发现他这种现象，或许我比较幸运。他是个很聪明的孩子，我不仅希望他能够安静下来，还希望他能够学有所成。

听起来这个男孩有点特殊，当然不是反社会行为的类型。他可能实际上非常聪明，并需要有人欣赏他聪明的一面。根据我一直以来的观察，那些行为不佳但头脑聪明的孩子通常不喜欢跟其他人一样处理相同的学习任务，或许我们可以考虑为他们设计一些与众不同的学习活动或任务。有时候，这可能意味着允许他不必参加其他学生的活动，但可以为他专门设计一些不同寻常的、更具挑战性的活动。

如果他对着每个人都唠叨半天，那么他可能真的非常需要关注（虽然情况不算太糟），所以老师需要反复地向他表明，他是被重视的，你可以表扬他的一些个人品质，如善良、礼貌或勤思考等。但是，如果他只是在你的课堂上喋喋不休，并不会像在其他课堂上那样存在捣乱的行为，那么这可能和你有关系。原因是什么？是你们的性格相投？还是因为你尊重他，或者在所有人都不相信他的聪明才智的情况下相信了他？

不管原因是什么，你肯定做了一些事情才会导致他这样的表现。你有没有和他认真面谈过？为什么不直接告诉他，你知道他非常聪明，并询问他是否有时会感到学习任务太过轻松或简单？如果他说是，那么就告诉他，你知道这一点，并知道他可以做得更多，做得更好，等等，以此来满足他的自尊心。如果他像我合作过的其他99%的孤僻的、成绩不佳的聪明孩子一样，那么这对他干渴的"自尊心"来说，就像一场及时雨。

用"黑板记名"的方式让学生遵守纪律

亲爱的汤姆：

我通常会使用"黑板记名"的方法来记录学生的违规情况，如果学生的名字后面画上了3个钩，就说明他们的麻烦大了。这个方法通常能够取得不错的效果，因为孩子们都不想看到自己的名字出现在黑板上。

但是，我现在教的7年级班级开始出现了一个很奇怪的现象，如果学生看到同学的名字被写到黑板上，就开始互相嘲笑并高兴地喊道："哎，约翰，你上黑板了呢！"然后全班哄然大笑。如果我因此而中断讲课，是不是意味着他们得逞了？这简直太令人讨厌了。还是我应该无视他们，继续使用这个方法？我也曾尝试用一个笔记本来登记这些违规的学生名字，而学生们会跑过来问我，"我有没有被记到你的笔记本上？"这听起来蠢极了，但我也不知道其他更好的方法。

当然，"黑板记名"这个惩罚技巧之所以有用，一半的原因是它带来的公开羞辱感。但如果一群学生用这个技巧来相互羞辱（男生，几乎总是幼稚的小男生……），那么或许你需要尝试其他的方式，例如私下在一张纸上打钩，或者在一张计划表上标注，等等。这样一来，就可以避免学生知道谁被写进了淘气名单，并让你可以在他们行为越界到一定程度之后直接实施惩罚，这种突如其来的惩罚或许能够让他们印象深刻。

当然，这种方法失去了惩罚具备的"威慑"价值，因为教师将直接采取惩罚模式。不过，根据我以往的经验，在班级采取你所说的方式是有效的。总的来说，我会建议你坚持当前的策略——因为听起来你只需要一点时间，就可以彻底地纠正学生们的捣乱行为……

如何疏导学生的愤怒情绪？

亲爱的汤姆：

我的学前班上有一个男孩，发起脾气来就像是2岁的小孩，无理取闹。我们都在努力想办法让他保持冷静，但我要怎么做才能对一个5岁的男孩进行愤怒情绪管理的教育呢？

儿童感到愤怒，往往来自挫折感。根据我的经验，这是一种条件反射，是孩子们在感到无法或者不愿意应对的情况下，一种后天习得的应对机制。从本质上来说，这是一种对其他人会更轻松处理的情况的过度反应，可以视为一种统计意义上的行为偏差。至关重要的是，教师要意识到可能触发此类过度反应的诱因，并试图在事情发生之前及时地采取措施，将其扼杀在萌芽阶段。

同时，孩子自己也要学会解决过度反应的问题。当然，鉴于行为主体是孩子，这个问题处理的难度可能会较高，因为他们很难表达自己的感受并进行自我批评。

在发现了诱发因素之后，教师可以尝试调整学生对这些触发因素做出的反应，让他在可控环境下看到缩小版的诱因，学习应对方法。这是一个耗时良久的解决策略，并需要专家来真正地实现和完成，哪怕教师可以在这个过程中发挥一些辅助性的作用。

我个人的经验证明，处于愤怒中的人会被那些与他们当前的问题无关的事情分散注意力，就像一个哭闹中的婴儿，如果你给他一个拨浪鼓，他会立刻停止哭泣那样。在他们发怒之前，问一问他们现在几点了，或者让他们出去给你随便拿个什么东西，都可以，但如果在他们已经发怒之后才这么做，可能就没有用了。我发现这种策略对愤怒的酗酒者和愤怒的小孩同样有效（毕竟，据我所知，很多愤怒的小孩的行为在很多方面跟酗酒者一样）。

学生偷带手机进教室，该怎么办？

亲爱的汤姆：

尽管我所在的学校禁止学生们用手机，但他们依然带着手机进教室。而且学生们还会偷偷地互相发短信，我应该如何应对和处理呢？

　　任何禁止人们已经习以为常的行为的规定，都注定难以推行，尤其是在犯规的人并未将其视为一种不正常或有害的行为时。这一点尤其适用于手机，因为手机在现代社会中已经无处不在，很多学生认为在课堂上掏出手机看时间跟看手表一样无害。

　　可惜的是，鉴于手机是人类社会相对较新的产物，并且用途如此广泛，我们还未来得及从社会层面明确地规定其使用的规范和礼仪。这就是为什么我们会经常看到很多人，在公共汽车上等公共场合以不恰当的方式使用手机（例如对着手机大喊大叫等），或者在会议期间或教堂内等不恰当的场合使用手机。

　　禁止手机在学校或教室内的使用是一个解决方案，至少它明确地规定了手机使用的禁忌，然而实施禁用手机的策略将导致我们不可避免地遇上你描述的问题：你制定的规则将被学生们习惯性地违反，所以你要么长期进行监督，要么选择视而不见，但在后面这种情况下，你会因为看起来软弱而导致个人权威的削弱。

　　一些简单易懂的课堂使用手机的禁令将能够根除大部分学生在上课时使用手机的问题，例如：桌子上不允许放书包，所有的手机都必须关机并放在书包里，只要老师在课堂上看见手机，就可以没收；被没收的财物只有在得到家长同意之后方可归还。

　　我们不太可能完全禁止学生带手机入校（大多数学校没有在门口设金属探测器或门禁搜身），所以一定要制定一个明确的手机使用规范，确保学生们容易理解。从7年级学生开始，教师可以根据实际的需要，向学生们解释关于手机使用的规范。同时以书面的形式通知家长，解释手机使用规范制定背后的原因。如果学生们知道，你已经知道他们了解了这些规则，管理他们就更容易了。

如何应对自暴自弃的学生？

亲爱的汤姆：

　　我班上有个男生已经彻底地自暴自弃了，可能是因为家长望子成龙，给他的压力太大了，而他也没能满足家长的期望。在沟通的时候，他表现得就像完全听不懂老师在说什么。

　　现在，他已经沦落成班上的捣蛋鬼，上课的时候扔笔，弹别人的耳朵，扰乱周围同学的注意力，等等。这是典型的寻求关注的行为（他现在是4年级学生）。

　　我应该如何应对？是否要加以惩罚？还是应该视而不见？所有策略我都尝试过了，但没有取得任何效果，我真的很愁……

处理这个学生的问题，有（至少）两个显而易见的方法：

1. 从外部着手：他的行为的确令人非常不满，你需要在他每次触犯课堂纪律的时候对其进行惩罚，不管他的行为背后是否有苦衷，直到他能够将课堂上胡闹的行为与惩罚联系起来，并改变自己的行为。当然，这意味着在他每一次出现不端行为时都要实施惩罚，并且在他拒绝或不服从时了解情况并将惩罚的程度加重。如果他本质不坏，那么完全没有必要一开始就采取雷霆手段予以重击。

2. 从内部着手：他的脑子里到底在想什么？你认真地与他交谈过吗？他可能无法按照你的预期清楚地评估自己的精神状态，所以要根据你对他和他父母的了解来解读谈话的内容。不过，与他交谈或许能够为你提供一些有用的信息，让你了解他应对周围世界的方式。

但更重要的是你的观点，他需要清楚地认识到，他这样的行为正在损害他和周围的学生接受教育的权利。如果他对望子成龙的父母反应过度，那么你可能要尝试让他理解，学校不是家庭。在他每做对一件事情的时候，都要表扬和肯定他，包括学校和社会活动。他需要看到，他作为一个人得到了他人的重视，而不仅仅是一台没有感情的学习机器。

学生不喜欢某些科目，该怎么办？

亲爱的汤姆：

产假结束之后，我半道接手了一部分11年级的课程。在更低龄的班级里，我可以用恩威并施（"胡萝卜＋大棒"）的方式轻松地影响学生们的学习和行为。然而，有趣的是，这种方式用在11年级的学生身上毫无效果。我教授宗教课，然而大多数的学生根本不喜欢这门科目，我不得不在课上花费大量的时间告诉他们为什么这门科目很重要。

一个老师告诉我，我可以尝试告诉那些捣乱的学生，在其他同学完成宗教课任务时，他们可以安静地坐着写其他科目的作业，但如果我不给他们布置任务，他们就会开始捣乱，并声称没有其他科目的作业需要完成……对于这样的学生，我可以运用什么样的"胡萝卜＋大棒"的策略呢？

各位教授宗教课的教师们，我向你们致敬，因为你们忍受了多年的抱怨——"我们为什么要上宗教课？"别担心，学生并不是真的在抱怨这个科目，它只是有点容易成为抱怨的对象，因为人们通常会误解这个学科的教学目的。我相信，需要学习宗教课的学生肯定意识到了阅读莎士比亚作品或学习微积分的意义。他们蔑视宗教课，因为他们从小就认为这是一门无足轻重的课。因此，你需要为你教授的学科敲锣打鼓地宣传。我告诉我的孩子，我认为这是课程体系中最重要的课程，因为它谈到了生命的真实问题以及意义和目的。

但无论如何，孩子们是否能够意识到一门学科的重要性并不重要，因为他们来到了一个学校，进入了一间教室，接受了一门课程，就意味着在学什么上他们并没有发言权。听起来很残酷，但这就是事实。如果你向学生们妥协，他们就会将你的科目视为不重要的科目。如果他们抱怨，就让他们课后留堂；如果他们不来，就给家长打电话，加重惩罚的措施；如果还是不愿意听讲，那么继续升级惩罚措施，让学校的年级主任或校长也参与进来，直到学生们明白你的决心。这里的关键词是坚持不懈、永不放弃。对于那些扰乱课堂秩序或没有按照你的要求完成任务的学生，要始终给予惩罚。但不要让他们利用你的课堂时间去完成其他科目的作业，这样无异于在教他们不用重视你的课堂时间，你的课堂可以成为他们娱乐的时间。

这些孩子要接受一些惩罚，对你而言，这需要时间、努力和决心。在这个过程中，你会觉得想要放弃，因为你不太可能短期内就看到改善，但是奇迹会发生，真的会发生。哪怕对于那些即将接受毕业考试的学生，如果他们意识到，你能在最后几个月里让他们非常不好过，或许他们会更认真，至少足以让一节课正常进行。想想你能为那些真正想学习的人带来的好处吧。一些叛逆的学生可能会惊讶地发现，在你的支持下，他们的成绩已经从D变成了C。毕竟，大量经验表明最后几个月的临时抱佛脚会有深远的影响。

小心那些躲到桌子下的问题学生

亲爱的汤姆：

在我3年级的课堂上有一群小男生，总是在老师没有满足他们的要求时，就躲到桌子下面生闷气。当一个男孩开始这样时，其他的学生就会有样学样。你可以想象，这样的行为非常令人厌烦，而且会中断整个教学过程。尽管我也尝试鼓励他们、忽视他们或采取其他办法，但他们依然如故。目前我的处理方法是，如果他们不能维持良好的行为，那么游戏时间就会被取消。

这样的行为是不可能被忽略或容忍的，正如你已经看到的那样，从老师允许的行为中，学生们会不断地试探行为的边界。如果他们看到一个学生侥幸逃脱了老师的惩罚，就会立刻有样学样。如果你不注意，很快全班的学生就都会躲在桌子下面生闷气。

始作俑者肯定要重点处理，特殊教育需要协调员必须要关注这个男孩，因为他这样的行为可能代表了一系列的问题症状，从被虐待到被忽视等，但他也可能仅仅是在寻求关注，无论是哪种情况，他都将成为问题的焦点。对于其他的学生，则需要铁血手段来处理，在每一次他们这么干时，都要施加惩罚，而且是相对严厉的惩罚，比如留堂或给他们安排一些艰巨的任务去完成。

请你明天走进教室的时候明确地告诉学生，下一次再有人出现这种行为，你是不会接受的。你可以将他们请出教室（向学校管理人员或资深教师提出这个问题——你需要来自他们的认可）；你也可以暂时容忍他们的行为，但随后施以严厉的惩罚。

惩罚学生令人感到不愉快，但如果你不这样做，你就会让他们养成习惯，变成行为模式，这种模式会一直伴随着他们，并不利于他们的未来发展。

被男生环绕：如何教授全是男生的班级？

亲爱的汤姆：

　　我接手了8年级的一个全是男生的班级，教授他们的历史课程（我是一名新任老师）。作为个体，这些学生们都很可爱，但扎堆到一起之后，就变成了一群"暴徒"。他们抱怨、挑剔、粗鲁、懒惰、好斗，就像一群令人厌烦的迪士尼小矮人。我试着给他们设计了竞赛活动（你可能觉得这是个激励学生学习的好办法），但他们中的一半人（失败者）实在是太糟糕了。我希望教学的过程能够变得更平和与愉快，但一个全是男生的班级有太多的男性荷尔蒙，做不到这一点。

要记住，男孩们最尊重和欣赏的就是：力量。男性的自我特别推崇等级制度和支配地位，因此你需要成为整个教室里的男性"老大"。

看起来你已经尝试了一系列的策略，试图找出最有效的课堂管理方法。我的建议是坚持执行一个主要的策略就够了，那就是"你们这群臭小子不要在我的面前讲话，安安静静地给我把作业写完"，并在他们违反规定的时候，施以惩罚。但要始终坚持和贯彻你自己的规定，因为学生很快就会知道，你做的事情比你所说的话更重要。如果他们从你的身上嗅到那么一点点言行不一，那么就是在告诉他们，你的威胁没有任何用，你的规定是可以被打破的，因此他们的精力将会专注于寻找打破规定的机会，直到你精疲力竭。最佳的方法就是清楚地传递你对他们的行为的期望，记下所有违规者的名字，并切实地执行你规定的处罚。每一次都要这么做。

我向你保证，除非学生是彻头彻尾的疯子，否则他们很难抵制这种策略的影响。当身为教师的我们在任何方面变得不一致的时候，所有的规矩都将失去作用。此外还需要记住，有时候某些群体需要的时间比其他群体长，但除了最疯狂的人之外，这个策略对所有的人都将有效。

面对全是男生的班级，要稍微控制表扬他们的想法，如果他们在表现不佳的时候，都听到老师表扬自己做得非常好，那么他们就知道行为的底线在哪儿。表扬时要认真和严肃。许多男孩不喜欢在公开场合受到表扬，而喜欢私下表扬，所以有时要进行私下表扬。对于难以管理的班级，最重要的并不是授课的内容是否符合英国教育标准局的要求或标准，而是要看课堂行为控制得好不好。一旦实现了出色的课堂行为控制，你就可以改善课程的结构和内容，以解决单个学生的问题，但你必须首先得到学生群体的支持。因此，把你的大部分精力放在行为管理上（包括文书工作、打电话等），暂时不考虑充满快乐和趣味的互动课程。一旦你实施了有效的课堂管理，其他的教学工作就可以自然而然地跟进。

学习态度差的青少年学生

亲爱的汤姆：

我是西非布基纳法索一所中学的校长。学校的这些青少年学生缺乏良好的学习态度，该怎么办？因为他们糟糕的学习态度，13—15岁的学生的学习成绩普遍不佳。他们缺乏在学校努力学习的实际意愿。尽管学校采取了一些措施来敦促他们学习，但他们的态度仍然没有改善。

感谢你的宝贵建议，祝好。

这是一个非常宏大的话题，因此我也只能提供一些宽泛的建议，并希望其中一些建议是有用的。

13—15岁这个年龄段的青少年以叛逆而闻名，这是他们走向成熟的必经过程。他们发现与接受他们喜欢的东西相比，拒绝和谴责他们不喜欢的东西要容易得多。他们也缺乏成年人感知长期目标的能力，往往喜欢在同龄人的崇拜中而不是在长辈的尊重中，寻找认同和自尊。

因此，鼓励将成为这个阶段教育的重要构成部分。教师可以尝试给他们一些积极的评价，让他们自我感觉良好，鼓励他们良好的行为，无论是与他们的学习还是举止有关。许多男孩可能特别有好胜心，所以可以建立学习竞赛表，给他们的良好行为加分，以奖励好的成绩，并针对不良行为进行扣分。在每个月的月底，这些积分可以换取好处——奖品、旅行、免除小任务、在某一天享有的特权，只要对你和他们都有用就可以。

与学生家长保持紧密的联系，特别是学习成绩不好或社交能力差的学生；安排教师、家长和学生见面，共同讨论改进的办法。即使在告诫学生时，也要始终保持积极的态度：关注他们应该做什么，而不是他们不应该做什么（例如，"我希望看到你儿子改善他的行为"，而不是"你儿子的行为很糟糕"），并将谈话与解释良好行为和学习的好处联系起来。考虑到父母在子女教育上的投入，可以让他们想想浪费了多少时间和金钱在无效的教育上。

如何处理隐形的欺凌行为？

亲爱的汤姆：

你好！大家普遍认为高中毕业班的学生行为没有问题，但事实并非如此。在我的一个班级里，一些学生会联合起来欺负其他的学生，但做得十分隐蔽，比如说人坏话但不指名道姓。每一次我询问他们这件事时，他们都会否认我指控的事实。因此我只能够建议他们不要背后说人坏话。除了这些毛病之外，他们的学习都很好，但这种行为有时候导致班级的学习氛围很糟糕，我很担心那些被他们欺凌的学生。

这很棘手，主要是因为界定这种违规行为本身就很困难，而且除了令其他学生感到不安之外，这种违规行为的影响也很难得到证实。如果被欺凌的学生不投诉，那么你就遇到了一个实际上隐形的、无法证实的罪行。我们无法管理学生们在课外的行为，只能影响他们在你的课堂上的行为，而你能做的最好的一件事就是始终做一个良好的行为榜样，自己要有礼貌和善良。人们都会下意识地模仿周围人的行为，所以有时一个强大的人格可以潜移默化地影响他们。但需要提醒的是，这并非一朝一夕之功。

当然，如果存在任何公开的无礼行为，那么请确保你能制止，让违规的学生下课后留下来，执行留堂处罚，或者打电话给家长，就像你处理低年级的违规行为那样。这是为了让所有学生意识到，教室是一个安全的环境，而不是一个运动场。

此外，要与他们进行个别谈话。指控任何学生之前，确保搞清楚了事实的真相，因为即使是欺负人的学生，也应该得到公平对待，而唯一能让他们接受的方法是他们看到你处事公平。有趣的是，我处理过的对待他人最不公平的学生在即将被惩罚时最关心是否得到了公平对待。

最后,你有没有制订一个座位调整计划?将这些喜欢扎堆说人坏话的学生打散安排座位,可能会有帮助。如果他们表现出极为不成熟的行为,那就对他们提出下面这些具体的要求:不说话、低头、举起手来。这些基本的做法将有可能杜绝他们欺凌他人的机会。

如何应对课堂上不举手就抢答的学生?

> *亲爱的汤姆:*
>
> *我的学前班有一个非常聪明的男孩,他总是不停地大声提问和喊出答案。问题是,他说得很好,正是我想从学生们那里得到的回应……但我希望学生们先举手,经教师同意之后再回答。我怎样才能在鼓励他继续思考和提问的同时,阻止他这种不经允许就大声喊出答案的行为?*

这些非常喜欢抢答的学生就像隐形的炸弹,破坏了全班的注意力。更大的问题是其他学生开始有样学样,模仿他们的破坏性行为,特别是在他们能够逃脱教师的责罚的情况下更加如此。

我可以给出的最简单的建议是,不要理会他。如果学生们大声叫喊,完全不理会他们,同时接受另一个学生的提问。当然,实际的操作比说起来要难得多。要彻底地无视他们,只与举手的学生打交道,假装没听见他们的喊叫。不要做出任何回应,甚至不要斥责他们——那是课后的事情了。下课之后,你可以叫住学生,问他:"杰拉尔德,我能和你谈谈你的行为问题吗?"他在课堂上不经允许喊出来的答案是否正确并不重要,重要的是,它们破坏了你的注意力和你的权威,所以它们就是课堂上的特洛伊木马。

用这种方式训练他服从,我保证他将会有所进步。学生们往往会听从我们的提示,但如果你对他的喊叫做出回应,那么他又何必举手呢?

禁笑区：如何应对那些不分场合嬉皮笑脸的学生？

亲爱的汤姆：

一个学生在你训斥他的时候站着对你嬉皮笑脸，如何处理这种情况呢？这听起来根本就是个微不足道的问题，但让我很不爽。这太烦人了。

我完全能够理解你的心情——这些嬉皮笑脸的学生让我们如此生气。这是有原因的：因为那是非常无礼的。我们已经如此习惯于通过口头语言来观察和理解他人，以至于我们忘了一个众所周知的事实，即肢体语言比口头语言更有力量。想想我们可以用不同的方式（无耻的、温柔的、讽刺的等等）说"我爱你"，并有不同的语调，你就明白了。这是因为在说这句话时，我们赋予话语的背景（语气、术语、姿势、眼神接触等）改变了语言的含义。

这意味着应该让学生知道，他们不仅要使用礼貌用语，还要懂得礼貌的肢体语言。如果有人在你讲话的时候发出滑稽的声音、傻笑、晃动、玩弄他们的笔、叹气等等，那么他们就是在对你无礼，就像他们说"省省你的说教吧，老头子"或学生们现在流行使用的任何口头禅（谁能跟上他们瞬息万变的行话呢）。

所以要相应地采取处理措施：如果一个学生在你和他谈话的时候嬉皮笑脸，并在你的警告之下仍不停止的话，你要实施或威胁实施进一步的惩罚。你不需要对他们解释太多（例如，"我可以看到你的肢体语言与你说的话不一致"），只要说几百年来父母对无礼的学生说过的话就行了："你怎么用这种态度跟我说话！"你实际上不需要明确要求学生"把你脸上的笑容给我收起来"，但不要害怕这样做。毕竟，他们这样做是不礼貌的，所以不要因为这不是语言内容所带来的直接干扰就害怕做出坚定的反应。

我通常会说这样的话："你的傻笑让我觉得你没有意识到你惹了多大的麻烦。对我多加尊重，否则我就认为你故意对我无礼。"但也不要大发雷霆，尽管这可能令人非常恼火，因为你的情绪失控恰好是他们希望达成的效果。轻声细语地好好收拾他们。

CHAPTER 3
第三章

给新手教师的学生行为管理建议

我还记得，在我接受教师岗前培训，与其他宗教学科的培训学员满怀憧憬地坐在大学常见的棕色墙壁的会议室里时，负责培训的教师问我们，在教学工作中，我们还有什么问题是解决不了的，大家给出的答案都与学生行为问题有关。

一个培训学员问："如果学生上课时开始丢椅子怎么办？"

"如果他们……"紧跟着是很夸张的停顿，"如果他们……拒绝做老师要求的事情，那怎么办？"教室里一片沉寂，每个人都松了一口气，因为终于有人大胆地说出了自己心中的疑惑。

老实说，当时培训教师给出了什么答案，我已经记不清了。但可以肯定的是，不管答案是什么，它对我没有帮助。我们的大学提供的这一场看似认真准备的讲座也没有起到什么作用。说实话，先在一个很差的学校实习两个月，再到一个相对较好的学校工作两个月也不会起到什么作用。学生的行为管理依然是让新手教师感到恐惧的事情。然而，不知何故，我们真正需要的教师技能培训和我们实际获得的教师技能培训之间，存在着巨大的差距。如果你是一名新手教师，并正在为学生的行为问题痛苦挣扎，那么可以放下心来，因为这不是你个人的问题。你的经历不仅十分常见，而且是可以预料的，你并不是在孤军奋战，也不应该因此而遭受责备。

造成这种差距的原因是什么？主要有几个。其中一个主要原因是，说实话，大多数人对向别人发号施令感到不习惯，因为我们在日常生活中并没有多少这方面的经验。为自己做决定就已经够麻烦了，更不用说为别人承担责任了。事实上，大多数新手教师在是否应该控制学生行为方面感到犹豫不决，反而令我感到欣慰。自以为在某种程度上拥有管控他人生活所需的道德权利或实际经验的人，既傲慢又具有控制欲，这也是自大狂的显著特质。幸运的是，我们不是天生就适合成为希特勒那样的人物。我们可能都能做出理性判断，但是当事情到了紧要关头时，我们中的大多数人会宁愿别人来做出决定。

对民主而言，这可能是个好消息，但对于教师来说，这就是个坏消息了，因为我们已经被赋予了这样的权力。然而，当初激励我们进入教学领域的是什么呢？是为了控制学生吗？任何对这个问题回答"是"的人，现在就应该离开这个行业了。说真的，不要回头。那么是什么呢？想从事和学生打交道的工作？希望是这样吧。对你所教授学科的热爱？这个答案也不错。希望向他人传授知识？欢迎你加入我们的教师团队，到目前为止，都还不错。

现在让我们来看看教师筛选的过程，教师招聘单位在寻找什么样的人呢？我记得一个寻找小学教师的过程，要求申请人具备基本的资格以及一些（任何）与学生打交道的经验：跟着有经验的小学老师见习一周不难安排。然后是面试。这个过程中，没有多少涉及课堂控制的内容，对吧？然而，正如我们在前文中看到的那样，针对教师的专业培训中，也没有太多相关内容。所以，新手教师在开启自己的第一份教学工作时，并没有真正掌握太多有用的教学技巧。当然，如果你的雇主（学校）比较谨慎，他们会要求新手教师试讲一节课，请两位资深教师观摩并指导你的教学，但在发现你对学生行为管理一无所知之前，整个过程一般不会触发任何问题。反过来说，等他们真正发现了你的缺陷时，你早就已经蒙混过关，通过了筛选的过程，成为了正式的教师。

因此，整个筛选过程的荒谬之处就在于，新手教师可能顺利地通过整个面试流程，但仍然对如何处理棘手的班级、粗鲁的青少年学生一无所知。不知道诸位是否还记得我曾经说过，大多数新手教师对学生的不良行为感到恐慌？那是因为他们非常清楚，这将是他们职业生涯中面临的最大挑战。对于新手教师而言，教学工作中最难的不是学科知识（当然棘手——但8年级的地理到底能有多难？），不是来自上级的评分和评估（这些事儿很无聊，但也仅仅是烦人而已，就像给小狗洗澡一样），也不是记住所有的学生（如果你没想过利用座位图，那你肯定是个受虐狂，但至少说明你还是选对了工作），所有这些的难度都无法与学生的行为问题媲美。

当你走进一个满是陌生人的房间，他们对你毫无信任（有充分的理由——因为学生们知道你为什么会出现在教室里，而且坦白地说，他们并不喜欢老师的出现），他们宁可在教室里四处乱扔胶棒，或埋头换手机的铃声，也不愿意听你讲话，因为他们推测你可能要喋喋不休地谈论西班牙内战这种无聊的东西。哦，太可怕了，这就是你与一堆学生的战争。你们被关在同一个房间里长达一个小时，而你的工作就是从混乱无序中建立秩序，而学生们的工作就是……嗯，坦白说他们没有什么真正的任务，这就是重点，因为他们就是无形的混乱秩序的源头，难怪所有的新手教师会感觉这项工作是一项不可能完成的任务。

几乎每个新手教师都会遭遇学生的行为问题，学生们越难管，你面临的行为问题就越多。你越是抗拒管教学生，就会发现这变得越难。你越是对自己不自信，完成教学任务就越难。你越是善良，就越难找到解决行为问题的办法。引发学生问题的因素有很多，可能还有更多的挑战在等着你，通往良好行为的道路很漫长。

请相信我下面说的这些话：我曾在苏豪区经营多年的夜总会，在伦敦西区最繁忙的夜晚，在一个最繁忙的地方工作过。我曾在英国各地担任调酒师，赶走数以百计的醉汉，劝退数以百计买醉的人。为此我自认为在人群控制方面有点本事，或许能力还不小，但我在任教的第一年，面对班上的学生时，我就像被大锤子击中的玻璃那样，摔得粉碎。我遭受了人类有史以来经历过的所有侮辱，我就是肘部带着补丁的约伯。为了让学生们听话，我几乎犯下了所有可能的错误。

但我希望，同样的事情不要发生在其他人身上，这不是因为我觉得你们读完这本书就可以解决问题，恰恰相反，我写这本书的一个原因是现在市面上关于课堂行为管理的书籍强调了太多的理论，而对行动的强调不足。作为经验丰富的教师，我们可以分享自己的经验，至少可以让新手教师们更容易地适应他们面临的各种新情况。

新手教师在踏上讲台时，在行为管理能力方面存在严重不足的另一个原因是：这是一件说易行难的事。老实说，我不记得自己接受过的教师培训中包含了关于学生行为控制或管理的任何内容。这样的培训对一个还没有进入教学领域的人来说，怎么可能有意义呢？教学——尤其是控制班级——是一种实践活动，而不是喋喋不休的理念灌输。哦，当然，各种教学方法和实践背后，必然有一些理论支撑（我在第一章中已经用我微不足道的教学理论让你感到厌烦），但如果我们止步于此，我们还不如讨论在超人和绿巨人之间的战斗中谁将胜出，这个争论当然很有趣，但对教学没有什么帮助。

要想了解学生的行为，要想真正擅长管理学生的行为，你就必须亲自去做、去实践。这是一种技能、一种手段，有时是一种艺术，但绝对不是一种抽象的信念。你必须观察杰出的教师，看他们如何说话、如何行动、做什么、不做什么。观察的最佳时机是他们第一次接手一个新班级的时候，因为这时他们的控制行为的技术框架会暴露出来。后面的就不那么有价值了，因为那个时候，他们已经按照自己的方式将整个班级妥善地组织完毕，后续只需要维持既定的机制，时不时地查漏补缺即可，有时候会给学生一些提醒，告诉他们应该如何表现。在后续的阶段中，你仍然可以学到很多有用的东西，但最有效的观摩阶段仍是在师生关系刚开始建立的最初阶段。

这就是为什么，研究生教育证书课程的实习安排虽然出发点很好，但在行为管理教学方面却没有任何效果。在那个阶段，未来的教师们淹没在其他方面的教学需求的汪洋大海之中，以至于他们惊慌失措，忘记的东西比学到的东西还要多。当你不知道你即将面临什么的时候，新手教师们很难成为一个反思的实践者。同样，新手教师们也很难确定在微不足道的观摩计划中应该注意什么。如果足够幸运，也许新手教师有机会观察到真正的教学高手。在更幸运的情况下，这些资深的教师充分地意识到了自己的方法，知道自己在做什么。只有在运气爆棚的情况下，他们才会愿意花时间以有意义的方式将自己的经验和技巧传授给新手教师，指导后者行为管理的技巧，并为后者的每一个操作步骤提供有效的反馈。

在你成为新手教师的培训过程中，有幸得到这样的经历吗？没有？那么就继续往下看吧。新手教师们，我向你们致敬，请你撸起袖子，扎紧腰带，准备好大展拳脚吧！抬头挺胸地成为整个课堂的掌控者，且永远不要轻言放弃。

如何应对学生的不满？

亲爱的汤姆：

我是一名新任男老师，在管理班上的女生时，遇到了麻烦。我根本无法与她们沟通，管不住这些女生，现在班上的其他学生也开始模仿她们的不良行为。上周，我以开玩笑的方式调侃了班上的一个女生，通常情况下，她都很支持我，但这一次她非常不满。我多次向她道歉，但显然她还没有原谅我。现在，她在回答我的问题时，只剩下彻底的恶意和不尊重，其他的女生现在也开始模仿她的行为。我觉得她至少应该尊重我的诚恳与道歉，让这件事情过去。

从传道授业的角度来看，学生是否喜欢你真的不重要，但如果他们真的讨厌你，问题就比较严重了，因为这种厌恶会带来其他的问题，正如你经历的那样。坦率地说，我根本不在乎班上的学生是否喜欢我。教师也是一份职业，我们是专业人士，是成年人，我们的工作是为他们提供最好的教育，让他们有机会实现最成功的人生。学生对教师的喜爱是一种偶然而非必然，但学生喜欢你，你应该感到高兴。而且，最重要的是，你应该知道，如果你尊重他们、划下了坚定的行为界限、创造了一个有秩序的课堂，并努力做到人性化，可能大多数学生都会有点喜欢你，或至少足以让正常的教学秩序得以进行。

我能给你的另一个忠告是：不要再开什么玩笑了。老实说，我不确定这是不是问题所在，因为在我看来，这个故事听起来更像是一个怀有恶意的女孩抓住了机会让你有负罪感，因为她知道可以利用你身为教师的宽宏大量。此外，如果你正在经历困难的入行第一年，许多学生还不信任你，那么她最不需要的就是你当着她朋友的面跟她开个小玩笑。因为如果她友好地回应你的玩笑，就显得实在是太不酷了，这会让她的朋友觉得她是个马屁精。对她来说，用你的友善来折磨你会更好（这会让她更多地占上风）。下一次（如果有的话），问问自己，她是否对这个玩笑所造成的伤害反应过度（我怀疑是这样），如果你认为她在故意哗众取宠，那么就对她说："别傻了，我们继续上课——不要反应过度。"你给了她折磨你的权力，而你的道歉强化了这种权力。道歉需要简短、真诚，但说一次就足够了，若是次数太多，你就会削弱自己身为教师的权威。

下次她或其他学生以你不喜欢的方式对你说话时，放学后把他们留下来，并实施惩罚。作为教师，我们忍受了来自学生或家长的太多嘲弄和辱骂，而且只要你允许，学生们就会这样做。听起来你正在经历大多数教师都有过的怀疑和担心阶段，担心自己的能力不足，像所有品德高尚的新手教师在第一年时经历的那样，担心自己的工作做得不够好。但你是成年人，你应该成为课堂的控制者，你说了算。

千里之行，始于新的班级

亲爱的汤姆：

　　我很快就要去我的第一所学校做兼职老师了，我很担心自己的行为管理能力。这个学校不重视纪律，我不确定自己是否能很好地控制学生们的行为。整体的情况还不错，我也竭力控制自己不要大声吼叫，但还是需要花上好久的时间才能让学生们安静下来。我也发现很难让他们排好队。我试着在黑板上写上违规者的名字，但我记不住哪些学生被记名了，以及他们被记名了多少次。我运用了表扬和自由活动时间等教学策略，但有时仍然很难保持班级秩序。我觉得他们认为我有点软弱。

　　事实上，许多自然因素（有些是教师自身无法直接控制的）都会导致课堂行为管理变得更困难。首先，对学生而言，你是个新老师，而控制课堂行为的一个最好的工具就是与学生建立相对熟悉的师生关系，但就像任何类型的人际关系那样，师生关系的熟悉度是逐渐建立起来的，不能仓促行事，如同陈年佳酿一般，需要时间来培育和发酵。因此，哪怕是最完美的老师，也不可能在第一次走进一个陌生的新班级时第一时间让学生表现出完美行为。

　　其次，身为兼职教师的身份也会影响到你的课堂管理，理由与前面一样，因为学生见到你的时间越少，你与学生之间建立起相互信任的关系的机会就越少，这样的关系通常需要通过熟悉感和良好的常规互动来实现。

　　在黑板上记名通常是一个很好的行为管理策略，也是改善纪律的一个经典操作。看起来你已经掌握了一套相对完善的课堂行为管理体系，然而，你在操作这个体系的过程中同样遇到了一些关键的障碍，即这些策略是否有效这一实质性的问题。

　　对此，我能给出的最好建议是：不要忘记这个体系的目标。如果记名给你带来困扰，那就直接让你觉得可以离开的学生离开，并要求剩下的违规的学生留堂；或者只简单地记住违规学生的长相，而不是名字；或者在一定程度上相信你的直觉。如果在黑板上记名会让你混淆，那么就把名字记录在记分册上，并且不要让它们离开你的视线。如果你觉得这个记录违规行为的体系让你感到困惑，不要害怕，直接将惩罚措施升级为留堂。这不是（位于英国伦敦老贝利街的）中央刑事法庭，只要具备了合理的依据，就可以惩罚违规的学生，而不需要提供无数的书面证据。底线是：如果你觉得他们扰乱了正常的教学或其他学生的学习，那么他们就应该受到一些惩罚。

软弱？让他们说去吧。基本上，学生们需要教师提供两样东西：管教和爱，两者相辅相成。我们管教他们是因为我们关心他们；通过给他们一个安全的、有纪律的环境，我们表达了对他们的爱。你可以尝试通过各种方式奖励学生，但也要让他们意识到你会严格执行惩罚。可以花些时间与他们再次回顾课堂行为的规则，让他们把规则贴在书上，在上面签名，或在教室里张贴课堂纪律——任何提醒他们教师已经设定了行为界限的东西都可以，这样一来，他们的行为才会有界限。

如果学校不怎么重视学生的行为纪律，那么你的行为管理就会受到影响。学生（和教职员工）都需要知道，如果行为问题升级，那么其他人会出于组织的利益进行干预。如果学校领导不承担这个责任，那么你就得靠自己、靠自己的魅力、影响力和纪律来对学生进行行为管理。

我的调班请求

汤姆：

你好！我是一名新任教师，我已经设法让一个10年级的班级有了一定的秩序！说实话，我对这个班级的学生不是很感冒，可以说我们以后不会再互相寄圣诞卡了。那么，我要求放弃教这个班级，选择另外一个班级，是不是错了？学校会不会拒绝我的调班请求？

言简意赅地说，是的，这的确可能对你产生不利的影响。简单地说，教师应该在合理的范围内接受学校给他们安排的班级或教学内容，这就意味着，如果你想要调换班级，可能需要一个非常充分的理由。教师工作的重点是发展师生关系，不管你喜欢与否，你都会与所教班级的学生建立某种关系。尽管你心存疑虑，但你对这些学生比较熟悉，这可能是非常有价值的，特别是对那些可能家庭生活极为不稳定的学生。

只要有毅力，你就能与这个群体中的部分学生打成一片。首先要考虑那些与你相处融洽的学生，我敢打赌，他们的人数肯定比那些无法和你融洽相处的学生更多。但最重要的是记住，你的任务不是成为学生的朋友，而是去做他们的老师，因此无论我们是否喜欢他们（或他们是否喜欢我们）都是次要的。他们需要的是一个成年人、一个专业人员、一个他们学会信任的熟悉面孔，所以请你多给他们一点耐心和时间。

如何成功上好试讲课？

亲爱的汤姆：

我参加过各种教学岗位的面试，但每当进入试讲的观摩课阶段，我似乎总是遇到难搞的班级，学生们的行为也变得一团糟。我发现这样的情况很难应对，因为学生们知道，如果他们表现不好，就不会有任何后续的课程了。我要怎么样才能够迈过这样的关卡？

如果一所学校要求面试者试教一个很难管理的班级，这是不明智的做法，无法反映面试者真实的教学能力，因为课堂行为管理在很大程度上基于师生之间的熟悉程度，并取决于违规行为处理后果的效力。但在一节试讲课上，面试者需要给学生带来短时间的、快速的影响，因此，收起脸上温和的笑容、用来奖励学生的小星星和小饼干，让自己变得严肃，看起来严谨而专业，并放慢讲话的速度。

告诉学生，你很荣幸能够来到这里，但也无须过度吹捧。在这种情况下，让学生心生畏惧或许能够比取悦他们更有效。但同时要找到一个平衡点，既要充分展示你严肃认真的教学态度，但也不要让学生们觉得你讨厌他们。通常情况下，很难管理的学生会下意识地不喜欢那些想要展示教师权威的新任教师，但他们也不会尊重那些因为过度友善而看似好欺负的教师，不管你是否愿意承认。

当然，有学生熟悉的教师在试讲的过程中全程站在教室的后面，学生们理论上来说不会太过失控，除非你给了他们失控的理由。回想一下，你是否在试讲的过程中表现得十分不自信（他们会第一时间抓住这一点）、准备不充分（他们会因此而强烈抨击）或十分刻薄（他们会因此而怨恨你）？你有没有可能获得学校关于这一次失败试讲的反馈？看看为什么他们觉得课程完成得不够好？当然，话说回来，我想你最终会成功地通过试讲的，因为，就像我们常说的那样，你不是失败了，只是尚未获得成功而已。

如何在课堂失控时迅速夺回掌控权？

亲爱的汤姆：

我刚刚在一所学生很难管理的学校完成了一次针对5年级学生的试讲课，老实说，进展得非常不顺利。

我的开场白有点拖拉，学生们很快开始感到厌烦。紧接着班上出现了各种各样的小动作，根本控制不了，我尽量积极应对，但即便把那些捣乱的学生转移到教室的角落，还是没能挽救一塌糊涂的教学过程。

更严重的是，两个男生开始打架，其他老师不得不介入课堂。紧接着，班上其他的捣蛋鬼也开始兴风作浪，我的试讲课就这么完蛋了。我的问题是，如果课堂开始失控，我如何夺回掌控权？我并没有通过面试，得到这所学校的聘用。学校的校长在给我反馈时，说话非常客气，但他提到，我可能需要掌握更多的教学策略，更好地处理课堂上的不良行为。但到底是什么策略呢？

我只能说，有些教师可能会很幸运，在试讲的时候遇到一个听话的班级，并因此得到一份工作，而其他的教师可能碰巧遇到了一群暴徒般的学生而表现得一塌糊涂，进而被无情地淘汰。

一个合格的面试官会意识到一个班级潜在的破坏力，并会仔细观察教师的处理方法，他们不仅仅会观察班上的学生是否表现得体，还会观察在班上学生捣乱时教师的处理方法和应对方式。我想，在校长说你应该掌握更多的教学策略时，这应该就是他想要说的。试讲失败的原因有很多（大黄蜂、日食、废话、皇家婚礼等），身为教师的我们必须学会处理这些意外的情况，这就意味着教师必须具备灵活性。如果学生们因为无聊而变得烦躁不安，那么就加快教学的节奏，继续讲课；如果他们开始捣乱，那就立刻处理捣乱者。

教师的任务并不是将课前准备的所有内容按照想象或规划的方式告知学生。教师的任务是确保学生学到你想要教授给他们的东西。有些课程的计划或内容必须被淘汰（而且不能完全按照英国教育标准局的要求），灵活地调整教学的内容，是一项需要通过长期的实践、经验积累才可以掌握的技能，教师们不可能通过教材、论坛或讲座来学会。我的建议是，教师们应该尽可能地将教学看成是一项动态的活动。在这里拿杂技中的转花碟打个比方，教师就是教室里的花碟旋转者，有些盘子会首先晃动，因此要格外注意，为了确保其他盘子的转动，有些盘子必须落地，而有些盘子则绝对不能落地（很神奇，对吧？）。在我看来，行为管理就是其中一个"绝对不能落地"的盘子，而完完整整地讲完课程的导入则属于为了确保秩序可以落地的盘子。课堂的控制并不是教师可以"拥有"的东西，它不是一种可以被占有的东西，甚至都不能称之为一种状态；它是一个过程、一个持续的动态活动。反过来说，好消息是教师也永远不可能"失去"课堂控制，我们只需要让它重启即可。

因此，我建议你在开始上课时，简要地描述一下你对课程的期望，然后认真地执行定下的规则：一旦有学生越过了你设定的界限，就要采取惩罚措施。每一次都要这样操作，直到整堂课结束。学生们会迅速地明白你的期望。如果捣乱者的行为干扰或威胁到了整个班级的学习情况，那么首先确保认真学习的学生有事可做（如果你能够分配相应任务的话）；然后腾出手来，专门处理那些犯错的学生。这样一来，你就很好地掌控整个班级的状态，而不仅仅是针对那么一两个捣乱的学生。

我认为你很快会具备一个专业教师所需的技能和能力，毕竟，你已经表现出想要成为一个合格教师的态度、决心和期望。

优秀的学生令我感到紧张

亲爱的汤姆：

这或许是一个奇怪的问题：我在一所非常糟糕的学校教学，我可以应付7年级的学生，哪怕每个人都说他们是整个学校最差劲的学生。但奇怪的是，在教一些优秀的8年级学生时，我会感到非常恐慌。上课的时候，我会紧张到口吃，说话颠三倒四，总之表现得非常尴尬。说真的，我已经丧失了教这群学生的信心，非常害怕再次给他们上课。你有没有什么好的建议呢？

不要担心，也不必懊悔，不管你觉得自己上一次课讲得有多么糟糕，它都已经成为过去式了。它已经无法挽回，只要你不再回忆，它就彻底地过去了。下一次课，又是一次全新的课程了。也许你是习惯了不断地改善课堂气氛、不断地处理学生的不良行为。因为习惯了这样的模式之后，突然间面对一个乖巧听话的班级，你就不知道应该运用什么教学策略了。是因为一个好教的班级已经超出了你的舒适区吗？如果是这样，我的建议是规划一节充满了大量挑战的快节奏课程，大胆地放手让学生们自主学习大部分的内容，或者安排小组合作或分组讨论等。也许你可以尝试给学生们提供更适合9年级学生的学习内容，并观察他们如何努力地应对学业的挑战，或许你还可以向优秀班级的教师取经。

此外，也不要担心自己产生的慌乱之感，我们每个人都有过这样的经历。但一定要牢记，这些优秀的学生也才13岁，你已经是成年人了，他们还是学生，他们需要你的引导，需要来自成年人的建议和意见。所以，赶紧将你对上一节课的懊恼抛之脑后吧！

你的这段经历让我想起了一个故事：两个僧人一起行路，当他们来到一条河边时，一个老妇人向他们求助，问他们可否背她过河。按理说僧人不可触碰女人，所以第一个僧人果断拒绝了，但第二个僧人背起老妇过了河，并将她放在了河对岸。

两个小时后，两个僧人依然在往前走，但第一个僧人怒气冲冲地开口责骂第二个僧人说："真是难以置信，你怎么能够触碰那个妇人呢！"第二个僧人回答说："我已经将那个妇人留在了河边，而你却依然背着她！"

所以，放下你背上的"老妇人"（对上一节课的懊悔），继续大胆地前行吧！

学生受到挑衅时做出过激反应，该怎么办？

亲爱的汤姆：

我马上就要参加教师培训了，目前我正在一所学校见习，以积累一些教学经验。在我的第一个班上，有一个学生的名字和一个卡通人物一样，其他学生都对着他喊这个名字。他们会唱这个卡通剧的主题曲，怪声怪气地说出这个卡通人物的台词，等等。在这个学生跟着我一起去学习中心的时候，其他学生都围在他身边，不停地嘲讽他，直到他开口骂人，并用粗俗的语言骂这些学生。他这种表现让我不得不着手立规矩，但他因此变得更加不安，泪流满面，并拒绝我的接触。

我发现班上有些学生要求调班，因为他们说这个学生很可怕。但在我看来，他不过是一个容易受伤的普通学生（他只有9岁），只是他选择了以暴制暴。我该怎么做才能够阻止其他学生对他的伤害？或者我应该怎么做，才能够让他停止这种过激的反应？

什么样的学生需要行为干预？就是他这样的学生！如果没有外界的帮助，这个小男孩可能会开始形成破坏性的习惯，在受到挑衅时大发雷霆，做出过激的行为，并且可能会持续到挑衅事件结束之后。这就意味着无论在什么情况下他都可能会变得咄咄逼人、好争辩。我们都知道，学生可能非常地淘气（这就是教师们发挥作用的地方，让学生们学会团结友爱），并且喜欢挑起那些容易被激怒的人的怒气。他们真的非常喜欢这么做，这对他们来说，就像是看电视一样，但不要忘了，这可能对受害者或被嘲讽者造成巨大的心理伤害。

让这个男孩知道他是被重视和关心的。给他一些额外的时间。确保每当有人挑衅他时，他身边有成年人进行严厉制止与打击。我很难责怪他对持续的挑衅进行抨击的行为。我们中的任何人都能更好地应对反复的羞辱和欺凌吗？对这个男孩来说，这是个成长的过程。对成年人来说，骂人听起来无伤大雅，但持续的、无情的欺凌会让这个男孩觉得自己好像在地狱里一样。我认为如果他需要关心与关注，他现在可能非常需要你。

因为学生的不良行为而惊慌失措

亲爱的汤姆：

我是一名新任教师，正在开展第二个学期的教学工作。到目前为止，教学职业进展还不错，但现在我很担心这个学期是否能够顺利度过考察期。因为有一个班的不良行为十分严重，已经严重干扰了正常教学，而这一切都应该归咎于这个总人数为30人的班级里的5个学生。其中一个学生会当着我的面儿打响指，还碰到我的脸。他仍然在学校，他得到的惩罚不过是被年级主任叫去谈话。我得不到学科主任的帮助，因为她休产假了，没有人代替她的工作。

　　我已经请求了学校的帮助和指导，尤其是在处理这个班级方面，因为我并不希望在讲公开课时得到差评。我很喜欢教学，也确信自己可以成为优秀的教师，但这个班级对我来说已经成为了一场噩梦。我已经告知学校，我正在寻求附近的教师职位，我很担心他们会因为我想要在其他地方求职的行为而给我找麻烦。但我不得不这么做，我的心态已经被这群学生搞崩溃了，在这种情况下，我应该怎么办？

上公开课前，你必须先想办法处理这些关键的捣乱者，所谓擒贼先擒王，搞定他们之后，剩下的学生应该就不是问题了。大多数的学生不具备成为真正的麻烦制造者的心思和能力，所以如果你能够解决这些暂时性的行为问题，你的教学工作就会变得顺心很多。要解决这些学生的问题，你只需要再忍受一次艰难的教学过程，将他们所有不良的课堂行为记录下来，然后明确地实施惩罚。如果惩罚之后类似的不良行为不再出现，那么就可以着手解决其他的问题，并在此基础上循序渐进地改善课堂的环境。

　　如果没有学科主任，学校领导一定会有所考虑，你可以向其他人寻求帮助，可能是学科主任的上级。他们有责任提供在学生行为管理方面的支持和辅助，如果他们拒绝支持，那么你的教学生涯可能将变得无法持续，任何观察都将无法真实地反映你的专业能力。为此，在采取行动之前，不妨与学校主管教学的领导谈一谈，向他们清楚地解释你的计划和行为动机。

　　在这种情况下，你或许需要做一些"向上管理"的工作，即请你的上级采取你需要他们采取的行动。及时与上级沟通十分必要，因为在领导者脱离了一线教学工作之后，他们很容易会忘了其他的教师（尤其是新任教师）可能碰到的困难或问题。但有的时候，你可能只是遇到了在其位不谋其政的教学主管。

要记住，捣乱的学生也只是学生——他们不认识你，也不担心你对他们产生不好的看法。如果他们行为不当，就应该受到惩罚。如果你担心他们不听你的话，只需要在课堂上保持简单而礼貌的告诫，不要丧失冷静，先继续教学的工作，因为很多行为管理的活动都是在课堂外的时间进行的。我的另一个建议是，如果这些学生让你根本没办法好好讲课，你可以课前为班上其他认真听课的学生准备一些"灵活变动"的学习内容。这样一来，哪怕这些问题学生因为感到无聊而捣乱，课程依然能够继续。当然，如果他们无视你的礼貌警告，在上课时持续捣乱，那么根据大多数学校的规定，教师有权将他们送到"冷静室"，这里通常由相关教师负责。因此，不要害怕对问题学生采取强硬的态度，强硬态度并不等于大喊大叫，而是清楚地告知学生，你对教学工作以及问题的处理是认真的，你关注教室里每个学生的学习和教育……哪怕他们自己并不在乎。

当然，如果你已经决定了要跳槽，学校很可能会给你"差"评，但一定不要让学校这么做。只要在职一天，你就应该督促上级，让他们做好本职工作。最终，他们会意识到，为你提供支持比忽略你碰到的问题要更容易。身为一线教学人员，我们有时候不得不向上管理我们的上级。因此，要时刻牢记，真正的守门员是你，所以请打起精神，做好教师的本职工作。

如果我辞职了，还能够拥有光明的职业前景吗？

亲爱的汤姆：

因为担心今年的教学试用期无法通过，我最近非常焦虑。我尝试了对学生采取强硬的态度和手段，但很快又对他们心软，或许是因为过于友善，现在所有的班级都开始把我当成一个软柿子，哪怕是那些表现十分优秀的班级。我已经尝试实施了学生行为管理教材上提供的所有策略，但学生们还是把我当成布莱克浦(Blackpool)海滩上的一头蠢驴。

在受到学生的羞辱之后（且没有得到学校的任何支持），我毅然决然地辞职了。虽然我觉得已经没有办法继续坚持下去，但又不想毁掉这一年的新任教师试用期。如果我失败了，以后还会有其他学校愿意雇用我吗？

看来你在对待学生方面的确是照本宣科。如果学校不打算在惩罚学生方面支持你，你确实面临着一道难题。归根结底，如果学生意识到学校不会采取任何行动，因此完全可以无视不良行为可能引发的惩罚，那么为什么他们还需要遵守纪律，做个乖学生呢？当你还是个新来的教师时，尤其需要来自团队和学校的支持，但看起来你获得的支持并不太多。

如果你已经离职了，那么正是重新开启职业的好时机。我建议，你可以申请那些学生行为明显更好的学校，这样你就有更大的机会顺利度过第一年的试用期，或者至少申请一所对学生行为要求严格的学校（尽管通常情况下，好学校同时具备了这两个特点）。这些情况是你在着手申请学校之前必须弄清楚的，当然，也是你在面试时应该了解的（如果你还在纠结面试的时候应该提什么问题，那么这就是一个很好的问题："贵校是如何处理学生的行为问题的？"）。

被视为空气：如何解决被学生无视的问题？

亲爱的汤姆：

我有一个10年级的男孩，他对我视而不见，以此羞辱我。即使我离他很近，他也会转过身去和伙伴们聊天。更糟糕的是，这种行为间接地损害了班上其他同学对我的尊重。我接下来该怎么做？

不良行为—警告—惩罚，按此处理，但有时我会直接跳到惩罚步骤。处理这种情况没有什么高明的方法——这就是无礼的行为，因此教师需要捍卫自己的尊严，要求学生表现出更好的行为。请直接告诉他不要无视你，要求他接受留堂的惩罚，告诉他这是对他无视你的惩罚，然后等着看他是否会出现。如果他来了，表示他认识到了自己的错误并愿意接受惩罚，那么这个问题基本上就算解决了。如果他没来，就给他家里打电话，加大惩罚力度，然后让你的上级领导也参与进来。看看这个学生有多大的耐力来抵制持续的惩罚。问题是，你必须设定惩罚，而且要认真执行。只有学生意识到错误的行为会遭受惩罚，他们才会有所收敛和转变。

如何让年幼的学生听我的话？

亲爱的汤姆：

我是一名实习生，目前负责管理一个包括1年级和2年级学生的混合班级。我很重视发掘学生身上的潜力，并且不想成为一个唠唠叨叨的老师。我怎样才能获得并保持学生的注意力呢？我最担心的是，有一群学生总是宁愿玩他们的头发和相互玩耍，也不愿意听老师讲课。我知道，如果学生处于这种状态，老师最好暂停讲课，等着学生们安静下来再继续。但是，这种期望对年幼的学生来说是不是太高了？

老实说，学生的年纪越小，教师就越是要反复重申行为要求。作为成年人，很多时候我们只需要听一遍就可以执行了，所以我们不习惯反复地去强调同样的事情，因为我们担心重复的表达会让对方感到厌烦。但是，年幼学生的注意力很差，他们对责任和义务的理解程度也不太高，所以我们的工作就是不断地反复提醒他们。此外，和所有成年人一样，学生们对肢体语言十分敏感，所以我们的肢体语言也要充分体现教师的权威，站姿、声音和神情都要严肃而认真。你可以想象那些令人尊敬的人并模仿他们的肢体语言。你需要运用各种手段，充分地表现教师的权威性。毕竟，当你进入教师的身份和角色时，不能完全地本色出演，你需要塑造一个强硬的、严厉的、充满爱心但毫不心软的教师形象。想象自己就是这样的人，直到你可以真正地树立自己在课堂上的权威。

当然，一定要记住，要管理好一群人需要时间和耐心，无论是小孩还是成年人都一样，所以不要每次学生们不听话就感到挫败，因为这是一个必经的过程，就像没有哪个成功的登顶者会因为走了一段路还没有登顶就感到泄气一样。

如何才能让学生在自由活动时间变得更有秩序？

亲爱的汤姆：

我目前在1年级进行最后阶段的实习，但是班上的行为问题非常严重，虽然只有15个学生，但给我的压力不亚于150人。自由活动时间是最糟糕的，有一个小男孩特别不听话，而一旦一个学生开始不听指令，其他人就会模仿并加入捣乱的行列。他们安静聆听的时间大约只有10秒钟，然后他们中的一些人就站起来走来走去，无视我的存在。没有人整理玩具，也没有人愿意分享任何东西，他们只会把玩具扔来扔去。然后他们就会在地毯上打滚，度过一段美好的时光。

为了解决这个问题，我尝试了留堂、红绿灯管理法、"每日之星"表扬法、黑板名单、使用贴纸、使用抽奖，还告诉他们为什么他们需要守规矩，但是没用，一点儿用都没有。

在你提出的问题中，有几点令我印象深刻：首先，看起来你已经尝试了很多正确的方法；其次，学生们跟你还不太熟悉，他们肯定对彼此也不太熟悉；最后，学生们的年纪显然很小，所以问题必然会出现。当然，你可能会希望，到了这个阶段，大多数的学生应该能够坐得住了。请努力牢记，（我想）大多数的学生在大部分时间里的表现都不错，当然，他们不可能每分每秒都表现得很好，但如果你愿意客观地评价这个班级，那么你或许会意识到，大多数学生的表现还是不错的。所有这一切都是我个人的猜测，如果与你的实际情况有所出入，那么请无视这些猜测。基于我个人的经验，整个班级全程都存在严重行为问题的场景其实很少见（这是一种相当乐观的看法，不是吗？）。

因此，不要浪费时间跟这些年幼的学生解释行为规则。不要费心与他们进行关于行为的对话和讨论，也不要给予任何复杂的反馈。因为如果他们到了这个年纪还无法理解什么是好的行为，那么或许他们需要教育心理学家的特殊关照。这些学生选择无视教师的指令，是因为他们根本不在乎你的要求，也不在乎你可能给出的惩罚。如果我们不断地与学生"探讨"他们的行为，他们就会开始认为行为问题与自己无关。为此，你必须要让他们感觉到自己做错了事情，而不是仅仅知道这一点。

接下来，说说处罚。你在问题中提到，有些学生对留堂的惩罚不以为然，而我感觉这就是问题的关键所在。因为如果惩罚不会令犯错者感到痛苦，那么就不值得浪费时间去执行这种惩罚。如果他们能够在留堂的时间里看动画片或吃糖果，这样的惩罚还有意义吗？所以，一定要让留堂或其他类型的惩罚变得有意义：要求学生完成有难度的任务；安静地坐着反思；将他们互相隔离开来；在班上其他人都在分组合作时，要求他们独立完成任务；在班上其他同学做一些有趣活动的时候，让他们完成一些枯燥的任务，远离熟悉的小伙伴（例如，在班上其他同学可以到户外玩耍的时候，要求犯错的学生待在教室里不能出去，就是一个不错的惩罚措施）；等等。不管采取什么样的惩罚措施，一定要令犯错的学生感到不舒服。同时可以请家长来学校与老师一起讨论学生的行为问题——毕竟，如果家长能够配合学校，这将令你如虎添翼。

他们的成绩很差（需要个别辅导）吗？如果是这样，可能意味着一些任务对他们来说太难了，所以他们不愿意积极参与，但即使是最年幼的学生，也能够理解"坐好，保持安静"这样的简单指令！

你需要对他们严厉一点，暂时取消贴纸和"每日之星"等奖励（除非你原本就非常严厉，只有学生们在做出媲美奥运冠军的行为时才给予奖励，那就另当别论）。暂时性地换上严厉教师的面具，不要对学生们太好，哪怕你下意识地想要温柔地对待这群小天使。不要对他们微笑，也不要与他们一起欢笑。学生们需要先遵守纪律，才能够得到来自老师的爱。所以，请将你对他们的爱暂时隐藏一段时间，这样学生们就会开始怀念并珍惜这份爱。如果班上的学生们不能控制好行为，就无法好好学习，而学习才是学生的首要任务。

如何管教喜欢逃避惩罚的学生？

亲爱的汤姆：

我是一名实习生，我负责管理的5年级学生一直给我找麻烦。因为他们总是小动作不断，所以经常被留堂。如果你告诉他们这些惩罚措施，其中的一些学生立刻变得歇斯底里，而且会大肆谩骂，其中还有一个学生会在被单独留堂时逃跑！而我就因为没看住他而被学校狠狠地教育了一顿。我不知道如何才能够阻止他这种逃跑行为，也不知道有没有人能做到这一点。这些事儿真的让我很焦虑，因为我不想搞砸自己的实习。

怎样阻止学生逃跑？如果我是你，我会要求学校的教育专家们亲身示范一下。毕竟，如果你只是到这个学校去实习，就不能够指望与学生建立多么和谐的师生关系。

此外，你的惩罚措施是否始终如一？是否给予了足够严厉的惩罚？有的时候，惩罚没有取得效果的原因往往在于实施惩罚的教师对学生不够严厉。严格执行留堂就是要求学生放学后乖乖留下来接受教师的额外安排，如果他们不出现，直接给家长打电话。对实习教师而言，纠正学生的不良行为是一项艰难的工作，但相信我，你现在付出的所有努力一定会在将来有所回报。

你有没有花时间去真正观摩经验丰富的教师的做法？他们是否观摩过你的课堂？即便是实习老师，你同样有权获得定期、详尽的反馈，以便不断地提升自己的教学能力。如果学校刻意把很难管理的班级分配给你，你有权要求他们不要这样做。此外，不要在你的课堂观察表上签名，除非学校在上面明确地以书面形式描述了你的真实处境或问题。

但同时你一定要与你的指导老师好好谈谈，与他们讨论如何改进教学的方法，请他们观察你的教学过程和实施情况，然后再一起探讨需要从哪里着手改进。

所有的尝试都变成了无用功，该怎么办？

亲爱的汤姆：

我想在行为管理方面做得更好，但我不知道哪里出了问题，也不知道从哪里开始解决。我的教学工作从来没有像现在这般艰难。我尝试过各种各样的方法：改变交流的语气、实施留堂、确保惩罚的一致性、警告、再警告……但学生们还是不停地在课堂上交头接耳、喋喋不休！

我为什么搞不定？

现在，因为我很可能搞砸这个学期的教学，学校开始特别地关注我，想要让我多上几次公开课。有些课（并不是全部）我实在无法保证教学进度，我也尝试过调整教学的重点或教学活动的设计……但收效甚微。如果我不能尽快地改善局面，很可能就无法通过第一年的试用期……但没人愿意帮助我。

我该怎么办？上个星期，我已经因为无法应对过大的工作压力而请了两天假。我以前很喜欢教书的，但现在开始痛恨站上讲台了！到底该怎么办啊？

相信我，你并不孤单，你只需要遵循下面4条原则：

1. 我一直在反复强调的但还是不得不再次强调的一条原则就是：始终如一；

2. 做到言出必行；

3. 保证有升级处罚的措施；

4. 制定明确的行为准则。学生们当然知道在上课时聊天是不对的，但他们需要明确地听到教师这么说，因此一定要记得明确地向学生表达你对他们的行为预期。

如果你能够遵守这些原则（做一次很简单，但很难坚持），那么学生们就会以邮轮掉头的方式（即缓慢但坚定）开始听从你在行为方面的规定。

尽量不要在授课过程中因为学生的行为问题而感到太大的压力（是的，我知道，说着容易而已，对吧）。正确的方法是：在传达了行为准则之后（无论是通过讲座、PPT或是贴标签的形式），只需要在学生违规的时候记下违规学生的名字即可，并在下课前宣布需要接受惩罚的学生名单。不要因为学生的问题行为而感到不安，也不要对他们大喊大叫，甚至不要表现出你在意这些问题，只需要安静地记下违反规则的人员的名字，然后冷静而客观地告知他们即将接受哪些惩罚就可以了。就这么简单。

如果学生们对你的处理方法感到大惊小怪，完全不必理会，看看哪些学生会遵从指令，按时过来接受留堂的惩罚。任何不接受这个惩罚的学生都将受到更严重的惩罚（例如，长达一小时的留堂），并且会有更资深的教师参与进来（假设学科主任这个时候愿意介入）。然后要确保始终跟进惩罚的执行过程和效果。可以给学生家长打电话，但要确保语气委婉（例如，"小约翰尼通常表现还不错，但他今天的行为可能有点令人失望，我希望家长们能够给予支持，让他可以充分地发挥巨大的潜力……"），还可以给家长们写信。不管采用何种方法，要确保始终如一，如果学生们没有配合这次的惩罚，那么就需要将惩罚升级。让学校的年级主任或学科主任参与进来。当学生没有按时出现接受留堂惩罚时，你有权获得来自学校层面的支持。但如果学校采取了不闻不问的态度，并因为学生的不良行为而抨击你时，你就可以有理有据地提出抗议了。

一天中不同的时间段会影响到学生的行为吗？

亲爱的汤姆：

　　我需要一些关于一天中不同时间段的课程计划的建议。我有一个10年级的班级，班上的学生在一天的学习快要结束时完全不理会我，无视我的警告，一直在课上聊天。但同一个班级，在早上上第一节课时，整个班的学生都是天使——表现完美，完成的学习任务量也很大。看来昨天的良好表现只是侥幸。我计划作为奖励的"有趣的"课程，在我一进门时就失效了。课程结束了。

　　我怎么才能让他们的行为变得更稳定呢？我拒绝接受这样的情况成为常态，但依然觉得心灰意冷。

不要为此感到灰心丧气，我们需要保持满满的信心。身为教师，我们中的大多数人都已经忘记了站在学生的立场上是一种什么样的感觉，我认为主要原因是我们的任务和学生的任务有所不同：（1）我们是成年人，可能更有责任感，更容易被义务和责任感驱使（只是可能）；（2）我们饮食和作息更规律，不会因为在索尼游戏机上打游戏而熬夜到凌晨3点（或玩其他令人上瘾的东西），或同时在社交媒体上与10个朋友叙旧聊天；（3）我们比学生更喜欢所教的学科；（4）最重要的是这是一份有薪酬的工作。你有没有参加过一个糟糕的教师教育与培训活动，（尽管很难想象，但很可能）你一整天都坐在一个位置上，被动地听讲话人喋喋不休的教育，或者更糟糕的是，被要求进行讨论并提供反馈，等等？6个小时的培训课程已经令我感到绝望，所以我可以想象，对于习惯了从互联网上快速获取新闻和信息的孩子们而言，坚持全神贯注地听一整天的课有多难。坦白说，我自己也不喜欢学习印度教的葬礼习俗，并且对这些东西也不感兴趣。

所以，就我个人而言，我为周五下午第五、六节课时段做过的最佳教学计划就是开展一个教师讲解为辅、引导为主的课程，强调对事实性内容的了解、回忆和理解（前提是你也喜欢运用布卢姆分类法作为教学辅助工具），并提供一系列任务或问题，这些任务或问题之间可以灵活地调整和衔接。这种设计基本上很难得到教育标准局官员的肯定，但老实说，他们也从未肯定过我的任何教学设计，所以为什么要担心能不能取悦他们呢？学生们肯定会因此而感激你，尽管他们不一定明确地表达出这种感谢。他们通常会非常感激你的体贴，因为他们知道，对他们来说，一个小时之后就可以看《蓝彼得》（英国的儿童电视节目）了……

但永远不要接受学生的不良行为，不管是在什么时候。事实上，教师可以很轻易地惩罚这种行为，只需要放学后将违规者留在学校就行了。事实上，我所有的一小时留堂都会放在周五放学之后，因为学生们最讨厌周五放学之后还被留在学校。

独自行动还是寻求帮助？

亲爱的汤姆：

　　我是一名新任教师，目前正处于正式入职前的实习阶段。我想请你帮忙分析下面的问题：我基本上能够管好一个班级的学生，虽然仍需要年级主任的参与。部分学生仍然存在一些令人讨厌的行为问题，我想知道接下来该怎么办？我希望所有的学生都能够按照统一的安排开展学习活动，但又担心如果继续向学校求助，会不会让自己看起来有点无能，显得我没有外界的帮助就无法成事？我是否应该继续寻求学校的帮助呢？非常感谢！

人类习惯了群策群力，而不是孤军奋战，所以你不仅应该寻求帮助，而且必须这么做。你已经邀请了其他教职人员参与到你的日常工作中，这很好，因为通过依靠学校的老员工，你强化了这样一个理念，即所有的教职员工是一个凝聚的大家庭，这从而强调了学生不可能战胜教师的想法，这很好，欢呼吧！

不要说自己一个人应付不来这种话（因为没有哪个人可以完全独自应付所有的问题），而是应该告诉你的上级，你希望获得必要的支持，以便提高教学水平和改进学生行为管理。如果你选择孤军奋战，你或许最终会成功，但如果有其他的教师支持你，你就能够在最短时间内实现目标，并且在这个过程中保住自己的理性和自尊。

如果你的上级值得信任，那么他们不仅不会认为你无能，反而会欣赏你的团队合作精神。此外，如果学生们认为你孤立无援，他们就会像野狼一般将你彻底击溃。你要做的就是，勇敢地应对学生的挑战，用自己的行动赢得学生的尊重。

如何成功度过新任教师的第一年考察期？

亲爱的汤姆：

10年来，我在20所学校工作过，担任过各种音乐培训职务，但现在我正处于新任教师的考察期。以前，我认为学生的行为管理并不是问题，但现在我是一名全职教师了，行为问题就变成了一件棘手的事情。

在我的一些课堂上，出现了严重的不端行为——说话、对老师无礼、不完成老师布置的课堂任务。我和我的教学导师关系不好，但这并不重要。

有人告诉我，要改变我在课堂上的语音语调——我已经改变了，但并没什么用！我已经走投无路了，都已经开始偏头痛了。我想我需要有人来帮忙，而不仅仅是对我说我应该做什么。我要求其他老师来观摩我的课堂，看看学生们有多糟糕，结果不知怎么就成了一次正式观摩，而且我的课程还被评为不满意！我确信他们对我有成见。

现在我感到很沮丧，我不想让我的教师生涯就此结束……我应该怎么做？

首先，你在那里从教多长时间了？是从本学年开始吗？如果是的话，那么你可以放心地降低自己的焦虑感，因为大多数的新手教师在从教的第一年都会经历这种新手教师压力综合征。事实上，如果我们专门开辟一个新手教师论坛，让那些成功地度过了第一年的教师们分享一下经验，那么我敢打赌，论坛肯定一片空白，因为没有哪个新手教师能够轻轻松松、顺顺利利地度过第一年。相信我，尽管我们怀抱着最美好的愿望，但没有哪个教师在第一年不遇到棘手的班级（至少都有一两个班很难搞），因此你并不孤单。

其次，你在学校里享有的一项权利就是要求学校的支持。为了获得学校的支持，你可以做一些事情，并且要积极主动地去做：你可以（也应该）要求学生行为管理方面的模范教师的许可，允许你进课堂观摩他们的做法。为了使观摩变得真正有意义，你应该关注这些教师的行为：他们会做什么，他们的站姿如何，等等。也许，你还可以请一些班主任向你展示他们的行为管理方法（但也不要全盘接受或照搬），然后，你应该请一位了解行为管理的教师对你的课堂进行非正式的观摩，并以非批判性的方式向你反馈情况。

最后，为什么你认为他们对你有成见？你想说什么？你认为学校想要解雇你吗？除非你每一门课都搞砸了，否则学校不会轻易地开除你。此外，学校还必须证明，它已经为你提供了一切所需的支持以提升你的教学水平，尤其是在新任教师的第一年考察期内。否则，基于任何理由的解雇都会被认为是不公平的，你完全可以起诉学校，并轻松地赢得官司。但我相信，你现在的处境还没有糟糕到这份儿上，尽管听起来学校已经让你独自面对了。因此，是时候要求学校提供支持了，而不是每天问自己应该做些什么来取悦他们，因为你的压力已经够大了！

当学生认定自己会失败时，该怎么办？

亲爱的汤姆：

我现在是一名实习数学教师[参加研究生教育证书课程（PGCE）]，正在进行第二阶段的实习。第一阶段的实习很容易，但在第二阶段的实习期中，教其中的一个班级简直就是一场磨炼：一群10年级的学生会不断地告诉老师，他们"根本不在乎学习"。他们会在上课时站起来，四处游荡，互相展示手机短信或相互打闹。他们的预估成绩是G以下，他们心知肚明，但却懒得去尝试改变这一点。

他们也知道学校执行"一个都不能少"的政策，意味着无论他们做什么，都不会被开除。他们会嘲笑老师实施的留堂惩罚，以及实施惩罚的老师。下一周，校长助理会来观摩我给这个班上课的情况。

这群学生让我想到去学校就感到害怕，我现在每天都在掐着指头算剩下的实习时间，迫不及待地找到一份正职，以赶紧逃离这里。

研究生教育证书课程的实习期总是很难熬，要是碰到难缠的学生，难度就会加倍。不必为此责备自己，也不要因此觉得自己就是个糟糕的老师。实习生感到不够自信很普遍。很多学生只要一知道你是实习生，就会跟你捣乱。作为实习老师，你跟他们之间没有任何既定的关系，尽管大多数的学生会自动服从权威人物，但很多学生没有这个概念，只有在建立起真正的师生关系之后，他们或许才会服从你的教学指令。因此，我建议你尽快与学生建立起这种确保顺畅教学所需的师生关系。

无论事情变得多么混乱，始终提醒自己，你是教室里的权威，学生不承认并不意味着你不是。每次有学生违反规则（我想在这个阶段是很频繁的），就记下违规者的名字（所以你要了解学生的基本情况），并确保他们按照你的要求服从课后的任何留堂惩罚。如果他们不参加，就升级惩罚，并且也要跟进后续的执行情况和效果。这将是一个令人疲惫的过程，但也是必不可少的，你付出的每一滴汗水都会在未来的职业生涯中得到回报。

永远不要气急败坏，保持冷静，尽量不要在课堂上大喊大叫。如果捣乱的学生看到你受到不良行为的影响，他们立刻就知道可以左右你的思绪和行为。但不要让学生拥有这种影响力，如果他们行为不端，只需要冷静地提醒他们相应的后果，然后继续上课……并在下课后确保惩罚措施的执行。你觉得自己在课堂上像是一个被学生攻击并用来出气的沙袋？好吧，当你让学生的生活变得不愉快之后，相信你会感觉好很多。当然，对学生的惩罚不应该是为了报复他们的羞辱，而是出于对正义的追求。变得比学生更粗鲁或更令人讨厌并不会让你成为人生赢家，我们制胜的方式就是公平、一致和客观中立。这样一来，学生就没有了反抗的理由。

即使你的学校实行不开除政策，那么你仍然拥有除了开除学生之外的其他惩罚权力。你还可以找学生的家长，虽然学生们普遍讨厌教师这么做，但这才是真正有效的行为管理方法。

此外，我很好奇学生怎么会知道自己的预估成绩？一所学校怎么会告诉学生，他们的预估成绩将会是G以下？这简直蠢到家了。每个学生都拥有闪光点，每个教师都应该向学生传达正面的期望，所以我建议你也可以这么做。你可以告诉学生，他们都有希望获得很好的成绩，而且不必相信任何告诉他们成绩很糟糕的人。我们只会成为我们想要成为的人。告诉你的学生们，你希望他们能够充分发挥自己的能力，做到最好，不管如何，你相信他们的潜力。

你的学校领导应该为你提供支持，而不是拖你后腿，所以你可以要求学校提供行为管理方面的指导，并观察能够控制好这些班级学生的其他教师的做法。如果你的需求没有得到回应，可以要求学校领导或学科主任跟进针对行为不端学生的惩罚，如果他们拒绝这么做，就没有权利批评你。

相信我，不是每一个学校都是这样，所以教育这些学生的过程，对你来说可能反而是一个很好的磨炼和学习的机会。即使你现在感觉像是身处地狱，但这一段荒野求生的经历，在过去之后再回头看，或许会让你感到所有付出的时间和精力都是值得的。

如何应对假装听不懂课的学生？

亲爱的汤姆：

我在一月份入职了新的学校，我有一个10年级的班级，班上的女孩们总是抱怨说"老师，你没有好好讲清楚"或"老师，你没有好好教我们"，这些都是她们一直对我说的话。

一开始我相信了她们的抱怨，花了很多的时间专门解释她们说没听懂的内容，但现在我怀疑她们这样做只是为了逃避学习任务。另外这也是对我的一种嘲弄。

更糟的是，她们一群人纠集起来，一起向学科主任抱怨……而他听信了她们的投诉。我知道她们的抱怨可能很有说服力，但如果我试图管教她们，她们只会抱怨我没有好好教她们，或者我在挑剔她们。这些女孩都在欺负我，但我依然是被学校指责的那个人。

我怎样才能解决这个问题呢？

在我看来，这听起来像是典型的"新手教师"陷阱。要解决这个问题，你需要确保每次给她们上课时都准备好不同难度的学习内容，这样一来，她们就不能一直抱怨学习任务太难了，问题随之迎刃而解。

除此之外，不管引发不端行为的原因是什么，不端行为都应该被惩罚和处理。因此，如果她们在课上大喊大叫，当着你的面聊天，或者拒绝完成布置的课堂学习任务，就应该对她们实施惩罚。学生们讨厌改变——他们对新老师怀有极大的抵触情绪，并倾向于通过不端行为表达她们对必须接受新老师的不公正做法的抗议。这是一群可怜的小羔羊，但完全不要同情她们或容忍她们的挑衅行为。她们不过是将其当成一个挖苦你的借口，因此，你只需要确保自己对她们不抱有任何的同情即可。

还有一个问题，就是你缺乏学校领导和学科主任的支持。这时你应该转守为攻；不要再逃避，也不要害怕，要跟他们针锋相对。告诉他们（不是提要求，而是陈述需要），你想让学校领导或学科主任（或他们一起）对你的课堂进行观摩，重点关注教学和学生学习的情况。然后向他们展示一节精心准备的课程。这么做可能会导致两种结果：要么他们看到你的班级工作进行得很好，并意识到女孩们在撒谎；要么他们看到尽管你准备得很好，但班级的行为却很糟糕。无论哪种情况，你都已经免除了自己在这件事上的责任，同时也可以证明你的职业诚信，以防其他学生再次诬陷你。

任何称职的学校领导和学科主任都应该在接受学生针对教师的投诉之前收集证据，他们的第一反应应该是支持教师，而不是站在学生那一边。一想到学校的领导会无能到支持一群明显怀有恶意的青少年，就让我很生气。但话说回来，同情学生的遭遇比直接正面对抗学生要容易多了，不是吗？

当我需要独自解决一个班级的问题时，该怎么办？

亲爱的汤姆：

我现在处于新任教师考察期，我的9年级学生表现得很糟糕——在40分钟的课程中，他们总是不能安静地坐好，或听我讲上哪怕10秒钟……即使学科主任就在教室里！这个班的很多学生有情绪与行为障碍

（EBD）的问题。我已经尽力做到始终如一和公平，但到目前为止，我还没有发现学生有任何改善。

学校领导小组的一些成员支持我，并在我提出要求时提供了帮助，但他们的解决方案都不能解决我班上的问题。学科主任也给了我一定支持，但看起来似乎效果不好。

更糟糕的是，现在的校长很快就会离任，而英国教育标准局下学期会来视察。我可以靠自己的力量改变班级的行为吗？

实话说，的确很难，如果没有来自上层的支持，那么你就失去了权威。毕竟，如果学校的管理层在行为不端的情况升级时无所作为，那么行为规范就没有意义。这就像一个没有监狱的社会——全世界的警察都将无法保证城市的安宁。

首先要确保自己称职：你是否始终坚持留堂惩罚的标准和实施？你是否在任何时候都公平、公正地实施行为规范？你是否因为学生没有参加留堂惩罚而打电话通知他们的家长？你是否将不参加留堂的学生的详情告知相关管理部门？你是否一直向学校的管理层施加压力，让他们一直支持你，而不仅仅是偶尔提供支持？

如果你对这些问题的答案都是肯定的，那么你已经采取了正确的工作方法，而你的上级却没有。如果你的学校领导不支持你，你就无法改变学生的行为。

这不是一场独角戏：只有团队协作，教师才会战无不胜。如果教师需要独自一人、孤军奋战，他们只能凭借一己之力去改变学生，那么再高超的行为管理方法也可能收效甚微。

你要记住，你随时可以离开这个学校，所以不妨先熬过新任教师考察期，然后再决定是去是留。

当行为不端的学生集体作乱时，该怎么办？

亲爱的汤姆：

　　我的5年级班上有一群学生（大约1/3）很不听话，他们拒绝学习，经常在上课时躲在桌子下面，或爬过桌子，无视老师的劝诫，干扰其他同学的注意力，等等。总之，他们想尽办法破坏我的课程。这不是一个班级——对他们来说是一个俱乐部。我当然采取了各种惩罚的措施，学校领导也很支持我的做法，还有来自学区的专家提供了课堂行为管理的建议。但所有方法都没有奏效，作为一名新任教师，如果我不能为他们提供一个安全的学习空间，那么我在这一年考察期可能会失败。拜托了，帮帮我。

　　控制一个班级的行为，可以分成两部分：教师在课堂上的行为——教师的举止、肢体语言、给予处罚的方式；教师在课堂外的行为。你是否参加了所有的留堂察看？是否进行了跟踪？如果惩罚措施被学生忽视，是否会升级惩罚？如果是这样，学校领导就需要介入。

　　我想请你确保，你采取的处罚措施始终如一地实施（你是否一直在实施，还是只是在你有精力的时候实施？）。当学生接受留堂察看时，他们是否可以互相聊天、在房间里跑来跑去？还是说他们必须坐在那里，默默地完成老师布置的作业，否则他们的惩罚就会升级？如果他们能在留堂时玩耍，那么他们就不再会害怕留堂的处罚。

　　确保发出大量的留堂处罚警告，并且在这个小团体开始捣乱的时候就这样做。他们不再需要口头的警告了，他们早就知道自己在做坏事。

　　换成是我，我还会花上半个小时的时间，和他们讨论什么样的行为是可接受的行为。让他们把规则写在本子上。给他们解释每条规则的原因以及违反规则的后果。在这个阶段，不要考虑让他们写出自己的规则，你才是那个说了算的人，你需要制定规则。如果你让学生们在课堂上制定规则，或许他们就应该反过来教你关于柏拉图的知识了，而不是你去教他们。

如果你的行为管理在这一方面不存在任何问题，那么就要看看你的沟通方式是否正确。学生们通常会通过观察你的行为，而不是听你说了什么来更好地了解你是什么样的老师。建议你观察其他控制能力强的老师：他们是怎么做的？观察他们如何说话、如何站立、如何布置学习任务等等，而不是观察他们的指令细节，虽然这也很有用。在观察时，做好笔记，想想你可以如何模仿他们。

强大的控制能力是一种需要时间但可学习的技能。我认为请其他人对自己的课程进行观察是一个很好的方法，你应该对来自他人的反馈感兴趣。每个新任教师都会遇到一些初期的问题，但随着时间的推移，你的问题会越来越少，因此不要过早地自暴自弃。同理，针对学生的不端行为，教师也需要时间才能够纠正，新的行为习惯的养成也需要循序渐进。对其中一些学生来说，学习如何与新老师相处就像尝试戒烟一样难。不妨给他们一些时间，来戒掉捣乱的习惯。因此，在你的行为控制实施一段时间并开始取得成效之前，不要放弃。要相信，坚持就是胜利。

管好一个班需要多长时间？

亲爱的汤姆：

　　在一个普通的综合学校里，学生们的表现一般，假设我每周见一次学生，需要花多长时间才能很好地管好一个班？当然，我知道这可能是一个没有答案的问题。

这个问题每隔一段时间就会冒出来。尽管有很多变数使这个问题实际上无法回答，但我还是应该尝试一下。

简短地说，大多数教师在第一学期都会遇到行为管理方面的困难。教师成为了学生的出气筒，甚至你针对他们的处罚也会招致学生的嘲笑。

第一学期过后，他们发现你不是来代课的，你可能会一直教他们，他们的表现会变得稍好一点，但改善程度也许要用显微镜才能发现。

如果你能够坚持实施定期和持续的不端行为惩罚，那么有可能到第二个学期末就会看到明显的行为改善。例如，你可能不会再被学生称为"菜鸟老师"。

到了第一年结束时，学生的表现应该可以达到一个平稳的状态。到了第二年，你可以开始重新评估你对学生的行为期望、行为管理策略，以及判断哪些做法在课堂上是有效的，或哪些是无效的。

当然，如果你可以充分利用家长的空闲时间和学生的成绩单，那么有可能可以加快行为改善的进程。给学生家长打电话和在学校召开家长会等方法也能取得一样的效果。

不能一贯地实施不端行为惩罚、在课上大发雷霆、与学生发生争执、过于严苛、备课不认真、纵容学生的无礼等，这些都可能会减缓学生行为改善的进程。

老实说，在改善学生行为的过程中，不会存在一个让你觉得自己已经"成功"的时刻，这不像爬一座山，有一个登顶的时刻。当你与班上的学生关系越来越好时，就会看到其他方面还有改进的空间，会出现新的顶峰等着你去攀登。

此外，每个班级、学校和学科都是不同的，再加上每个教师都会按照自己的节奏学习和掌握行为管理策略，因此任何试图设定一个明确的行为改善基准时间的做法都不合理，对大多数教师来说并不公平。良好的行为并不是一个目标，而是一个持续的过程。

我希望这些回答能够对你有所帮助。

学生朝教师扔纸团，该怎么办？

亲爱的汤姆：

在我的新学校，一些7年级的男孩总是向我扔东西，比如纸团、糖果和橡皮。有两个人被抓住了，他们被停课一天，但只有年级主任有权这样处理。他们为什么要这样对我？这让我感到崩溃。教书一直是我的理想，但学生的这种行为让我觉得想放弃。

在我刚刚开始教书的那几年，曾有一个学生告诉我，我是一个"讨人厌的混球"。我报告了这件事，这个学生被留堂一小时。第二天，另一名学生对一名高级教师说了同一句话，结果被停课10天。所以我非常清楚地知道，当你意识到自己处于权力金字塔的底部时，就有一种为法老王卖命的感觉。

你觉得自己是废物，所以让我直截了当地告诉你：你并非毫无价值，你只是一个新任教师，因此，很容易遭到来自年幼学生们的攻击和羞辱。因为目前来说，他们不信任你，他们不承认你是一个权威人物……但他们迟早会肯定你的权威。尽管我们的社会不再自然而然地将教师视为权威（这一点令人遗憾），但学生们迟早会认可你。

其次，我需要指出的是，无论你觉得自己受到了多大的伤害，但肯定只有一小部分学生，甚至只有那么几个人，会这样对待你。虽然你可能感觉整个"学校"都不欢迎你，但事实并非如此。事实上，绝大多数学生都在完成你交代的学习任务，表现良好，而且相当好。

你觉得自己成了牺牲品，我不会责备你，因为在任何情况下我们都更容易看到危险，而不是平静的大环境。这是人类天生的预警机制，让我们第一时间注意到威胁，只有这样我们才更有可能生存下去。这种预警机制已经成为我们判断环境的一个过滤器，因此，我建议你换一个角度看问题。列出两张清单：第一张是你在一天中不得不忍受的所有垃圾事情，第二张是所有学生积极的、助人为乐的或友好的行为，甚至只是在执行学习任务的时候主动配合你的情况。你的第二张清单将比你的第一张清单长得多。然而，我们把所有的时间都花在了担心第一张清单上。如果你不让它们发生，事情就不会随着时间的推移而变得更糟。继续给学校领导施加压力，让他们认真对待此事。争取让你的学科主任、教学导师、年级主任——任何有能力升级处罚的人都参与进来。最后，永远不要放弃，保持对学生和前述相关负责人施压，最终你会搞定他们。

还有一点很重要：不是他们在那儿管着你，而是你在学校里管着他们。你正在学习老教师的经验：是的，有趣的课程有助于行为管理，但行为管理应该在闪亮的、精彩的课程之前进行，而且需要在完成这样的教学设计之前就得管好一个班。看到你一晚上的劳动成果被一班似乎不领情的家伙扔回你的脸上，是很可怕的。显然他们在等待你来监管。

因此，你的关注重点需要放在行为管理上，而不是其他教学方面的考虑上。在这个问题上，看到新任教师从教师培训机构和他们的实习学校得到的支持如此之少，我很生气。正如你已经知道的那样，这很重要，尤其是当你刚开始从事教学的时候。

我所钦佩和尊敬的每一位教师，都在从教的第一年经历了感觉自己无用和不被尊重的磨难。每一个人都是如此，我也不曾例外，现在轮到你了。但是不要放弃：如果教学是你毕生的热情和梦想，那就咬紧牙关坚持下去，接受你将不得不努力工作的事实，最终你会获得成功的。

如何管理吵闹的年幼男孩？

亲爱的汤姆：

　　我正在进行一次实习，即将接手一个几乎全是男孩的2年级班级。我不知道如何管理他们，因为他们是如此的，嗯，吵闹。以前我实习的班级是很好管理的，但走进这个班级就像进了体育场。男孩们会听从什么样的管理呢？

除了动物园和游戏机之外，男孩们对什么感兴趣？男孩们争强好胜（他们中的大多数），满脑子想的都是如何击败别人。人类学家会说，男孩们存在一种群体心态，就像狗类一样——这听起来不太舒服，但却很贴切。在雪橇队中，走在最前面的狗是领头犬，而紧随其后的那些狗时刻不忘竞争，以期成为团队的老大。因此，利用这种内在的竞争力，并让它为你所用，是有意义的。

任何游戏都可以激发男生们的竞争意识——我曾使用过连成一串游戏（Blockbusters）、宾果游戏、禁忌词游戏等——选择你喜欢的任何游戏，并进行适合教学的改编就行了。但有一点要注意：竞争力的问题在于有赢家就一定有输家，所以要避免学生们持续地感到失败，你可以设计一些特定的情境，让他们发挥自己的所长，并为自己擅长的事情感到自豪，即使这有点人为或刻意。小学阶段是自我形象建立的阶段，所以要小心谨慎地引导这个阶段的学生，并确保在某些方面每个人都是赢家。

如何应对小部分行为不端的学生？

亲爱的汤姆：

我从9月份通过了教师资格考试之后，开始成为一名新任教师。目前，我班上的学生还没有完全适应。大部分学生表现不错，但在两三个班级里，总是有两三个学生很难搞……11年级的学生表现很好，7年级和8年级的尖子班学生也很可爱，但9年级和10年级的班级却让我很苦恼。

因为管不好这些学生，我的教学导师实际上已经放弃我了。问题就在于，如果有其他老师在场，他们就表现得跟天使一般，但当只剩下我的时候，就变得无法无天。我并没有按照学校的规章制度处罚他们，因为我已经被他们彻底搞崩溃了。是的，我知道这样是不对的，但我还能

怎么办呢?

这是我听到的最常见的问题之一，但如果问题涉及备受折磨的新任教师，我愿意不厌其烦地重复解答同样的困惑和难题。

你现在当然没有办法达到一切尽在掌控的程度！老实说，在学生很难教的学校里，没有哪个教师会不挣扎。我现在每天还跟一些班级的学生斗智斗勇，而且很确信这种状态会永远地持续下去。这就是教师这份职业的特性：我们需要在混乱无序中创造秩序。尽管随着时间的推移，教学工作可能变得越来越轻松，但我们的工作永远达不到完美的程度。如果班上很多学生对你很不错，那么请记住，他们释放善意的对象是你，因此你肯定做了很多正确的事情。

当然，你必须尽己所能地遵循学校制定的行为规范，反复无常可能比没有规则（那已经够糟了）还要糟糕。如果要给所有的新任教师提一个建议，那么我的建议是：永远不要轻言放弃。到了这个时候，我相信刚刚过去的一学期工作已经令你感到精疲力竭，你期望教学工作变得更轻松。你也尝试了学校制定的各项规范，但并不能在每个学生身上取得效果，所以你有点儿灰心丧气，想要放弃了。

但千万不要放弃！这时候，你反而更需要坚定信念，汲取力量，并继续坚持下去。因为这个阶段恰好是所有新任教师最容易犯下严重错误的阶段。如果你能够坚定地继续执行行为管理相关的规定，它们最终能够发挥应有的作用。这个过程可能需要一段较长的时间，甚至可能需要整个学年的时间，但是如果你坚持到底，决不放弃，那么行为不端的学生就会被打败。这就是一个运用自己坚定的意志消磨对方意志的过程。有时候，我们会遇到坏习性根深蒂固的学生，所以你必须确保自己的意志坚如磐石。把自己当成是一个花岗岩构成的悬崖，把学生的不良行为视为徒劳地拍向悬崖的波浪。时刻牢记：你就是花岗岩，是金刚钻，而不仅仅是一个缺乏经验的新手教师。

你现在遇到的挑战不过是某些班级里的一部分捣乱的学生。按照我个人的理解，这意味着在你绝大多数的课程中，班级的表现几乎都是好的，这听起来难道不是一个伟大的成就吗？尽管作为人类，我们天然地倾向于先看到事物糟糕的一面，然后才能发现其美好的一面，留心一下教师同事们在休息室里的对话，是不是抱怨多于赞美？是不是没有几个人会谈论到乖巧安静的学生？然而，如果我们诚实地看待问题，就会发现大多数学生还是乖巧安静的，不是吗？

因此，要客观地评价自己的成就，并虚心地听取来自教学导师的建议。新任教师的第一年考察期，其实是一个试错的安全地带，只要我们能够从错误中吸取教训，犯错又何妨呢！

对了，我有没有强调过，无论如何，不要轻言放弃？

当学生把你当成软柿子捏时，该怎么办？

亲爱的汤姆：

我正在参加毕业生教师培训项目，但学科主任很忙，所以我从到岗的第一天起，就开始独立教学。我自认为我还是能够很好地应对大多数学生的，但最近开始感觉自己是不是一开始表现得太温和或软弱了。对我来说，大多数学生的表现还不错，但每节课都有一些学生在教室里走来走去，并且不听管教，虽然他们没有严重破坏整个教学过程，但他们也不学习。

一些学生在上课时跑到我的教室里（我根本不知道他们从哪里跑来）和朋友聊天，他们说他们进来是因为我很"温和"。学科主任现在为我提供了更多的支持，我也意识到应该对这些行为不良的学生采取更强硬的态度。但是，既然我已经和他们形成了一种固定的相处模式，我怎么能突然改变对他们的态度呢？一想到要对这些学生采取强硬态度，我就感到非常紧张。看起来，最近我似乎都在忙着处理学生的行为问题，根本

顾不上教课，这种现象很常见吗？

这种问题再常见不过了，大多数新手教师都会表示，一开始他们似乎都在忙着纠正和处理各种各样的问题行为，过了一段时间之后，才能够开始感到自己是在上课，所以你的情况并不是个例。

身为教师，你当然可以随心所欲地改变与学生相处的策略。你只需要走进教室，按照你希望表现的态度开始行动，并拒绝接受任何低于预期的行为。如果班上的学生已经习惯了你的某种特定行为方式，可能一开始会质疑你的转变，但很快会意识到，如果你坚持按照新的准则持续地对特定行为给予惩罚或表扬，那么"新"的行为模式就能够持续。当然，这个过程无需很长的预备期，直接从下一节课开始执行即可。你可以向学生解释，对行为改进的要求是为了让他们能够更好地学习，充分发挥每个人的潜力。我总是会向自己的学生反复强调，老师严厉要求是为了他们好，而不是因为我喜欢用留堂的惩罚来折磨他们。

所有的错误都是可纠正的，你教得有多快，学生就能够适应得有多快。只要你自己成为行为表率，学生就能够迅速地学会。至于那些"不请自来"的学生，你可以记下他们的名字，并跟进后续的处理措施，要让他们知道，既然进入了你的地盘，就同样要遵守你的规矩。这个过程当然十分辛苦，但如果你想要改善当前的处境，投入时间和精力是必要的。坚持下去，永远不要轻言放弃，你最终能够通过顽强的意志力彻底消除学生捣乱的意图。

如何让学生在课堂上更专注？

亲爱的汤姆：

*　　我目前正在1年级的班级进行为期7周的教学实习，现在是第一周。*

总的来说，实习的进展还不错，但我有一个困惑：我要如何才能够吸引

小孩们的注意力，然后保持这种注意力？有些老师只需要抬一下眉毛，学生们就会安静下来听讲。但对我来说，哪怕我再怎么努力，他们可能都仍会像疯子一样到处乱窜。这中间有什么诀窍吗？

我的老师曾告诉我一个秘诀，让我能够迅速、简单、完美地吸引全班学生的注意力。可是，这个方法基本没什么用。他建议的方法是：将一支笔举起来，放到自己的脸前，然后对全班同学大喊："所有人，抬头看着这支笔！"

这个方法只会管用2秒钟，而且只管用一次。

但这也让我学到了一些东西，它提供的一个重要教训是：吸引学生的注意力是一回事，而抓住他们的注意力则是另一回事。如果你想要抓住学生的注意力，就应该表现得你值得他们关注。如果要我描述我愿意听什么样的人讲一段话，那么这个人应该是一个行为很自信的人，说话的语气很严谨，好像全盘掌控了正在做的事情。事实上，这意味着我们的行为应该是缓慢而深思熟虑的（这会使不时穿插的手势产生更大的影响力），我们的声音应该是深思熟虑而平静的（这也能使不时出现的强调产生更大的影响力）。自己本身不怎么确定应该做什么的学生会倾向于去听从那些看起来很专业而自信的人所说的话。

因此，在学生面前务必要表现得一切尽在掌握。不要让自己看起来忧心忡忡，或很迅速地对学生的不端行为做出反应（这就好像他们手中掌握了操控你行为的秘诀）。这会让学生们觉得，你是在听从他们的指挥。你需要设定自己的节奏，并坚持按照既定的规划行事，表现出希望学生按照你的规划来学习的意愿。你应该成为教室里的主导者，这一点不容驳斥，每一个教师都要牢牢地记住这一点。因为谁是课堂的掌控者直接影响到整个教学过程和班级的管理，影响教师说话的方式、能够取得的教学效果，等等。

我知道，所有这些都是在告诉你如何保持一种掌控的状态，并没有直接回答你的问题，但事实上，课堂的掌控者将自然而然地吸引其他人的注意力。因此，对于一个新手教师而言，我能够给出的最简单建议就是"假装自信"——

哪怕你内心并不自信，但哪怕是演戏，也要扮演成一个自信满满的教师，只有这样，你才有可能吸引并抓住学生的注意力。

CHAPTER 4
第四章

如何进行学生日常行为管理

　　教书育人是一份工作，或许你已经意识到了？如果还不确定，那么就看看你的工资条。但是，在你畅饮库克香槟，用来自里海的小龙虾喂宠物（产生奢侈而不理性的消费）的时候，不妨思考一下，这些工资是怎么来的。教育这个行业，每时每刻都在发生大量的变化：每年都有不同学生入学，每年都会有班上出现新的变动，每个学生、教室、科目和任课教师的安排都提供了一系列不同的可能性。当然，除了这些丰富多彩的变化之外，我们还必须接受一个不可否认的事实：作为一份职业，教书育人这份工作必然也存在单调、重复和乏味之处，不管你是多么魅力逼人的老师，都不可免俗（当然，这纯属我个人的臆测，不必太过较真）。

　　吐槽工作也是人之常情，只要一想到又要教同一门科目，又要重复相似的学年，又要因为学生在课上说小话而进行留堂惩罚，又要开无穷尽的员工会议，又要写教学倡议，又要开家长会，又要与家长就家庭作业进行"谈话"，我们还能够不抱怨，那我们就是圣人了。事实上，与所有的工作一样，教学工作表面上看起来也存在大量的重复和例行公事，这就是为什么我们不会将这些工作称为"消遣"，因为它们往往很无趣。因此，每天面对这样的例行公事，大家都产生了抵触心理，这并不奇怪。奇怪的是，有些教师还会抱怨说，正是因为这些例行公事，他们开始怀疑自己是否适合干教师这份职业。我没有参加我的入职典礼，或许是当时有人向这些新任教师承诺说，身为教师的每一天，都将是充满奇迹和新鲜事物的有趣探险。

一旦教师们打破了对教师职业的幻想，度过手足无措的新任教师考察期后，他们立刻就要面临一系列全新的困境。现在，全班的学生都意识到了一个勉强承认的事实，你已经通过了考察期，不再随时会走了。也许他们不再公开地将你称为"菜鸟"了，你也能够开始了解学生们的行为模式，大概知道介入和处理行为问题的最佳时机，并且开始了真正意义上的教学。哪怕学生们不会在你进入教室时热烈地欢迎你，但至少他们已经接受了你即将负责教育他们的事实。现在，以前被视为次要的一些行为开始变得对你很重要：学生们是否把作业带来了？学生们是否尽全力完成了作业？学生们有没有带着笔来上学？你已经成功地度过了与学生们斗智斗勇，只为了让他们走进教室并待在教室里的阶段。忽然之间，你需要学着去应对学生所有其他方面的行为和问题，或选择放任不管。就好像一夜之间，你开始需要关注学生在学校里各个角落的状态，而在教室里你需要努力实现的目标不再仅仅是让学生安静地坐着，而是要让他们真正地学到东西。

这就要求教师在课堂上自己能够持之以恒：继续做你已经在做的事情（行为管理），并以坚定不移的决心追求你期望实现的目标（让学生真正地学到东西）。学生们需要知道，教师非常关心他们的教育情况和未来的发展，所以做好了培养他们长期目标的准备，哪怕学生们自己尚未意识到这些长期目标的重要性，例如必备的生活和考试技能等。但作为教室里的成年人，这就是教师应该做的，尤其是当我们需要对几十个学生的未来负责时。

教师们也需要正视这样一个事实，即在学校期间，工作日的每一分每一秒可能都要注意学生的行为问题。这就意味着教师也要学会控制自己，控制自己的行为、感觉和反应（详见第八章），这同时意味着教师要开放思想，将关注点从教室和课堂上解放出来。学生在不在教室里都是学生，你跟不跟学生在一起都是教师。你全天都是教师，你离学校越近，你的教师身份就越明显。你在学生们面前的每一个动作，都会被看到，并成为学生评价你的依据。如果你走过操场时，看到学生在赌博或欺凌他人，而你选择了熟视无睹，那么你的行为已经告知学生你的边界在何处，即：你可能根本不在乎他们来到学校是不是为了学习，而他们会将这种认知带入你的课堂。

所以，诸位教师们，放开你的视野，不仅仅只有教室是你的战场，走廊、操场、学校的其他角落都是你的课堂。在这些地方，你也要按照合格教师的方式行事，以你希望学生效仿的方式表现自己。做一个言行一致的教师，而不要试图成为一个教师。请放心，不管你怎么做，学生都依然是你的学生，他们不会摇身一变成为你的老师。当然，你不可能对碰到的每一个不当行为或不完美的行为进行处罚或后续跟踪，你也不是万能的人，但必须要牢记，管理学生的行为是教师的分内职责。只要学生意识到，出了教室你就对他们的行为放任自流，那么他们这种放任自流的状态必定会延续到你的课堂之上，毕竟，就算他们在课堂上捣乱了，你就会管吗？反过来，如果他们意识到，不管你在哪里，都不会容忍身边的不当行为，那么他们不仅将在你的课堂上收敛不良行为，还会实际上减少你在处理行为问题上浪费的时间和精力，因为学生们会更容易接受你的批评或惩罚。有的时候，你只需要说一句话或给他们一个眼神，就能够让他们自动纠正不当的行为。

这听起来很难？是的，很难。但这也不是量子物理。它要求教师相信自己具备打赢持久战的顽强意志。它需要你咬紧牙关，告诉自己"这只是一份工作"，但同时要提醒自己，这也是你对学生的责任和义务。这就是身为教师的责任，这就是教师的工资要求你履行的职责内容。你当然不可能以一己之力完成所有的事情，解决全校学生的每一个行为问题，但你需要问心无愧，竭尽全力地解决你看到或遇到的行为问题。最重要的是，如果你能够持之以恒，就会做得越来越好，越来越轻松，直到有一天你突然发现，日常的教学工作变得出乎意料地顺利，这是因为你已经处理了教师这份职业可能抛给你的全部挑战，你已经知道如何处理（或放任）学生的行为问题。到了这个时候，你可能会收获满满的成就感，甚至开始享受这份苦差事。

激发真正的学习动力：如何让学生自己想要去学习？

亲爱的汤姆：

我是一名接受过专业的教育培训的教师，9月份将开始教7年级的学生。学校规定，每天早晨上课前有30分钟的辅导时间。我想知道，你能否提供一些关于这段时间的学习活动的想法，以激励班上不爱学习的男孩们，并让他们为每天的第一节课做好准备。最近，通过观察7年级学生在这段时间的活动，我发现他们很容易就闹腾起来，然后就开始捣乱，最后整个班级都乱套了！

激励他人是出了名的困难，因为一个人能否被激励不仅关乎个人复杂的价值观，还取决于个人对改变的渴望程度，以及对改变的可能性的认知。不要将激励他人与令他人感到兴奋混为一谈，我们可以很轻松地让学生兴奋起来，只要我们安排任何能够提高心率和加速血液循环的事情。尽管整个心灵鸡汤行业都在声称让人们感受5分钟的兴奋就等同于激励对方，但事实远非如此（我曾在一家连锁加盟店工作过，加盟店的管理者会告诉他们的员工，他们必须在每天上班之前"让自己动力满满"，就好像激励是一个稀松平常的决定，就像刮鼻子那么简单，而不是一种生存的状态）。

当然，这并不是我们在课堂上需要的激励，因为在课堂上，我们需要激励学生去学习，去成长，以及控制好自己的行为（让我们坦诚地面对这个目标）。

为了激发学生对任何形式的学习活动或学业追求的动力，学生们必须：

1.了解为什么学习活动是有价值的（对我有什么好处）；

2.具备完成学习活动的能力，或能够学会如何完成任务；

3. 从活动本身或努力的过程中获得一定的满足感。

因此，不妨让学生们展示和讲述他们擅长的事情，或他们在生活中想做的事情。请他们向全班说说教育的重要性，并给出理由。给他们讲讲鼓舞人心的成功人士的故事，让他们谈谈为什么这些人能够鼓舞人心。最重要的是，帮助他们理解为什么在学校读书以及为什么努力工作、善待他人、专注于发展自己的才能是极其重要的。

为了让他们为每天的第一节课做好准备，你需要采取不同的方法，本质上就是要让学生们的大脑切换到"学校"模式，而不是开启玩耍模式。因此，这确实需要一些能够舒缓情绪、降低兴奋感、让他们思考的活动，有很多的学习活动设计都可以达到这个目标。我最喜欢的活动是，告诉学生，他们必须带一本读物（或至少是一份报纸）来静静地阅读。就这么简单：没有噪声，只是默默地阅读。令人惊讶的是，许多学生都期待着这段安静的阅读时间，在这段时间里，他们可以什么都不做，只是阅读。

儿童哲学（P4C）也是一个很好的教学方法：有趣、发人深省，有助于培养学生们成为真正的思考者，而不是被动的信息接受者。这是我个人非常推崇的一种教学工具。如果你不熟悉这个方法，这里也没有足够的空间来解释其具体细节，建议你在网上查找更多的信息（这是一个简单、易操作的方法）。

如果遇到了欺凌他人的学生，该怎么办？

亲爱的汤姆：

　　我有一个学生经常被另一个学生欺负，这种欺凌很隐蔽，但却很频繁——抽打、辱骂、掐人等。学校要求我们将这两个学生的座位分开，然后年级主任告诉家长，说问题已经解决了，但事实并非如此。我看到那个欺凌者又用皮带抽打那个学生，于是告诉了学校领导，但他们表示工作太忙了，没时间处理这种小问题。

你或许需要提醒一下学校领导，（显然）每个学生都很重要。如果被欺负的学生是学校领导的孩子，我想知道他们愿意采取什么样的行动。欺凌会给受害者留下终生的伤害，而如果学校和教师要求被欺凌的学生不要采取任何行动，那么事实上就是在教他们不要寻求帮助，不要以和平的方式解决问题，不要相信成年人，等等。

可以与儿童保护部门的工作人员和工会代表谈一谈，给校长、学校领导发电子邮件，要求他们给予明确的答复。你甚至可以与家长谈一谈，询问他们是否知晓学生在学校被欺凌的情况，但如果是我，我会先和学习部主任或负责生活指导的同事核实情况，避免出现冤假错案。

我认为这个被欺凌的学生现在非常需要你伸出援手。有时候，生活中的确会出现这样的时刻：在某个特定的时刻，我们是唯一能够带来改变的人，而你现在面临的或许就是这样的关键时刻。

如果我不在场，如何确保学生同样遵守行为规范？

亲爱的汤姆：

我和6年级的学生关系很好，他们努力学习，享受学习的过程，表现也很好。但每次面对其他老师或成年人时，他们就会表现得很糟糕，当然他们也没有做什么很出格的行为，但我总是从同事或其他人那里听到抱怨，说学生们让他们有点失望。看起来好像除了我之外，其他老师都很难管教这群学生。现在，我开始针对这个班采取非常严格的行为准则，其他老师也认为我的做法是正确的，一旦收到来自其他老师的抱怨或负面评价，我每次都会跟进后续的处理，并总是要求捣乱的学生接受留堂的处分。我真的从头到尾地跟进全程，现在我从教已经有一段时间了，同事们都很认同我对学生们的行为管理。我如何才能够确保学生在其他老师的课上也表现良好呢？我觉得他们已经开始令我有点失望了。

这种问题往往只会发生在那些特别擅长学生行为管理的教师身上，你的问题不再是"如何才能让学生守规矩"，而是升级为"当我不在教室里时，如何确保他们听其他人的话"。你现在寻找的，是远程控制年幼学生头脑的方法，是一种绝地武士的心灵控制术，我希望你不要太过苛求自己。

因为听起来你在班级管理方面做得非常好，学生们都很努力地学习，并且表现得很好。这些都充分证明了你的能力和他们对你个人的尊重。但是，你不能因此期望学生同样对待其他教师。你不在教室里时，他们的行为与你以及你的教学无关。因此，你唯一能做的事情就是事后追究责任。你可以有针对性地训练和指导其他的授课教师，或跟班上的同学开一次会，谈一谈你不在教室里时你对他们的行为的要求和预期。

但老实说，想要远程控制学生的行为不太现实。有些教师能够让学生乖乖听话；有些学生只会在他们熟悉和信任的教师面前表现良好。有时候，我们不得不承认，我们无法掌控所有的事情，所以在学生的行为超出我们控制的时候，但愿我们能坦然接受我们无法改变的事情。

如果你不满意这个答案，只能说你想要的机器人学生并不存在。

如何让四处乱窜的学生安静下来？

亲爱的汤姆：

　　我想知道你用什么方法来确保班上四处乱窜的学生在学校里不大吵大闹。我有一个2年级的班级，最近他们太吵了，以至于校长专门找到我批评了一顿。我感到非常尴尬，简直想原地消失。

根据我个人的经验，如果想要让针对学生的惩罚变得有意义，那惩罚就必须让他们感到很不愉快，只有这样，才能够防止他们再犯，尤其是对低年级的学生，更要如此。看看学校是否给他们安排了郊游等有趣的活动，如果班上大部分的学生都表现出这样的不端行为，那么直接告诉他们，如果他们在校园里行动时不懂礼貌，不能做到保持安静，那么他们就不会有机会参加学校安排的任何活动，包括郊游，并且需要在其他班上的同学出去玩的时候，回到教室写作业。学生们可能会觉得你太过严厉，但这是给他们的一个重大警告，让他们再也不想要这么做。

在实施惩罚措施时，尽可能明确自己的目标：针对整个班级的惩罚通常弊大于利，会牵涉其他表现良好的学生，并导致他们讨厌你。因此，祝你好运吧。

学生趁我不注意时捣乱，该怎么办？

亲爱的汤姆：

我想每个老师都会遇到这种情况，在你辅导其他学生或只是看向其他地方的时候，学生们互相扔纸球。问题是，我不想对他们不公平，不想错怪学生，虽然过后我会让他们打扫干净，但并没有真的处罚过谁，再说马上就要下课了，也没时间处理了。除了长出第三只眼睛，我还能做什么？

我有个办法，帮助你变出第三只眼睛：声东击西！表现得好像你要将视线移开，但实际上将视线转回来，或看起来好像要弯腰为一个学生解答，但突然抬起头看着他们。这些学生都还小，猜不到你下一步的行动，可以预见的是，他们一定会被你唬住。

设计两到三节课，上课时就站在讲台上或黑板前，不要布置任何需要走到学生中间的活动。如果他们一直需要你盯着才能够遵守行为纪律，不妨让他们如愿，这样一来，就有可能改掉他们的老毛病。

可以使用在教室里安装网络摄像头和闭路电视监控等方法，这并不违法，甚至强大的教学工会已经接受它们在教室里的使用，只要不是用来对准老师，或是用于"监听"目的（这样可能会导致其他问题）。

当你最终抓到他们中某个人的违规行为时，要确保严厉惩罚，仅仅是午餐时间的5分钟"谈话"并不会带来预期的行为管理效果，如果你需要一再地警告他们，那么放学后留堂1小时应该能让他们学会遵守规矩。

如何兼顾严厉与公正？

亲爱的汤姆：

　　我最近在一所学校担任了年级主任，我正在努力做到既严厉又公正（有时很难兼顾）。有一个难缠的男生，他对学校和我都不屑一顾，但我真的不想放弃他。我想他的行为可能随着时间的推移变得越来越糟，而我不希望这样。我想跟他搞好关系，以阻止这种情况再度发生。我很确定他确实需要管教，但他会逃避留堂的处罚，而且经常惹麻烦。

　　除了他，我们班的其他学生都很尊重我。他的父母还不错，但并没有真正配合学校的工作。我应该如何惩罚他，同时让他愿意改正？

简而言之，试了才知道，这个男孩非常需要严加管教。显然，他很幸运，因为他有一位像你这样发自内心地为他着想的好老师。当然，他是否会知道你的苦心，就是另外一回事儿了。

虽然你希望与这个学生建立和谐的师生关系，但你在对他实施惩罚的问题上必须保持冷静和公正。如果他越界了，那么就应该立即实施惩罚。他必须要知道所有的捣乱行为有什么后果。对于这样的学生，温和的态度其实很危险，会令他误以为纪律和规则并不重要，他自己的教育也不重要，因为他可以随心所欲地破坏规则，且不需接受任何惩罚。

当然，这并不意味着要折磨他，你需要一视同仁，在他捣乱之后，要求他接受留堂的惩罚。如果他拒绝出现，那么就升级惩罚，请家长到学校开会（也许他的家长也需要意识到，你正在认真地对待这个学生），向他和他的家人展示你严厉的爱。因为学会遵守规则对作为学生以及作为一个社会公民的他而言都是至关重要的教育。如果他学不会遵守规则这个宝贵的生活技能（即和平地与他人相处并尊重他人），那么在他离开学校之后，可能根本无法适应社会。通过惩罚，他或许还能够学会尊重老师，因为你是一个言出必行的人。我还对一段堪称奇妙的师生谈话印象深刻，在此与你分享：有一个经常被赶出教室的学生对年级主任说，"我从来都不怪你把我赶出教室。我知道自己当时很无礼，也知道你像那样对我，已经给了我在别处得不到的尊重"。这是真人真事，不是我杜撰出来的。

因此，在学生接受惩罚时，这种惩罚可以显得有益而合理（例如，你可以利用留堂的时间，帮他补习功课，或干脆与他谈心，更深入地了解他的想法），但不管怎么样，必须实施惩罚。他现在并没有遵守规则，正在自暴自弃，他可能只是需要来自教师和学校的更明确的指引，希望了解教师和学校对他的具体要求。此外，有时候，为了确保他们遵守规章纪律，我们不得不安抚他们，但这种做法会扰乱正常的师生关系。

遇到挫折时，如何坚持下去？

亲爱的汤姆：

我最近开始在一所很难管理的贫民区学校工作。因为部分学生的课堂小动作，我已经实施了好几次的留堂惩罚，我担心学生会因此而觉得我是个坏老师。我的学生都不太聪明，一年到头有很多老师给他们代课，所以他们现在非常难管。我应该继续在留堂方面采取强硬态度，还是采用更温和的办法？

　　相信我，如果你现在纠结是否应该继续坚持留堂的处罚，那么就坚持下去，因为再不坚持，你的处境会更难。话说回来，那些认为只有能力不足的教师才会处罚学生的说法，就好像是在说只有不好的学校才会开除学生。所以，有的时候，你无须在乎这些行外话，做你该做的事吧！

如何调整自己的心态？

亲爱的汤姆：

　　我在休完产假后又回来教书了。我负责一个9年级的小班，但这个班让我根本不想去学校上班。他们知道我很久没有上课了，所以我会非常严格地遵守学校的行为处罚规定。但如果我总是让学生们留堂，大家会不会觉得我很坏？我看到其他的老师根本不在乎学生们在课堂上的不端行为，但我个人无法忍受。我的教学主管能够接受我的做法，但我担心自己的声誉会因此受到影响——哪怕我不想让这些捣乱的小家伙赢！请帮帮我吧。

　　放轻松，你所做的事情是完全正确的。而要做好学生行为管理，你现在所需的是毅力。我本来想说"再加上时间"，但那会显得多余，因此，请继续坚持吧，并祝你好运。

如何让学生在"冷静期"结束后改过自新？

亲爱的汤姆：

　　就在复活节前，我的班上有3个非常麻烦的学生被学校送进了"冷静室"，自从他们离开之后，班上的风气简直好得像做梦一般。但他们下周就回来了，现在我很害怕他们回来。我该怎么办？

如果你控制不了局面，那么在他们回来的时候，你就会下意识地让他们感觉到你的担心。你才是在教室里说话算数的人，而他们是学习做人的调皮学生。应该是他们不敢回到你的教室才对。

必须重新把他们介绍给全班同学，要单独介绍，不要一起来。请一位资深教师到场，这可能会让他们认识到事情的严肃性。

重申班级规则。我个人会先解释，为什么要制定这些规则，但我不会征求他们的意见，主要是因为我不在乎学生们对我制定的规则有什么看法，只关心他们是否遵守这些规则。

你必须获得他们一个口头（甚至是书面）的承诺，表明他们了解你的规则并同意遵守，然后你要确保他们清楚地知道，什么样的行为是不可接受的。你需要向他们表明，从现在开始，他们再也不能像以前那样为所欲为了。

把他们的座位拆开。在回归班级的介绍会上，一次喊出一个学生的名字，并尝试表扬他们所做的任何正当的、值得赞扬的事情，这是为了让他们知道，积极的行为是好的，而错误的行为是坏的。当然，执行纪律的大棒仍然需要摆在他们面前，但如果你能够说服他们改变行为，成为好学生，那么就无需纪律层面的威胁。

在每个结束"冷静期"的学生回归时，可以表扬在上一节课表现不错的同学，顺带说出几个人的名字，其中最好有同样在近期受过处罚但已经改过自新的学生。如果你在短时间内对他们过于严厉，可能会摧毁他们仅有的一点良好意愿；在惩罚他们以前，最好先严厉地警告他们。

教书多年仍然管不住学生，该怎么办？

亲爱的汤姆：

　　我已经教了11年书了，现在我从一个很难管理的学校调到了一个更差的学校。我的大部分班级都很差，但最大的问题就是行为管理全盘崩

溃了。班上的学生都在破坏行为规范制度（如果他们在一天内被两次留堂，他们就只会参加其中一次）。我每天都给家长打电话，也开始让家长们感到厌烦。说实话，我对学生们持续的不当行为感到很沮丧，感觉情况变得越来越糟糕。而学校领导只有在英国教育标准局的人员出现的时候才会露面，要不然就是在问题出现时找我麻烦。我正在寻找我的课堂管理魔法，但我估计它已经失灵了。

你面临的问题可能对很多新任教师来说很有借鉴意义，因为大多数的新手教师都不知道，为什么他们好像按照规范管理了学生，但还是出现了各种各样的问题，他们不知道哪里出了错。但你的经历恰恰证明了哪怕是经验丰富的、备受尊敬的老教师，在换了一个学校环境之后，可能也会遇到同样的问题。面对经验丰富、职级较高的教师时，学生们自动听从和顺从的日子已经一去不复返了。现在，我们生活在一个大多数教师必须通过行动，努力去"赢得"尊重的时代。当然，教师群体沦落到这样的困境，既可悲又可笑，但这样的困境已经是一个既定的事实。

看来你们学校的行为规范制度已经彻底崩坏了，而主要原因就是不作为的领导层。两次留堂惩罚就是两次，怎么能够合二为一呢？如果一个学生应该在一天内接受两次留堂惩罚，那就应该是两次惩罚，这不应该成为一个可以讨价还价的问题。当然，你可能会因为学生表现好而取消惩罚，但这对学生来说应该是一种优待，而不是一种习以为常的权利或期望。你有没有可能直接绕开学校失效的行为规范制度，直接强制执行自己的惩罚规则？感觉完全可行吧，毕竟，看起来也没有什么人遵守你们学校现行的行为规范制度，不是吗？

学校领导没有履行应尽的职责？或许你可以持之以恒地叨扰他们，让他们意识到，如果他们不给予足够的支持，你就会一直烦他们！听起来不太合理，但有的时候，向上管理是解决问题的唯一办法。是否整个学校领导层的成员都不管事？还是说有部分人关心你遇到的问题？如果有，那么尽可能地争取这些人的支持。

如果我是你，我会跟其他任课教师聊一聊，看看他们对学生行为的评价和看法是什么。他们是否有一些独家的策略或秘籍来管理学生？你是否可以借鉴他们的做法？

你已经是一个经验丰富的老教师了，所以我应该不需要提醒你在处理学生行为问题时要做到坚持不懈、追究到底、公平和言出必行。请记住：师生关系的建立需要时间，在此之前，你只能充分利用个人的魅力、坚韧的性格来管理学生。对于我班上那些最难搞的学生，我表现得像一个严厉的父亲——我会告诉他们，我非常关心他们（表情强硬而严肃），因此这意味着我会逼着他们去获得成功，哪怕有违他们个人的意愿。

我并不认为你已经无计可施了，我觉得你可能已经采取了正确的策略，但在等待结果发生的漫长过程中丧失了信心。你最后一定会成功的，相信你自己，你是一个专业的教师、一个成年人，而且是一个有着11年丰富经验的从业者！

如何对待一个爱唱反调的男生？

亲爱的汤姆：

我目前在一所旨在满足特殊教育需求的学校工作。班上只有男生，且大部分患有自闭症和行为障碍。一个男生患有对立违抗性障碍（基本上拒绝做任何你要求他去做的事情），他带来的挑战已经超出了我的想象。他根本不参加读写课和算术课的学习，并且他一个人的捣乱行为占用了我大部分的教学时间。虽然实施了留堂处分，但对他一点用都没有，这也令我感到精疲力竭。我尝试过正面鼓励法，也没有用，甚至连我的学科主任都肯定了我的工作，并要我坚持下去，但按照这种状态，我觉得我可能坚持不了多久了。

对立违抗性障碍一定是非常难对付的，我要赞扬你在与这些学生打交道时的耐心和专业精神。每天大部分时间里，我都在指导人们如何处理"非主流"行为问题；对你来说，这些却是"主流"问题。

我个人的对立违抗性障碍研究表明，没有一种教学策略被证明是有效的，你必须尝试不同的方法。看起来似乎你的学科主任可能更有经验，而且考虑到他们在这些特殊教育机构中的资历，他们的方法很可能是正确的，不管这些方法在你看来有没有用。这方法似乎就是"继续努力，你最终会成功"，它适用于大多数的问题学生，不管他们是否患有对立违抗性障碍。现在看来这可能是令人厌烦的做法，但可能会让你收获预期的效果。

你在留堂时是怎么做的？如果是让他做课堂作业，那么你就等于是把自己带回课堂环境中，他的问题行为就会出现。你可以放一部与课程有关的电影，直接播放，不要说任何话。引导他对某些事情产生兴趣，然后在电影结束时问问他对电影的看法，也许你可以让他谈一谈电影的主题或者他自己的想法，听听他怎么说。考虑到他的一个主要乐趣就是激怒成年人，因此你必须轻声细语地与他进行交谈。不管他是否会抗拒你播放电影的做法，但由于他在教室里，真的很难做到不看或不听电影。

一位智者曾提出这样的观点：如果你试图在傍晚把牛拉回牛棚里，它就会一动不动；但是如果你采用更聪明的做法，试图把它拉离牛棚，它就会直接跑进去。我想你在任何时候都不需要把这个男孩拉回牛棚，对吗？所以，处理他的对抗性问题好像也没有那么困难吧？

我可以让淘气的学生动手为同学准备美食吗？

亲爱的汤姆：

*　　我不是英国的老师，但我注意到这里的学校似乎非常依赖留堂惩罚。我看不出好处何在，我有一些建议，面对犯错的学生，教师可以做的事*

情是：让他们为同学们煮或烤一些食物，给他们布置更多的家庭作业，或者叫家长来。我可以这么做吗？

留堂必须既让人不愉快又具备威慑性，才能取得纠正行为的效果。为此，我在留堂期间总是要求犯错的学生写作业，最好是要求他们完成没完成的课后作业或课堂作业。更好的方法是为他们布置一些补充课外知识或提升技能的扩展任务。如果他们不能够完成这些任务，就会被视为没有"完成"留堂察看的惩罚，会被再次留堂。按照你的做法，他们很快就会明白这样一个道理：如果留堂意味着安静地坐着，那么这种惩罚将没有任何意义，因为大多数犯错的学生可以愉快地打发这段时间，只需要脑子里天马行空、胡思乱想，时间很快就过去了。而想要让这些学生感到无聊，你可能需要让他们留堂几天几夜。

我也很想给学生安排一些公益活动，比如清除桌子上的口香糖、捡垃圾，或者粉刷围栏，但遗憾的是，我发现英国的童工法对这种想法颇有微词（在这一点上，我们有点因噎废食了……）。在一个理想的世界里，行为不端的学生会被安排做一些有意义的和有点好笑的事情（例如你建议的做美食），但在一些情况糟糕的学校里，这种想法根本不可能行得通。你这样的建议可能会促使家长们打电话投诉，说你压榨学生。

所以，准备美食作为惩罚大概率是行不通了，粉刷围栏或者捡垃圾估计也不行，那么我们最好是坚持留堂吧，至少大家都还能够接受这样一个处理方法。

多米诺骨牌效应：不能接受批评的男孩

亲爱的汤姆：

我需要你的帮助。我3年级的班上有一个难管的小男孩，他的家庭背景非常糟糕，哪怕是最婉转的批评也会让他直接丢掉课本、拒绝学习。

如果我取消他的自由活动时间，他也毫不在意。他对我说，他不在乎任何事情。束手无策的我只得把他送到校长办公室，校长狠狠地批评了他，他哭哭啼啼地回来了，但变得更加抗拒学习了。

现在班上的其他男生开始有样学样，因为看起来他拒绝学习的行为并没有受到任何惩罚。这真的太可怕了，我根本解决不了。

听起来这个小男孩的确很难搞，跟他打交道一定非常辛苦，我也曾见过很多能力强但存在严重行为问题的学生。他们在课堂上的不良行为导致他们成绩不佳。大多数存在此类问题的学生都无法正确看待成功与失败，不能正确处理自我形象与外部成败之间的关系。可能的原因是：他们在家里经常遭受批评；他们的父母是苛刻的完美主义者；他们的家人对成功嗤之以鼻；他们的父母自身就是超级厉害的人……可能存在无数的家庭原因导致学生们认为，他们不能失败，或更糟糕的是，他们不能够尝试，因为一旦尝试就有可能会失败。

显然，基本的处罚解决不了他的问题——它只会鼓励他重复自己在家里学到的反抗行为模式。因此，要给予他一些教师最应该提供的东西：激励。始终如一地表扬他，但要确保只针对值得表扬的活动或行为给予表扬。与他进行一对一的谈话，告诉他你相信他有能力学好（在行为纠正阶段，为了取得行为转变的效果，可以夸张地表扬），然后试着请他正面评价自己的学业，例如"这个地方写得不错，你觉得我们怎样可以做得更好呢？"，并请他进行自我批评。自我批评会比被他人评判更稳妥，也能够更好地启发他的思维能力。

最重要的是，要尽可能地让他相信，除了学习成绩之外，老师还看重他这个人。如果他没有从家庭里获得足够的尊重，他可能会尤为看重自己的课业表现，因为好的成绩会令他自我感觉良好，所以可能会拒绝任何人在学习方面的嘲笑或批评。可以肯定他在学习之外的其他行为，对他给予他人帮助的行为进行赞美，或肯定他的幽默、善良等特质，给他一颗小星星（或其他东西）以示肯定。千万不要对他大呼小叫，并告诉他，只要你还是他的老师，就会带着他一起努力学习。他的捣乱行为看起来更像是一种寻求关注的行为，因此，如果他再次在课堂上捣乱，不妨先让他安静地坐到一个角落。等你抽出时间与他进行"一对一对话"时，不要说一些对抗性很强的话，"你现在感觉怎么样"就是一个不错的开场白。以怒气对待他，他就会回敬你以怒火，因此你的态度不能成为他反过来对付你的武器。

总而言之，祝你好运。

笑脸不管用：学生对教师积极的肯定毫无反应

亲爱的汤姆：

我在教一个有27名学生的学前班。班上大部分的学生都很可爱，但也有大概6个学生经常制造很多麻烦，他们总是在班上互相追逐，损坏东西，伤害班上的其他同学。我现在通过在黑板上贴表情符号（有笑脸也有哭脸）来作为警示的基础，还使用了待"冷静室"和贴图表等方法，但对这群学生一点用都没有。

我以前很喜欢去上班，但现在我对教学的热爱已经逐渐磨灭。他们不喜欢参加游戏活动，只想要伤害其他人或破坏教室里的东西。哪怕我专门强调课堂规则的时候，他们也根本不在乎！请你帮帮我吧！

首先你自己要认清现实，一个有27名学生的学前班的确是有一定规模的班级，而你作为新手教师，没有在新班级遇到其他更严重的问题，实际上已经非常幸运了。随着时间的推移，情况一定会有很大的改善。

因为班上有20个左右的学生表现很好，就这一点来看，你的开局已经非常不错！不要对自己太苛刻，不要期待一开始就达到完美的程度。毫无疑问，你已经意识到实际的教学与招聘广告中宣传的教学完全不同，或者说与媒体对学校的任何描述都相去甚远。

　　我个人建议你先打一棒子，再给甜枣。这个年龄段的学生还在学习如何遵守纪律，而教师的工作就是引导他们学会合理的行为规则。在他们知道什么是正确的之前，他们需要先知道什么是错误的。他们还处在以自我为中心的阶段，需要你帮助他们划定行为的界限。因此，在你运用奖励的方法之前，不妨先设定班规，并对违反规矩的行为进行惩罚。只有在他们意识到你并不好惹之后，奖励积极的行为才能够取得正面的效果。

　　此外，还需要坚持不懈，你可能需要对一些问题学生进行长达一整个学年的特别关注，才能够让他们明白这个道理，尤其是那些来自不怎么讲规矩的家庭的学生。但相信我，只要持之以恒，你最终可以成功地达到目标。

如何让抱团捣乱的学生改善行为？

　　亲爱的汤姆：

　　　　我和另一位老师一起教2年级的一个班。班上有六七个学生表现得非常糟糕，且每个学生的问题行为还各不相同，他们彼此抱团，支持对方的捣乱行为，比如举止无礼、上课讲话、跟老师顶嘴、乱丢东西等。而我们尝试过的处理方法则包括警告、要求他们使用礼貌用语、个别谈话、联系家长、表扬积极行为和取消自由活动时间等，但他们在课堂上的捣乱行为依然持续。好的现象是其中有一个学生看起来好像有点儿改善。我们接下来该怎么办？

　　这种情况最为磨人，会让你觉得出现这样的问题肯定是作为教师的你哪里做错了。如果一群学生同时捣乱，那么我想给出下面几点建议：

　　这些学生正在从同伴身上寻找自尊和认同，寻找只有同伴才能够给予的激励，因此教师不妨尝试替代同伴的角色，满足问题学生这些情感层面的需求，表扬他们，尤其是那些学习领域之外的表现，例如可以证明他们善良、体贴或乐于助人等品质的行为。

其次，将他们的座位分开，中间隔着表现不错的学生。我们要真正地做到让好学生包围他们！

继续实施惩罚……每一次犯错，就一定要施以惩戒。如果惩罚之后，问题行为仍在继续，那么就升级惩罚的措施。教师拥有的最大优势，就是随着时间的推移，消磨学生捣乱的能力和意愿，除了最冥顽不化的学生，所有的学生都将屈服于你的坚持与毅力。你在问题中提到，有一个学生已经开始改善行为，这就是一个很好的开始。

不要半途而废，坚持你们正在采用的管理策略和方法，在你遇到的这个问题中，你只需要继续施压，直到学生放弃捣乱。学生的问题行为管理永远都是一场持久战，而不是短跑，但只要我们能够坚持，最终每个问题学生都会挥舞白旗投降，尤其是在他们意识到只要不改正，老师就会永远盯着他们的时候。

我建议你们可以适当加压，不要给学生提供任何退路或选择，在与他们探讨问题行为的后果之后，就不用浪费时间再去赘述了，他们只需要通过惩罚意识到问题行为可能会招致的后果即可。

总而言之，看来你们已经非常努力了，并且已经取得了初步的成效，那么就继续坚持吧，胜利就在前方！

让学生理解为什么有些人需要得到特殊关照

亲爱的汤姆：

在我现在带的6年级班级中，学生们有着各种各样的困难背景，而且班上很多学生在学校也过得很是艰难。尤其是一个小男孩，他有非常严重的暴力倾向、极端行为和火爆的脾气，尽管我们提供了很多行为管理方面的帮助，他还是觉得很难控制自己。我们专门为他制定了一些应对策略，并给他找了一个专属的学习导师。

班上的其他同学觉得他获得了特殊关照，并公开表示，这个男同学在情绪激动或变得有攻击性时可以离开教室去冷静一下，并且在课外能够专门得到学习导师的辅导，这很不公平。我已经告诉班上的学生，他离开教室不是为了去吃东西或玩耍，而是为了确保班级的教学不会受到影响，同时让他自己冷静下来。大多数学生接受了这个解释，但依然有一小部分学生坚定地认为他得到了老师的特殊优待。这在全班引起了分歧。

我想说的是，学生们不太可能在短期内自发地组成一个和睦的大家庭。每个班级都有各自独特的相处模式，而有些班级的学生之间的关系的确非常糟糕，就这么简单。就像有些人一辈子都合不来那样，哪怕是年幼的学生，也不见得每个人都相处得来。

当然，认识到这一点可能没什么用，但我觉得，在你过于苛刻地要求自己之前，认识到这一点很有必要。就像其他很多的行为问题那样，在处理学生的行为问题时，我们没有办法摆脱他们在家庭里接受的多年教养的影响，有时候，我们能够处理的就只是表现出来的问题行为，也就意味着要有明确的行为准则和奖惩制度。一旦学生违反了这些行为准则，他们就要接受惩罚，然后学生们就会明白了。即便做到这个程度，有些学生的行为问题依然断断续续出现，他们的表现时好时坏，那也只能是尽人事，听天命了。

至于班上其他学生提出的不公平指控，我认为你应该召开一次全班谈话，由你发出指示（而不是建议），告知大家这件事已经定了。我会告诉学生，每个人可能需要不同程度的帮助，才能够达到相同的水平，就像我不会期望一个拄着拐杖的学生能够很快爬楼梯那样，我也不会期望一个存在情绪管理问题的学生总是能够像其他人那样迅速地控制好自己的情绪。有些人需要戴眼镜才能够看清；有些人需要其他人的帮助才能写字；同样的，有些同学需要离开教室才能够平复自己的愤怒情绪。这些都是正常的需求。

如果开完了这样一场解释会议，还有学生揪着这点不放，继续唠唠叨叨，那么对他们来说就太糟糕了——老师已经非常合理地进行了解释，在此之后的指控行为就算是问题行为了，既然好言相劝没有取得效果，那么就留堂吧。

是否能够用音乐激励学生？

亲爱的汤姆：

可以推荐几首能迅速吸引学生注意的快节奏音乐吗？

我通常会播放《奇科时间》(*It's Chico Time*) 或《野蜂飞舞》(*Flight of the Bumblebee*)。对于我的一些班级，在学生们都很疲倦的时候，我会选择播放《管钟》(*Tubular Bells*) 的第一和第二部分。

为情绪失控而内疚，该怎么办？

亲爱的汤姆：

我的一个"娇气的"的10年级女生在我的一堂课上迟到了（惯用的借口是"她的朋友拿了她的笔"等），在我进一步询问时，她拒绝回答我的问题。在无视我长达一分钟后，我承认被激怒的我在全班同学面前吼了这个学生，然后她转身就去年级主任那边投诉我了。情况就这么简单，我该怎么办呢？

不要对自己太苛刻，当然，我们都希望有一颗后悔药，吃完可以时光倒流，重新来过，但这样的东西还没有被发明出来，我们对已经发生的事情无能为力。此外，我们都是普通人，偶尔的情绪失控也可以理解。身为教师，我们的处境更艰难一些，因为我们需要同时应对来自一群性格各异的学生的挑战，并且需要即时做出反应，因此有时候我们的行为并不完美也在意料之中。

是的，事后回头看，你的确可以处理得更好。先不管这个学生的迟到行为，将其延后再处理——课后让她留下来单独解释为什么迟到是不对的，施以留堂的处罚，这样可以避免让她在全班同学面前丢脸。许多学生其实对成年人的吼叫接受度很高，因为在家里他们也经常被父母吼，因此你的吼叫对他们来说并不可怕，只会让他们陷入"家庭"环境下的行为模式，即与你对吼、反叛，或像这个女生一样，跑去寻求他人的协助。当然，身为教师，当着全班同学的面对一个学生大吼大叫，几乎总是以师生之间的恶战告终。我们都做过这样的事情，哪怕是态度并不强硬的学生也会被教师的吼叫激怒，并有理由回敬你。在这种情况下，冷静而理性的处理或许会令学生倍感震惊，因为这是他们在家里犯错时没有获得的待遇。

希望你以后再与这个学生打交道时，能够更顺利吧！

课堂上总有讲小话的学生，该怎么办？

亲爱的汤姆：

我曾经认为我和自己班上的学生亲密无间，但显然我错了。我从一开始就带着这个班，他们每个人单个来看都是天使，但放在一起就是一群魔鬼。问题很简单：上课的时候他们一直说个不停，导致我根本没办法讲课。真的，任何时候都有人在讲话。仅仅是课上说小话的学生人数就已经让我崩溃了，因为我不可能记下全班学生的名字。有时候我刚刚解决一个学生的说话问题，另一个学生又冒出来了。我尝试过既往不咎、座位调整、积极行为奖励等方法，但为了那些表现较好的学生，最后我还是只能把作业写在黑板上，因为他们听不见我说话。我该怎么办啊？

奇怪的是，这种群体讲小话的行为在一些班级中尤为普遍。很显然，这些少年心里有一种根深蒂固的东西，一种群体的本能。

我认为，你的班上之所以会出现这样的问题，是因为学生们对你很熟悉，并且清楚地知道你的界限在哪里。许多学生天然就喜欢挑战规矩和教师的界限。我建议你重新设定行为的边界。此外，学生们好像在利用你善良的本性，而这恰好是一个班级的学生对教师伤害最大的行为之一。教师们努力地向学生展示积极和慷慨的精神，反而受到学生轻率和卑鄙的对待，这简直令人心碎。下面是我给你的几点建议：

收起笑容，严肃起来，他们需要意识到你也可以是一个严厉的老师。在动物界，尤其是灵长类动物中，微笑是一种应对"恐惧"的行为，用来讨好更好斗的对方。因此，在你对学生们微笑时，这个行为自动地向学生发出了这样一种信号，即你希望他们变得更友好。当然，在与地位平等的人交往时，微笑示好是可行的，但学生与教师之间并非平等的关系。因此，你要变得严肃起来，但也不必怒气冲冲，尽量让自己看起来庄重、不苟言笑、平静。

用一节课的时间重申你的课堂规则，重点强调"谁都不准插嘴"。给学生们复印一份规则，贴在他们的书上。这有可能用掉整节课的时间。在我的班上，我大概花了45分钟跟学生唠叨课堂的规则，就是为了看着他们被无聊的气氛压垮。

不要参与任何关于学生抱怨"为什么受惩罚的人是我？这不公平"或任何此类没有意义的讨论。这些都是学生们用来转移注意力的策略，他们已经学会了利用这点来对付你。课堂并不是讨论行为的场所，所有相关的讨论都应该放到课后进行，要时刻牢记这一点。在上课时，你只要保持冷静，记下犯规者的名字，然后一直跟进后续的惩罚即可。如果有人不听话，则寻求更高级别的教师的协助，将惩罚升级，留堂时间可以从半小时变成一小时，从一小时变成临时开除，以此类推，逐步升级。因为你班上的学生已经意识到可以跟你讨价还价，因此不要再与他们争辩，只需要告诉他们什么是被禁止的行为，并在类似行为出现时做好记录，惩罚行为不当的学生。学生们并不需要严厉的口头警告，或许你可以平静地警告那么一两次，这就足够了。毕竟，对学生来说，你实施的惩罚行动比你的口头警告要有效得多。

事实上，教师可以获得自己预期的任何课堂行为，前提是教师自己需要以身作则。如果你想让学生保持完全的安静，专注于学习，那么就应该明确地划下行为的界限，对学生说："禁止讲话，否则留堂"，然后严格执行，这就意味着你同时要严格要求自己，而不仅仅是严格要求学生。如果学生看到你退缩、动摇或犹豫不决，那么一定会前功尽弃。但如果他们意识到这些规则绝对不可触犯，那么在任何情况下，他们都会自动约束自己的行为。如有必要，可以采取临时开除的惩罚，但一定要做好情况记录等文档工作，以便能够坚持到底。

一开始，学生们会以为你在开玩笑，毕竟，你已经纵容他们这样的行为一段时间了，怎么可能突然间改变呢？你要做的，就是证明他们都想错了！祝你好运！

学生不愿意参加学校集体活动，该怎么办？

亲爱的汤姆：

几个月以来，我们一直忙着准备迎接皇家莎士比亚剧团，他们下周就要访问我们这所小小的乡村学校了。学生们非常期待这个活动，但除了一个小男孩（一个臭名昭著的霸凌者），他不想参与，于是计划在同一天举行他的生日派对。现在他正在恐吓尽可能多的同学去参加他的生日派对，而不是皇家莎士比亚剧团的活动。

他的父母完全支持他的做法（所以他才会成为一个霸凌者），并且知道两项安排有冲突，但他们并不在乎是否会打乱集体的安排。

我能够理解你的挫败心情，但如果你试图阻挠这个男孩的生日聚会，那就是干涉你无权干涉的事情，这将使你不得人心，也显得不合理。

你最好的回击是在你能控制的事情方面下功夫，即这次活动本身。在课上谈论它，甚至频率要比以前更高，争取让其他老师提到它并告诉学生它将会是多么美妙。也许你可以在活动当天给与会者提供一些甜头，保证他们能享受到某种美妙的待遇。谈论这次活动，直到你让每个人都意识到错过它将是多么可惜为止。

好奇地问一下，你是怎么知道这个男生在胁迫其他学生参加生日派对的？听起来好像是别人告诉你的，这或许可以成为一个证据，用来论证你对这个男生的纪律处分，或让你有理由找他进行一次严肃的训话。

你有没有试着和这个男孩本人谈谈？告诉他，如果他能到场，你会很高兴，如果他的一些同龄人因为两项活动的安排冲突而不能到场，那就太遗憾了，所以不妨请他改变聚会日期或时间？如果你把他当作一个潜在的盟友，而不是一个敌人来说话，他可能会被说服，这可说不好。

你认为他是故意的吗？如果是这样，你认为他为什么会这样做呢？如果你能找到这个谜团的根源，你也许能消除他的敌意。最后，如果所有其他方法都失败了，就随他去吧。毕竟，他能有多少朋友呢？当然，他不会如此有影响力，能够邀请全校的同学。他也不可能把全部学生都拉走，否则皇家莎士比亚剧团就会请他当替补演员了。所以，请放宽心吧，无论如何，好戏一定会准时登场的。

能否让学生扮演教师来管理课堂？

亲爱的汤姆：

我需要你的帮助。我在格拉斯哥一个偏远地区的学校里管着一个调皮捣蛋的班级，每当我想让他们完成其他任务或对他们说话，他们都装作没听见。我是一名代课教师，通常只能让学生们保持几分钟的注意力，然后就会有几个学生开始走神，然后更多学生开始不听讲，直到全班失控。很快全班学生都开始讲话，但内容都与上课无关！

我正在考虑开展一些"围坐时间"活动，以建立良好的师生关系。在这些活动中，与学生谈论一些社会和道德话题，可能对我有帮助，也许还可以尝试一些角色扮演活动。我想尝试的另一个做法是"角色交换"，让他们扮演老师，看看他们如何试图控制嘈杂的课堂。

你的想法很危险，冒险家！我不建议你开展角色扮演活动，因为当班上大部分学生都能够按照老师的指令行事时，这一活动才会发挥用处。如果你在一个本身就很难管理的班级里开展角色扮演活动，他们大概率会把这场活动变成一场摔跤比赛，导致活动的目的落空。我认为，这一活动最好在师生之间已经相对熟悉和相互信任的情况下开展，但你目前正在培养与学生的关系，不是吗？如果在这个阶段你要开展角色扮演活动，在我看来这不过是给了学生另一个打击你的武器。

在全班失控的情况下，学生需要从你这里看到始终如一的态度和严格的要求。为此，我建议你采取一些回归基本行为管理的策略或方法。

当然，有趣的课程设计和内容总是有用的，但一开始，决定学生行为的并非教学内容，而是上课的方式。如果学生的注意力集中时间很短，那就多设计一些短平快的活动，快速吸引他们的注意力，配合他们的思维模式，做到循序渐进。

学生们必然需要一段时间来适应你制定的规则，当他们意识到你有强硬的手段时，自然就会服从你的指令。

在黑板上记下捣乱学生的姓名，有用吗？

亲爱的汤姆：

我的上一所学校的学生们表现得很好，但现在这所学校的学生却相当难管。我用过将名字写到黑板上的方法来记录被警告和留堂的学生，但管理这群学生的难度真的令我感到十分沮丧。因为很多时候，捣乱的学生太多，把名字都写到黑板上需要花很多时间，而当我转身在黑板上写名单的时候，总有学生到处乱丢铅笔，或大喊大叫，因为他们知道我看不见。

等我好不容易把名字都写完，还要花掉一半的上课时间跟学生们争论，为什么他们的名字会被写到黑板上。我真的感到特别疲惫，他们实在太吵，即使用了这个办法，我还是连一半的课程都讲不完。

只有在大部分学生的表现都很不错的班级里，"黑板名单"才能够发挥规范行为的作用。如果大部分学生的行为都有问题，那么这个策略就会占用太多的时间，而且正如你在问题中指出的那样，这会导致学生集体抱怨你的处罚措施。如果你仍然想要运用这个策略，不妨在自己的计划表或记事本上写下名字，这就让你不用在上课的过程中转身在黑板上记名字。就我个人而言，我倾向于不在很难管的班级上运用"黑板名单"，而是选择将那些行为不当的学生的名字列在自己的笔记本上，下课以后把他们留下来，或者让他们来见我，然后我会告诉他们需要留堂多长时间以及原因。他们没有权利在课堂上（占用我的时间）了解这些处罚，更何况他们大多数时候心知肚明。如果他们依然想要争辩或讨论，我会告诉他们，课后（属于他们的时间里）可以这么做，但不能在我的上课时间里这么干。

如果你感觉记下这么多学生的名字很困难，不妨反过来做，只记下好学生的名字。你可以告诉被留堂的学生，留堂是因为他们在课堂上讲话了。对越不听话的学生，越是不要理睬。留堂时再捣乱就要加倍处罚。这样会让他们学乖的。

一般来说，每个班级都会有那么一群带头捣乱的人，也就是所谓的"害群之马"，所以我们可以采取的一个方法是"擒贼先擒王"，着手解决这些带头的学生的行为问题，这就意味着你需要在上课时咬牙忽略其他学生的小动作。你只需要盯住那些严重违规的学生，并严加惩处——长时间留堂，当天就给家长打电话（最好在他们到家以前，这样做的效果非常好）。对于屡教不改的学生，一定要对他们逐个严惩，并顶住压力，绝不松懈。然后你就可以对付那些中度和轻度违规的学生了。

我们要坚持纠正学生行为问题的初心，但不要害怕灵活地调整策略。无论是白猫黑猫，抓到老鼠的都是好猫。

我到底应该等多久才能让学生安静下来？

亲爱的汤姆：

我在一本行为管理的书中读到，如果班上的学生在讲话，我就应该停止上课，等待他们自己安静下来，不管要等多长时间。昨天我和9年级的学生一起上课时，我意识到我可能要等到天荒地老，那么我到底应该等多久呢？

这个"等待绝对安静"的技巧根本没用（正如你自己已经体会到的那样），有些班级，尤其是那些比较难管的班级，会将这个方法当成是愚弄老师的机会："如果我们不停止讲话，老师就不会讲课，那么如果我们一直讲话，那她不就要等上一整天！"为了避免出现这种情况，我建议你在停止讲课之前，稍微加重语气以示提醒，用稍微不同的声调、说话节奏或严肃地重复你的指令，并尽可能通过点名来提醒最爱讲话的特定几个学生，因为在老师直呼其名并提出警告的情况下，学生很难忽视。

沉默地等待学生安静下来，需要学生发自内心地尊重老师，或者师生关系较为紧密。例如，在更难管理的贫民区学校中，沉默等待的方法只会成为学生继续捣乱的借口，因此如果你正好在贫民区的学校教学，不妨直接放弃这个方法。因为复杂且难管的班级往往需要更严厉的手段，更多的勇气、决心和毅力。

如何应对不做作业的学生？

> 亲爱的汤姆：
>
> 我刚入职一所新学校，在接下来的几个月里，我必须让100多个学生完成作业。到目前为止，他们没有做过任何作业，并拒绝做作业。我现在就想投降了，我该怎么办呢？

100多个学生全都拒绝做任何作业吗？简直令人吃惊啊。如果这就是事实，不妨在上课的时候给他们布置一篇作文或一份计划，让他们交上来，不要告诉他们这是作业。如果只有少数人交上来，那么你可能需要在下课后让他们一起把事情做完，这可能要占用几节课的时间。我们可以先采用"胡萝卜策略"，告诉他们写完作业才能提升成绩，但同时要运用"大棒策略"，使这些课程作业的完成具备强制性，可以考虑结合进一步的留堂惩罚措施。

在遇到这个问题时，你是否获得了来自学校的支持？从你描述的任务判断，你可能是新上任的学科主任？如果是这样，那么你的上级也需要参与问题解决的过程，甚至参与沟通的阶段（与家长和学生），因为对于一个新上任的员工而言，与各方的沟通比较困难。但如果你不是学科主任，那么学科主任就需要密切地与你配合，共同解决这个问题。

如何避免习惯性地厌倦与逃避对学生的行为管理？

> 亲爱的汤姆：
>
> 这是我在6年内工作的第4所学校了，我真的很喜欢教书，大多数的

学生都很好，但是我开始厌倦了要求同一批学生在放学后留堂，我知道学校的学生行为管理规范，并严格地遵守了这些规范。但我最近感到很沮丧，在你的班上，你需要多长时间才能让学生表现良好？

我怎样才能集中精力去做自己该做的事情，避免自己习惯性地开始厌倦和像从前那样选择逃避？

6年内换了4所学校？你可真执着。如果你已经具备了丰富的跳槽经验，那么或许已经知道了这个残酷的真相：学生们需要时间才能够跟你熟络起来，而你的行为管理举措也需要时间才能够产生效果。每一次接触新的学生，我们总是要经历一段令人沮丧的不良行为过渡期，尽管我非常想要安慰你，但我也没有办法让这个过渡期迅速消失。

我想你已经清楚地知道，在大多数情况下，只有教师坚持不懈，才能够最终获得良好纪律的奖励，因此我的建议是，坚持下去。至于如何保持集中精力，我想给你下面几点建议：

首先，保持乐观。任何有价值的事情都不容易，尤其是管理调皮的学生，但你要坚信，你现在在学生的行为管理方面付出的心血，终将得到回报。随着时间的推移，学生们会理解你的苦心，而正如你已经体会到的那样，这也是身为教师的最大的成就感，即看着学生们在你的细心引导之下茁壮成长。

其次，时刻牢记这是一场持久战——学生们的不良行为倾向于循序渐进地改善，就像滴水石穿那样。要慢慢跟他们磨，直到他们服服帖帖。在行为管理方面，我们很少能够在一个星期后就看到奇迹般的改善，所以当你认为学生根本没有悔改之意时，不妨提醒自己牢记这一点。学生们可能已经在改善了，但因为你跟他们朝夕相处，所以有时候反而不那么容易看到他们的转变。不妨想一想你在第一次见到这群学生时他们是什么样子的，并在脑海中描绘一下，然后与现在的状态进行对比，我敢肯定，他们的行为已经有了转变。

再次，这就是教师的工作和职责，虽然听起来有点残酷，但的确如此。每份职业都有其自身的缺陷，对于教师而言，难以管理的学生或许就是最大的不足。每当我认为自己的工作非常辛苦，难以持续的时候，我就会想一想煤矿工人或清洁工的工作，相比之下，我会觉得"我还可以忍受这些学生的问题"。反过来说，有时候任务的艰巨性反而会衬托其成就感，因此请为你所付出的一切努力感到骄傲，因为这是你值得拥有的东西。

然后，再想想放任不管的后果？如果你放弃针对学生的行为管理，会发生什么？松散的行为管理导致的后果可能包括难以解决的长期问题，这将给你和学生都造成巨大的痛苦，因为行为存在问题，他们的学习也将受到不利影响。因此，要时刻牢记积极的目标，并意识到放任不管的严重后果。

此外，别忘了那些好学生。人们总有记住或关注消极方面的天生倾向，这是人类进化过程遗留的一个生存机制，只有第一时间并时刻牢记危险，才能够提升生存率。但这也意味着我们有时候会过多地关注消极的一面。我敢肯定，在你的课堂上，大部分的学生大多数时候都能够按照你的要求完成任务，这在我看来就是成功。因此要记住，只有少数学生才需要你的特别关注，所以每当你消极沮丧时，不妨想一想所有正在发生的好事。

改变做法，列出全部的好学生，帮助自己换个心情。我敢打赌，这份好学生的名单肯定比问题学生的名单要长得多。此外，我建议你在给出每一次惩罚或让学生留堂时，可以给表现良好的学生的家长写一些积极的评论或肯定的话（或任何其他的表示），确保自己能够获得平衡。不要总是记录教学中糟糕的一面，为什么不直接给那些好学生的家长寄一封信或一张卡片，向他们表达感谢和赞扬呢？我发现电影院免费提供的明信片就很适合拿来干这件事。

时刻牢记，不要轻言放弃！你是一个接受过专业训练的教师，也是一个成年人。而学生可能误入歧途，他们往往感到十分迷惘，你并没有被困在他们的空间里，而是他们被困在了一个有你的教室里，他们才是应该敬畏你的人。因此，他们应该为自己的违规行为接受处罚。

最后，记得保持工作和生活的平衡。不要将学校里的问题带回家，学生们可不会在家里担心老师的感受，或你能不能接受他们的行为，因此你也不用下班之后还在操心教学的事情。下班之后，不妨去喝杯啤酒，看一看自己喜欢的电视剧，让与学校相关的问题从你的生活里消失。身为教师，我们从事的这个职业本身就会让我们精疲力竭，所以在离开学校时，不妨切断与职业的联系，给自己的身心充充电。我们工作是为了生活，而不是为了工作活着。

如果被学生嘲笑，该怎么办？

亲爱的汤姆：

我刚刚批改了几篇创意作文，其中一篇作文对我进行了刻薄的讽刺，哪怕没有直接点名道姓，但几乎就是在指着我的鼻子骂，明眼人一眼就能够看出来。事实上，这篇作文令我感到很不高兴，我该怎么办呢？

你要严肃认真地对待这个问题，尽管你确实不想让写这篇作文的学生看出来你因为他写的东西而感到不高兴，但这件事情必须得到处理。因此，告诉这个学生，他写的东西并没有令你感到不悦，但令你感到失望。

在这种情况下，对这个学生最好的惩罚就是请家长。对学生来说，在权威人士面前公开宣读他们令人讨厌的言论，通常会令他们感到痛苦不安。

哪怕你自己对学生所做的评论感到不适（尤其是存在点名道姓或其他敏感话题时），也尽量不要表现出来，保持"感到失望"的语气，唤醒学生心里可能存在的任何潜在的羞耻感。

有时候你可能需要深入地挖掘这种羞耻感，但每个人都会感到羞耻，只要他们意识到身处的群体并不赞成他们的行为。因此，不妨找一个安静的空间，让那个学生在一群支持你的成年人面前，为自己的恶劣行为感到羞耻。

班上学生的表现整体变差了，该怎么办？

亲爱的汤姆：

圣诞节假期过后，我教的小班学生看起来退步了。班上的男生很多，尽管我们在假期前已经在行为表现方面取得了一些积极的进展，但一个假期过后，我感觉他们已经不记得我是谁了。我尝试了激励学生获得积分和奖励等办法，并且不想对他们大吼大叫，但还是没能够让他们表现出良好的行为。我不太明白，我对他们那么友善和友好，为什么他们要表现得这么不尊重我。

在你的问题中，有一件事没有被提到，就是惩罚，尽管惩罚有时候令我们感到不适，但这似乎就是人类的天性，即人类对棍棒的恐惧远远超过对胡萝卜的渴望。如果学生的行为不当，这是因为他们知道可以逃脱惩罚。如果你对他们一直很友好，那么这群年幼不懂事的学生就会充分利用这一点。他们还没有像大多数成年人那样，学会感恩和表达慷慨。他们现在正处于以自我为中心的发展阶段，哪怕大多数的学生具备了慷慨的品质和自我克制的能力，他们也不愿意这么做。因此，你必须要制定学生们不敢违反的规则。你可能已经明确地告知了行为规则，那么你接下来要做的就是设置违规的惩罚，即让学生们意识到，不服从命令就要受到伤害（当然，这里指的并不是体罚或其他类型的身体伤害），你只要确保惩罚的痛苦大于不当行为带来的快乐就可以了。

这可能意味着留堂、剥夺某项权利、严厉的惩罚和始终如一的准则。要让学生们明白，不良行为总是意味着惩罚，并且要确保惩罚取得预期的效果。当你要求学生单独留堂时，可以利用这个时间，向他们解释被留堂的确切原因，以及下一次应该怎么做才能够避免被留堂。要让他们意识到，这是他们自己惹的祸，而不是别人的责任。

这意味着你需要付出很多的精力，但我可以保证，这将是你做过的最好的投资。你肯定会经历一段很辛苦的时间，但之后可以从这段付出中获得巨大的回报，你的工作和生活都将变得更轻松，学生们也将享受你提供的安静的学习环境。我们大多数人都不喜欢对学生强硬（这是好事），但作为教师，我们有时候不得不对学生严厉，你的学生需要纪律，而纪律也将确保你不会失控。

如何应对调皮的学生？

亲爱的汤姆：

我正在教授一个只有8个学生的9年级班级，其中两个男生总凑在一起捣乱，于是我把他们的座位拆开了，但因为班级太小，好像没什么用。

虽然其中一个学生表现得稍微好一点，但两个男生都很粗俗——他们经常讲低俗笑话，说脏话，对其他同学说话时呼来喝去。其中一个男生被校长约谈之后，收敛了一段时间（我们都认为校长约谈很有必要），但也不过是昙花一现。他依然以一种我不配与他对话的眼神看着我，他真的是非常傲慢，但又还是个学生。

我觉得他很聪明，并给他提供了天才学生的作业，他必须先完成常规的作业才能做这些作业，但他从来没有完成过。

看在上帝的份上，赶紧让他留堂吧。当学生们这么干时，你就要逼着他们完成作业，为了让他们完成未完成的作业，留堂非常有必要（在我看来，这对学生而言是最残酷的惩罚）。遇到这样的学生，没理由不直接让他们留堂，因此如果没有惩罚，学生就会将你视为一个软弱或不负责任的人——现实就是这么残酷。你需要对他们强硬起来，向他们表明你关心他们的受教育情况。如果我是你，在给他们糖果之前，我会先让他们清楚你的原则。请你始终如一地实施惩罚，永不放弃。如果他们依旧捣乱，那你就继续执行惩罚措施并加重惩罚的力度。教师拥有的一个最伟大的武器，就是复原力——在学生们将我们的热情消耗殆尽之前，我们一定能够消磨他们捣乱的意志。虽然这个解决的方法听起来并不有趣，但可能是最行之有效的方法。

在这里，我注意到一点，就是你提到这个学生很聪明，如果他在任何方面展示了异于常人的能力或天赋（也可能是成绩不良的天才儿童——他们的成绩可能很一般，但可以查一查他们的自我适应能力和认知能力），按照你的做法，直接在常规的学习任务上添加针对天才学生的学习内容是行不通的，这是因为能力超出常规水平的学生往往会对在他们看来过于简单的学习内容嗤之以鼻。因此，你需要对学习内容的设计进行创新，从课程的一开始就让学习更具挑战性，不要让他们通过简单（对他们而言）的任务就轻松地获得奖励。很多天才学生会将额外的任务视为快速完成学习内容的惩罚。如果你们学校有专门的天才学生教育顾问，可以咨询顾问的意见，给这个学生布置更多涵盖课程的内容，但要以一种独特的、具有挑战性的方式，让他感觉到自己正在接受挑战和测试。我发现许多好斗的、难缠的学生其实是可以转变的，因为他们暗地里确实非常聪明，而一旦你把他们当作聪明人对待，他们就会茁壮成长。所以放心吧，你的问题会得到解决的。

如何鼓励学生表达自己的同时用心倾听他人的想法？

亲爱的汤姆：

这可能看起来不像是一个问题，但对我来说是个问题。我在教一个成绩优异的9年级班级，班里的学生真的很努力地在控制互相交谈的冲动。好的方面是学生谈论的内容都与学习相关，但问题在于他们似乎无法真正倾听对方的观点。我已经尝试顺其自然，让他们以这种方式发言，但他们仍然没有学会如何倾听他人，课堂上总是会爆发学生之间的争吵。

如果你觉得他们的讨论值得鼓励，那么就专门给他们安排坐下来讨论、交流意见的时间，然后在不允许他们互相交谈的时候明确地给出提示，你可以用敲钟、吹口哨、举手、眼神暗示等方式来提醒他们。

你可以采取的形式是让他们就某一特定主题准备演讲、进行角色扮演等，在他们做好准备之后，就要进入倾听时间，这时他们必须注意听其他人讲话。当学生违反这两个时间段的规则时，你要毫不留情地进行处罚，这样就能让学生们意识到良好的讨论、良好的倾听以及这两个时间段之间区别的重要性。这也让他们学会了尊重和良好的纪律，同时也让他们能够在一个安全的环境中表达自己。

不过，即使他们的谈话是学习相关的、有价值的，但如果不是在合适的时间进行，也是不可接受的。毕竟，我们经常会有趣味十足的信息想要分享，但有时候我们并不能够随时随地表达，例如在葬礼、面试、教堂等场合。这也是他们需要学习的一项技能。祝你成功！

如何以代课教师的身份赢得学生的尊重？

亲爱的汤姆：

因为个人经济一直很拮据，我不得不在一所我不太喜欢的学校接受一些代课工作。学生们对我这样的代课老师几乎没有任何尊重，在我上课时，他们只是在忙于收发短信和讲小话。

我要怎么做才能够让他们表现得好一点？我希望他们至少安静地听完教学的要求，然后开始学习，或至少不要打扰那些想要学习的同学。我认为在许多学校里，代课老师都没有得到应有的尊重，而且不仅仅是学生。

我对代课教师抱有无限的同情；他们有时忍受的羞辱让我感到震惊，为了保持理智，他们需要顽强到近乎谦卑。他们经常经历"新手教师"综合征，而我们大多数人在职业生涯中只经历过几次。我相信我们的确可以做一些事情，让代课教师的工作变得更容易。首先，做好准备工作。大多数代课教师都足够聪明，尽可能多地做好准备工作，但你可以看到那些不这样做的代课教师，学生们给出的反应就能够证明他们的准备欠佳。其次，早点到学校，拿到学校的地图，拜托你一定要在学生来到教室之前抵达。这样你就可以开始准备，使教室成为你的地盘：确保教室的整洁——如果有必要，清理一下，把椅子摆正，擦拭黑板，把桌子摆整齐。这听起来微不足道，但如果学生们进来时教室看起来很乱，那么他们就会下意识地认为这不是你的地盘。

如果可以的话，在学生们到达之前，就把课程要求写在黑板上，这样他们就不会提问自己需要做什么，或抱怨没有作业了。将课本放在每张桌子上——同样，要在学生来到教室之前完成。准备好一小叠空白纸张和一把笔，以防有学生说自己没带纸笔（尽管这也有一个危险，他们可能会利用你的慷慨）。总之，在学生们出现在教室之前，你需要尽可能做好教学准备，这样你就可以……

在学生来到教室时，最好在门口迎接他们，这一点很重要。你要站稳脚跟，不要移动或晃动，双手交叉，不怒自威。你可以想象你的表情应该是有些不高兴，就像你刚刚注意到外面在下雨一样。当学生们来到教室时，要有礼貌，从容不迫地看着他们，对他们说"早上好"。在你觉得他们已经做好学习的准备之前，不要让他们进来。这时你要对他们说："脱掉外套，坐到位子上，看看黑板上的作业。"要给学生们预留走进教室的空间，但要站得很稳，让学生从你的身边走过，要寸步不让，甚至不要移动你的脚！这听起来很奇怪，但你的坚定立场设定了一个标准：这是我的教室，在这里你们必须适应我的课堂。学生们在大约半秒钟内会把你打量一番（这是真的——所有的研究都指出，这种快速判断对人的态度有极大的影响），所以他们一开始看到的你的样子必须是强硬的。

把自己想象成老大，这意味着相信教室由你做主。你不"只是一个代课老师"——你就是他们的老师，这一点很重要。如果你很看重这一点，你的肢体语言和态度就会表现出来，然后学生们就会意识到。如果你自己都不这么想，那么远在走廊的尽头，学生们就会嗅到你的软弱，并以学生独有的方式表达他们对成年人的鄙视，就像鄙视其他缺乏主见的成年人一样。

为此，你必须要坚定地相信，自己就是整个教室的负责人。想象一下你认识的某个全身上下都散发着权威性的人，并不断地暗示自己"我也要拥有同样的权威性"和思考"他们在这种情况下会怎么做"。此外，说话要慢条斯理，保持严肃，我的一个保镖朋友曾经说过：说话要慢，语气要柔和，手里要拿着大棒。不要仓促采取任何惩罚措施，不要大声说话，除非迫不得已。只要你开始大喊大叫，就会前功尽弃。一比零，学生们赢了。

此外，给自己装备一些"弹药"。找到学生们很害怕的一个老师。事先跟这个老师约好，如果学生们乱来，你可以记下捣乱者的名字，课后交给这个老师来施以惩罚。有时候，光是说出这个老师的名字就能够让捣乱的学生乖乖听话。而且要经常跟进后续的惩罚情况，如果有必要，你可以督促该老师的惩罚措施，以确保学生们意识到你是一个言出必行的老师。可以想方设法地寻求学校领导的帮助，你只需要让表现好的学生帮忙去找他们就行了。哪怕身为代课老师，你也应该像所有的全职老师那样，获得整个管理团队的支持。

如何应对喜欢打架斗殴的学生？

亲爱的汤姆：

　　我现在教的8年级班上有一对双胞胎很喜欢打架，就跟我喜欢洗澡一样。他们可以跟任何人打起来，相对于他们的年龄而言，他们的个子很高，他们经常跟10年级或11年级的男生打架。他们的哥哥（刚刚被学校开除）也一样爱打架。我怎样才能让这两个男孩免遭同样的命运？

我只能说这是一个需要多方协调处理的问题，有的时候遗传因素或家庭传统是很难撼动的。而且无论你如何干预，都很难改变其他人对这两个学生的既有看法。在这种情况下这两个男生在自己的行为处事上就可能有问题，又或许他们自身就十分好斗，名声可能还不如被开除的哥哥。当然，一旦他们公然挑衅了他人，那么暴力只会招致暴力，他们或许就会在针锋相对的打斗中寻求复仇。在这个问题上，他们家庭的态度可以是一个助力，也可能成为障碍。

作为教师，我们往往只能从外部解决问题，例如通过对操场动静的严密监控，将这对双胞胎与其他爱打架的人分开，对任何可观察到的斗殴行为进行严厉的惩罚，使打架斗殴成为一种令参与者十分不愉快的行为。有时候，邀请参与打斗的各方坐在一起，在一个安全的空间里协商，或许可以帮助解决分歧，尽管我怀疑很多时候男孩们打架是为了争夺所谓的支配地位和"面子"，没什么理性。对他们进行情绪管理或许能够适当地减轻问题的严重程度。通过调整班级座位安排或许能让他们避开经常斗殴的对象。

最后，如果有一个他们尊敬的成年人，请这位成年人指导这些男孩，并不断地强调，他们真的没有那么坏。年轻人往往通过暴力来满足他们的自尊，所以如果他们能在其他方面找到自尊，那么他们可能就不太愿意诉诸拳头了。你可以找出他们擅长的领域，并尝试将时间和赞美集中在这些领域以引导他们的发展。如果他们能在不那么暴力的地方找到"面子"，你也许能说服他们，打架是不值得的。

如何应对不能接受失败的学生？

亲爱的汤姆：

我的9年级班上有一个可爱的、非常聪明的女孩。她很努力，成绩也很好，但每当她犯错时，她都会一直纠结，虽然她已经竭力掩盖，但我看得出这让她很难过。我如何才能够让她放松下来，不再执着于追求完美？

教师都希望学生得到最好的发展，而一些聪明、成绩好的学生经常带给他们更多不同寻常的压力。我发现，很多聪明、成绩好的学生将自己的自信建立在他们的学习能力上。他们有的认为自己的价值就在于把问题都回答正确，因为这样一来，他们就有了一套自我评价的标准，有真实数据向你证明——"我真的很棒"。

但这往往掩盖了他们对自己的一系列焦虑感，在我看来，这个女孩反而存在缺乏自信的问题（这并不总是表现为害羞，或任何典型的缺乏自信的迹象），对自己缺乏积极和正确的认识。能够帮助她的一个方法是确保她明白一点，那就是她受到重视和得到奖励不仅仅是因为她的成绩或学习能力，原因可以是对她生活中其他方面的赞美，甚至可以是对她的善良、体贴或守时等品质的肯定。最重要的是，它可以是对她的关怀与简单肯定，即使是教师也可以提供，例如，"我会一直努力帮助你做你想做的事情"或"我总是关心你的感受，我希望你好"，诸如此类的表述都可以取得不错的效果。

当然，她还需要来自家庭的肯定和赞美，在某种程度上，来自家人的无条件的爱总是不可或缺的。我见过一些非常聪明的学生遇到过类似的家庭问题，要么是父母离异，要么是给学生的关爱不足，不管是真实的还是学生自我感受到的，都会影响到学生的自信和自尊。

最后，除了这些方法之外，她也需要摆脱完美主义的想法，她需要明白，世界上并不存在真正意义上的完美。

班上突然来了难以管教的新生

亲爱的汤姆：

我教的学前班刚刚转来了10名学生，其中5名学生让我非常烦恼，他

们带来各种各样的负面情绪与问题：抱怨、绝望、吵闹、傲慢和占用老师的时间。如果我一直满足他们的要求，那么我就真的没有时间照看班上的其他人。我要如何才可以找到一个平衡点？

没错，你遇到了最典型的问题：欲求不满的儿童！这些苛求者（包括儿童）都是被惯出来的！正所谓会哭的孩子有奶吃，他们之所以变得如此难以满足，是因为他们已经学会了将提要求作为一种策略，有效地吸引他人的注意力。你很难忽视一个哭闹着要这要那的学生。但在某种程度上，我们恰恰应该忽视他们，至少应该尽量忽视。当然，这个方法必定不长久，因为他们的不端行为最终需要解决，所以最好的办法是将这些哭闹不休的学生转移到教室的一个角落或其他的教室里，确保那里很安静，而且没有其他人。如果他们没有得到渴望的关注，就会很快想要回到班上来，在你重新接纳他们时，确保你召集所有的学生，做出一个严肃的警告："如果你们再这样捣乱，一定会再次受到处罚。"

在这些学生结束惩罚回到班上之后，如果他们表现不错，不要吝啬给予表扬和关注，甚至可以公开表扬说："比尔，做得很好，你表现得非常好。"在全天的教学中重复这些做法，如果他们寻求额外关注的哭闹行为再次出现，立刻迅速、安静地将他们带到隔离区，尽可能不要大惊小怪。他们就会知道，不良行为会导致他们失去教师给他们的关注，而良好的行为则会让他们获得关注。但这个训练的过程可能需要持续几天甚至几周的时间，因此请确保耐心。

无处不在的学生行为管理问题

教学不像领奥斯卡奖，不是在教室里露个面就行，也并非衣着光鲜，沉浸在荣誉的光环当中。行为管理也不仅仅是吓唬犯错的学生，罚他们课后留堂。每一位教师最终都会在其生活、工作的其他领域中遇到关于学生管理的问题。坐公共汽车、逛超市或在郊外活动的时候，我应不应该训斥学生们呢？在面试中我该怎么谈论行为管理？学校有什么样的合适制度来处理开除学生的问题？学校应该如何处理学生骂人的行为？犯错的学生什么时候应该交给学科主任和校长？

毫无疑问，行为管理已经进入了理论范畴。在我看来那些研究人类行为的流行理论（和派生出来的各种策略）都跟占星术差不多。太多学生的前途牺牲在教育实验之中，所以我对不切实际和鼓吹神奇的方法（"健脑运动"和"个性化学习"）已经丧失了耐心。但是有想法才会有行动，我尝试把教学实践看做是源自一套简单明了的公理，可以用来应对一系列复杂情况。

例如：假设教师的任务是帮助学生长大成人。基于这个假设，待在学生旁边，会更容易了解该如何教学，因为我的教学目标是提升学生们的思维能力和行为能力。所以，在学校旅行时我滴酒不沾，在操场上我不会吸烟，在教室里我有礼有节地对待学生。另一个前提是，我对学生的责任比他们对我的看法更重要，只要他们做得好，我不在乎他们喜不喜欢我（除此之外，如果他们尊重你作为一名教师的角色，他们可能或多或少地喜欢你）。所以，简单的原则可以用来指导和处理复杂的情况。

如果你清楚自己为什么要教书，清楚你对自己、学生、学校和这份职业的态度，那么你会更容易回答遇到的、与学生行为有关的、更为普遍的问题。我相信这就是他们所说的"反思性实践者"，但我更愿称之为"专业素养"。几十年来，我们一直在努力做到专业化教学。好吧，如果我们希望这种观念像其他职业那样根深蒂固，那么我们还要花很多时间去理解教师工作的真谛。

扪心自问，你为什么要当教师？我希望答案不是"因为我想不出其他选择"。你要面对的是一场漫长的（尽管并不是毫无希望的）努力。你要想清楚教育是为了什么，学校制度的目的是什么？是为了培养劳动力吗（虽然一些人依旧玩世不恭，但这似乎也有道理）？是为了培养能够探索灵魂和意识的完美人类吗（这种观点听起来美妙，但谁来打扫厕所）？当然，我是有点故意挑刺了。但是你必须确定自己的观点，否则就很难有明确的想法，无法足够灵活地处理出现的情况。即使为了讲课而当教师，你还是需要一个理由，一定要找出理由是什么。然后问问自己，我还认可那些理由吗？你可能会发现你改变了主意，这甚至可能改变你的教学方式。这样做肯定会让你对教学更有热情，也许会让你更喜欢你所做的事情。

没错，甚至比你现在还要更喜欢。你相信吗？

如何启用"最严厉的惩罚措施"？

亲爱的汤姆：

晚上好！我的学校被认为是一所"富有挑战性"的学校，我刚刚接到任命，担任学校行为管理人员。这所学校已经4年没有永久开除学生，应学校要求，我要写一份报告说明永久开除是学校管理学生行为的一种

方法。

　　你怎么看？这种方法是用得很多或者经常用吗？永久开除学生真的
管用吗？

我认为永久开除是有效的！

　　合理回答是：永久开除是一项必不可少的学校制度。想象一下，一个社
会有法律、警察、法官、律师和法庭，但没有监狱，没有最终的制裁机制，这
个社会将是什么模样。显而易见，如果没有惩罚性措施的支持，法律就形同
虚设。

　　永久开除是行为管理的有效措施，是重型武器，是最后的绝招，是保证学
校正常秩序的必要手段。如果学生不断地扰乱课堂，打扰他人的学习，伤害、
威胁或危及学生与教职工的身心安全，那么这类学生的权利不得不让位于多数
学生的权利。教室里的其他人也都享有权利，即安全地学习和工作的权利。

　　一些学生的需求在传统课堂里无法得到满足，不过，我肯定这种学生只是
少数，但这少部分学生也很重要。出于社交、情绪、行为方面的问题，他们需
要一对一的学习环境。我们的教育体系不惜一切代价推行全民教育，却无法
满足他们的需求，但我们也只能量力而为，这些学生的问题往往超出了课堂教
师解决问题的能力范围。所以很遗憾，在某些情况下，开除仍是最好的解决
方法。

　　另外，学校和校领导喜欢追求低开除率，这让我很恼火。这种行为相当于
鼓励学校领导躲避最终惩罚，把问题又推回课堂。你不能指望大多数教师都有
能力、耐心和时间来应对少数真正制造麻烦的学生。解决学生的社交、情绪和
行为障碍需要专业的技能，在每个教师都掌握这些技能之前，有必要运用永久
开除的方法。

职责范围：教师在校外还需要同样行事吗？

亲爱的汤姆：

　　最近我坐公交车，有几个小学生（不是我们学校的）站在座位上大喊大叫，吓唬乘客。我应该制止他们吗？还是低头不管？没有人惩罚这些小屁孩，我真的非常生气。

　　这不是一个校内的问题，我确实不能从教师角度提供任何建议，但我可以试着从一个公民的角度来回答这个问题。我再说一遍：这不是学校里存在的问题，因此我们不能指望通过运用教师职业的权威和利用学生的尊重来解决问题。我很理解这种情况，不管我们是不是教师，我们有时会碰到这些难以处理的情况。事实上，这是真正"原生态"的行为管理——我们怎样才能使别人的行为符合社会要求？

　　首先，他们可能会听从礼貌的请求。还记得我们14岁时的样子吗？尽管我很不愿承认，但那时我们有些时候确实有点吵闹，无法体谅他人。许多年轻人确实不明白为什么25岁以上的人大都喜欢安静一点，不喜欢吵个不停。

　　即使他们对礼貌的请求熟视无睹，每个公民也都有权表达自己的观点，提出类似的请求。当然，最好还是用直截了当、不偏不倚的方式，用平缓的语气和低沉的语调说话。不要以任何方式流露出愤怒或恐惧，以免被视为挑衅或懦弱。尽可能让你的话听起来自然一些，不要指责对方，比如，"对不起，孩子们，你们声音有点大，能不能小点声？"

　　如果他们上蹿下跳，或者故意恐吓乘客，这显然就不仅是吵闹或恶作剧了。这时我会和司机投诉有乘客捣乱。司机通常会停车，直到平息事态之后，才会继续开车。

　　成群结队的小学生非常在乎自己的面子和威望，所以要尽量避免让他们在自己朋友面前难堪。给他们一个台阶，避免丢脸，所以关键是不要表现出愤怒或恐惧的情绪。如果真的发生了冲突，独木难支，那就联合其他乘客，直接与这帮学生交涉。

不得不承认，我爱管这种闲事。如果有学生或者大人喝得酩酊大醉、行为粗鲁、吵吵闹闹，我总是劝他们停下来。如果他们开始咄咄逼人，威胁到我，我就抽身离开。不值得为了生活中的噪声就动手打人，但至少我站出来了，说了我自认为对的话，即使没什么用。我既不高大，也不强硬，但我从来没有因为这样做而受到攻击，在很多情况下，我能说服学生们安静下来。有好几次，其他乘客也和我一起劝说闹事的学生。

要记住，我们有安全通行和安静生活的权利，我们彼此之间都互相负有责任。要勇敢站出来，看看结果如何吧。

学生在上课时能说脏话吗？

亲爱的汤姆：

最近我在《每日邮报》上看到，一名教会学校的老师因为鼓励她的学生写下他们知道的脏话而被解雇。你会鼓励学生的这种行为吗？你认为这位老师应该被解雇吗？

我研究了这篇报道，在这个故事的所有版本中都没提到这个老师被解雇，提到的是"受惩罚"，当然这个词包含了单独监禁、"受到批评"等意思。

我认为这位老师的工会和产业法庭会轻易推翻对她解雇的决定，因为我看不出她的做法有任何违反劳动合同的地方，除非经过多次警告，她仍然我行我素。

令人惊讶的是，这件事情被纽约、新加坡和悉尼的新闻媒体广泛报道。我猜许多老师在上课时都回避了类似的课程安排，但如果不是这样，又怎会引起如此大的争议呢？教室环境应该很安全，在教室里学生们可以冷静理性地讨论观点。分析和批评语言的各个方面是正当合理的学习讨论领域，即便学习讨论的是攻击性的言论。

平心而论，这种课很不好上，处理得不好就容易形成一场竞争，学生（令人沮丧的是，通常是男学生）会说出最粗鲁的话，把教室变成另一个操场，为了冒犯或惹恼其他学生而脏话连篇。在这种情况下，一些学生会很排斥这种课。

我们需要记住，尽管每个学生都知道或听到过大部分的脏话（我们不是都知道吗），但对于许多学生来说，听到这些词，心里仍然不舒服。作为成年人，我们经常听到和使用这些脏话，因此很难想象它们对许多学生（和其他人）有什么影响。影响是必然的，发明这些词不就是为了这个目的！也有许多词汇，多数学生从未听过，因此很多男生会刻意说出来，吹嘘自己知道（是的，你猜到了）。

本质上，我认为如果一位教师与学生关系良好，并且这位教师能够很好地管理这个班级，以免课堂成为发泄恶意的地方，那么这节课会起到很好的作用。就我个人而言，我只会给高年级讲这种课，因为我担心低年级学生无法真正理解这种课程的目的，当然我相信高年级学生可以理解。

不过，这个老师真可怜。我打赌她从没想过她的课程计划会让她登上《纽约时报》。我想她以后在计划别的课程之前会三思而后行。

在超市里也要好好穿校服吗？

亲爱的汤姆：

我的学校有一项（极其）严格的规定，学生们即便不在学校里，也应该穿好校服，因为无论他们在哪里，都代表着自己的学校。我在镇上的超市经常看到，有一些学生领带松松垮垮，校服衬衫也脱了，裙子改得很短。而且，有时我也会看到他们故意在商店里捣乱，粗鲁对待店员和店主。我觉得我应该说点什么，但我不想看起来很唠叨或像个白痴。

我在这种情况下不会小题大做。你可以委婉地劝诫，但是态度要温柔一点，在学校外，他们更敢和你顶嘴，毕竟在校外你并不是他们的家长。

你还不如在校内解决这个问题。学生在校外品行不当，就罚他们课后留堂，但得做得让别人挑不出毛病。首先，你得确保做法得到了学校领导团队的默许，这样就算学生家长投诉或者学生拒绝合作，学校领导也会支持你。其实不应该是你亲自罚学生留堂，而应该是学校领导团队做这件事，除非你也是学校领导层的一员。

其次，你处理的事情必须很严重，例如骂人、严重扰乱公共秩序等。超市不像学校有正式书面规定规范学生行为。有些学校可能规定学生不得损害学校的良好声誉，但你要看看有没有这条校规。

或者你可以和当地的店主或超市老板等人谈谈，问问他们是否受到困扰，告诉他们学校愿意采取措施支持社区工作。你可以主动看一下监控录像，看看能否认出行为不端的学生。然后，以违反校规为由举报他们。至于会不会有什么结果，那只有天知道了。

但要重申的是，一切都需要告诉校高层领导。如果他们不支持、不跟进，我建议你还是算了。你还可以以公民的身份来劝阻犯错的学生，但千万别指望你能创造解决问题的奇迹！

学生之间的矛盾爆发了

亲爱的汤姆：

我们学校11年级有个不错的男生，他最近在学校里打了另一个男生，被打的男生是出了名的霸凌者。学校临时开除了打人的学生，因此他错过了一次重要的普通中等教育证书（GCSE）口试。现在被打男孩的父母

还打算报警。他接下来会怎么样？我很担心这个学生。

很难说他接下来会怎么样。我猜，鉴于没有严重的前科，大多数学生在学校打架会被要求临时开除，但是如果他用武器斗殴，造成重大损害或人身伤害，那他可能会被永久开除。

学校害怕被起诉，学生家长却热衷于谈论这类事情。这听起来有点夸张。但就算是霸凌者也应该按照正常程序受到处罚，尽管霸凌者挨打令人额手称庆。这不是电视剧《格兰其山》。大多数学生不懂人身侵犯是什么意思，家长一旦让警察介入，就算是课堂上的捣乱，地方法官也会按严重人身伤害罪处理。

如果打架时只有他和那个所谓的霸凌者在场，那么通常可以免于被起诉。但是，一旦有目击证人，那他的命运就不好说了。

我们需要学生行为管理规范吗？

亲爱的汤姆：

我被任命为行为工作小组的负责人，职责是为全校制定明确的学生行为管理规范。其他学校使用的是什么样的行为管理系统呢？

可靠的学生行为管理规范对于管理高效的学校必不可少。以我的经验来看，有些学校不需要设定学生行为管理规范是因为它们本身就具备良好的行为管理传统，或者学校的大多数教师都对行为管理很在行。此外，校长和学校管理团队必须参与其中，特别是要在行为管理中有所作为。学生重视实力（事实上他们也想要拥有实力），他们最想要的并不是教师的理解和拥抱。如果校园管理井然有序，不出现管理混乱的现象，学生的安全感会提升。

这听起来很矛盾，毕竟许多学生生性狂妄，不守纪律，但事实上，了解了他们的成长经历和个性之后，学生的这种行为完全在意料之中，它常常表现为学生会抵制权威。过分抵制权威的学生着实不少，但其中缘由不在课堂上，我们也无法直接解决。

因此，大多数学校都有必要制定学生行为管理规范。这样学生才能明白他们的所作所为会有什么样的后果，学生行为管理规范也为大小麻烦缠身的教师们编织了一张安全网，教师知道学生行为管理规范是赏罚分明的，所以可以以其为指导方针，向学生公布处理结果。

最好的学生行为管理规范也是最简单的。完全没有必要列出一大堆各种各样的禁止或允许的行为，规范应该模糊而宽泛，使学生钻不了空子。

只有大多数教师一贯采用的、学校领导层一贯支持的学生行为管理规范才能行之有效。学生需要明白不知悔改地犯规真的会受到某种终极惩罚。如果他们觉得比教师更固执就能打败教师，那么他们一定会被惩罚。

来信者补充提问：

> 我大体同意您的观点，但您确定规范应该是模糊而宽泛的吗？如果它太模糊了，就没有人知道他们能做什么、不能做什么了。学生们需要看到确切的例子，来说明什么行为是禁止的。

也许我讲得不够清楚，我再说清楚一些。我的意思是，学生行为管理规范往往会由于太过具体，以至于学生们受到惩罚后，会去寻找规定中存在的漏洞来为自己开脱。

举个例子，我曾经看过一个学校的学生行为管理规范，其中非常详细地列出了学生不能做的事（与同伴打架、扔剪刀、砰的一声关上门），以防学生伤到自己或他人。遗憾的是，这样的清单从来都不是详尽无遗的，如果学生做了一些不在清单上又显然错误的行为，并由此受到惩罚的话，他们就会为自己辩解，因为他们没有违反禁令。在学生看来，一切不被禁止的都是允许的。所以，最好制定一个更宽泛的规则，简单表明禁止"危险行为"。如果你愿意，可以举一些例子，但要说清楚，这些只是例子。

此外，如果你像许多学校一样，成功地引入某种处罚体系，规定了不同的处罚级别（C1、C2、C3等），那么学生们需要清楚，正常情况下，教师会逐步升级处罚措施，但在极端情况下，学生会直接受到更严重的惩罚（这就避免一些情况，比如你直接要求学生留堂或给予其他处罚时，学生会大声吼叫，因为他们收到的不是C1等级的违规通知。如果一个学生扇了你一耳光，你也不用纠结这是C1还是C2等级的违规了）。

我的意思是，要让规范足够宽泛，从而能够切实提供帮助。我完全同意，对什么是允许的、什么是不允许的犹豫不决，是一种自毁行为。有时我们需要坚如磐石，不是因为规范助长了我们的权威，而是因为学生们在一个他们感到安全的环境中学习会学得更好，他们知道界限在哪里，以及突破界限的后果。规范也为我们创造了更好的工作场所。关于如何在课堂上坚持是非观念，我认为很多好心的老师对此不够自信，而这恰恰是我们对学生和对自己工作的一种责任。

如何改善学生的行为？

亲爱的汤姆：

我正在申请担任特殊教育学校的副校长。其中一个面试问题是"你将如何改善学生行为"。能给点建议吗？

显然，任何提高全校学生品行标准的方法，都应该具备条理性、连续性，以及最大程度的简易。以下方法适用于所有学校：

为所有学生和教职工制定明确的学生行为管理规范，明确什么行为是可以接受的，什么行为是不可以接受的。还应包括提倡的行为。

明确一旦违规将会受到何种处罚。根据违规程度和次数，应该有升级的处罚措施。

向各方明确传达该规范，这样每个人都能够清楚相关要求和违规的后果。

学校的工作人员，特别是高层领导，应专门留出时间处理违规行为。这意味着，年级主任、学科主任和学校领导都需要预留时间，安排给学生家长打电话、将学生课后留堂和请家长来学校等事务的时间。

如果有需要帮助的教职工，安排他们去观摩经验丰富的教师如何管理课堂。可以自愿观摩，也可以被安排去观摩，但这件事必须去做。教学是一种主动行为，再多的在职培训也比不上亲眼观看与模仿的效果。在职培训充其量可以作为一个反思和学习的机会，但这种机会在学校内部就有。我建议观摩者在观摩结束后写下反思，并思考如何模仿才能达到最佳效果。经过一段适当的实践期后，他们应该向上级领导进行汇报，并反思进展情况如何等。

要严厉一些。我不是说要像新兵训练营一样，只需要说出你的想法然后付诸实践。每一次都要这样。如果学生们意识到惩罚具有一定的杀伤力，那么他们就会尽量避免被惩罚。哪怕有一瞬间认为自己可以侥幸逃脱惩罚，他们之后就会不断地作恶来惩罚你这一时的软弱。

最后，为了提升求职成功率，我建议你自己在学校里观察一段时间，在走廊里走走，到教室里看看并跟老师打招呼，站在操场上"隐身"一会儿，直到你对学生的行为有所感受。你可以把这段时期看作数据收集的阶段，然后去查看学校可能已有的相关数据（如开除记录。谁遇到了麻烦？老师是谁？在什么时间？有什么典型问题？）。

要多久才能找到学生行为管理的突破口？

亲爱的汤姆：

我有一个普通的问题：从当老师开始到你不再恐惧并开始控制课堂

之前，花了多长时间？你什么时候才不再担心学校领导团队会因为你表现极差而收拾你？

大多数教师认为，他们在第二年突破了行为管理的瓶颈。当然，这只是说，他们与学生打交道时更有信心，但这并不是个分水岭，意味着以后一切都会很顺利。第三年的变化往往会更大，因为课程规划和学科知识方面不再会占用我们很多时间。

老实说，我们中的大多数人会觉得，随着时间的推移，只要我们不断努力改进，情况就会越来越好。但事实上，有些行为问题依旧很难处理。那些发生在街上会遭受刑事指控的行为由教师们在校内日复一日地处理，是否合理？这个问题非常中肯。我们不是社会工作者，也不是警察，所以不应该承担他们的工作。

尼古丁的危险：学生在校门口吸烟

亲爱的汤姆：

每天我在去学校的路上，都会遇到一些学生在吸烟——更糟糕的是，有些学生还穿着校服（他们都是11年级的学生，也知道吸烟不违法）！我认为视而不见似乎显得我懦弱，但同时，如果批评他们在校外的合法行为，我又会感觉不合适。我该怎么办？

身穿校服就代表学校，因此学校有权利来管理他们的行为。此外，尽管学校是否有权管理校门外的学生尚不明确，但仍然可以要求学生在校门附近注意自己的行为。我会毫不犹豫地告诉学生捡起他们扔在校门口的垃圾，或者让一帮学生在下午4点以后不要在街上成群结队。所以对于他们吸烟，尤其是在学校外面吸烟，我也会干涉。

说到他们在这件事上的合法权利，在学校里，为了照顾和教育学生，我们设定了减少学生权利的先例，毕竟，如果不能管理他们的行为，学校就无法承担监护人的责任。所以，对于校外那些嘴里叼着香烟的学生，我不会置之不理。然而我很幸运地看到过一位教师告诫学生不要吸烟，但自己嘴里叼着本森香烟。太牛了。

除了校规外，还应该执行什么原则？

亲爱的汤姆：

你好！在一次面试中，有人问我会如何处理不当行为，我说运用校规去处理。然后他们问我还能做什么——我不知道了！我还能做什么吗？

校规不可能包罗万象，但要管理那些超出校规范围的行为问题，办法很多。例如：师生关系中，始终坚持一致性和习惯性原则；坚持言出必行；坚持教师职业精神，包括守时、尽职、亲切有礼。

通过与学生交谈或咨询情况，了解学生的背景。当学生表现得好或正常时，与他们讨论功课情况或其他方面的问题，而不仅仅是在他们调皮捣蛋或不学习时处罚他们。

基于这一原则，没什么问题是不可以讨论的。把校规作为处理问题的重要依据，结合个人性格和专业素质，形成自己的管理风格。毋庸置疑，肢体语言、语调、姿态、个人魅力、人际关系等都是管理他人的重要工具。我们在（学校外的）生活中，有很多时候也要管理他人的反应和行为，但却很少看到具体的行为规范。

旅行的危险：学生外出活动的安全问题

亲爱的汤姆：

　　学校的特殊教育协调员想让我们的一名助教带一些接受特殊教育的学生去参观足球场等地方。这个助教有点害怕，因为她觉得其中有些学生会危害自己的健康和人身安全。这样的旅行至少需要两个成年人陪伴吗？毕竟，如果有学生对她或对别人无礼怎么办？她可能需要证人保护自己。

任何学校旅行都应额外配备至少一名老师，以防万一。如果唯一在场的老师发生意外、生病或被迫下车等（即便不太可能，但万一发生了呢），会导致什么后果？确实，举办这种活动费用昂贵，但是如果不能保证旅行安全，那么就不应该再继续下去。你不是在杞人忧天，考虑到我们在这一职业中所担负的责任，我们必须确保旅行的安全。倘若根据合同或其他规定，没有要求她参加这样的旅行，那么她就应直接拒绝，并给出理由。

为什么许多学生不重视教育？

亲爱的汤姆：

　　我注意到英国学生和一些国家的学生相比在对待学习的态度上有很大的不同。许多贫穷国家的学生将教育视为一种荣幸，尽可能想多学一点东西，为了上学，他们甚至会在早上和晚上步行数英里距离。为什么在英国就不存在这种价值观呢？也许有些学生认为教育是强行施加给他们的负担，因为他们不是自愿去上学的，他们在是否上学方面没有发言权。你认为他们不重视教育是因为他们别无选择吗？

经济学长期以来就认识到，商品越是唾手可得，就越是廉价。

美国经济学家加尔布雷斯谈到过二战后的"满足文化"。他认为，尽管西欧民主国家的生活远远达不到乌托邦水平，但它至少为众多人承诺并提供了一个合理水平的社会福利和舒适度。人们的记忆是短暂的，尤其是新一代人，因此现在的学生相对轻视民主、教育、普选、福利等，他们根本没经历过一个一无所有的世界，并认为这些是所有人与生俱来的权利，他们忘记了他们的祖辈为了获得这些人类的基本人权而做出的牺牲。

每当小学生抱怨必须得上学，抱怨上课时不准播放MP3，不得与朋友聊天，我都能感受到这一点的真理性。现在的学生在相对安逸的生活中长大，他们无法想象还有什么问题能比看什么电视或吃什么饭更重要。他们会因为必须做作业或必须脱掉夹克衫而争吵不休，因为他的父母不给他买最新的玩具或带他去好玩的地方，就像一个4岁的小孩那样发脾气。在那些没有选举权和缺少教育机会的国家里，学生们会以迷茫而羡慕的眼光看着我们这些生活在发达国家身材肥胖、满腹牢骚的学生。

许多学生迫不及待地离开学校，期待着……他们期待什么？舒适宜人、没有烦人的书呆子老师的香格里拉？期待享乐主义和感官享乐的狂欢？当然，总有例外，也有少数人成长了。但我已经记不清有多少以前的学生在毕业几年后对我说，"真后悔当时没能在课堂上多学一点"，或者"我那时候特调皮，对吧"。我总是对他们说，"是的，你应该多学一点的"和"对，你确实很调皮"。不是出于恶意，我只是很高兴看到，尽管有相当一部分人对教育表现出消极态度，但当他们足够成熟时，大多数人仍然重视教育。

如何让学生意识到学习的重要性？

亲爱的汤姆：

我对于自己能在乌干达教一段时间数学感到很幸运，乌干达的学生

相当重视学习，在这方面，我们学校的学生与之相比差距很大，这让我感到惊讶。他们虽然很穷，但是知道在学校里努力学习是摆脱贫困的唯一可能途径。

来自那里村子的一些老师参观了我的学校，对校内学生的行为以及学校置之不理的态度感到震惊。我们如何才能让英国学生认识到学习的重要性？

这是个突出的问题：学生为何在学校里虚度光阴？原因很多，其中之一是他们根本没有意识到所拥有的东西的价值。我认为英国是世界上最幸运的国家之一，和以前相比，我们已经能够基本满足生存需求。很多东西我们唾手可得，已经被视为理所当然。我们的祖父祖母那一代人，为免费医疗、选举权、福利、教育等应得的权利而奋斗和祈祷，然而这些权利在我们看来没什么了不起。

不珍惜我们所拥有的美好事物几乎是人类的本性。身为成年人的我们，都忘记了自己多么幸运，那么学生们就更不用说了。让他们学会珍惜的唯一方法（除了跳进时光机，让他们亲眼看看虚度光阴12年之后的模样），是通过教育和树立榜样来提醒他们。告诉他们，世界上还有许多没那么幸运的人，给他们讲述奋斗和失败的故事，讲述人们那些鼓舞人心的事迹，包括曾为了让孩子们生活在一个更温柔的世界而挺身冒险并付出一切的人。不要让他们忘记过去。倘若忘记了我们祖先的失败和成功，我们将永远无法从中吸取教训，我们的文化也将停滞不前。与科学不同，社会进步可以在一代人的时间里被遗忘。

行为协议是否能解决行为问题？

亲爱的汤姆：

从事多年的企业培训之后，我现在准备参加大学毕业生教师培训项

目。我明白行为管理的重要性，大多数行为指南都强调建立规则、严格
要求学生的重要性。这与商业世界类似，在商业世界中，必须制定接洽
规则，并让新的团队成员、高级管理人员和要合作的人员达成一致意见。
但大多数教师很少提及行为协议或共同价值观，也很少提及起初制定的
规则。

正如托马斯·霍布斯所说，法规是立国之本。无论习惯法还是成文法，一
个国家没有一套商定的法律，这简直令人难以想象。除了无政府主义者之外，
任何组织都承认社会应该以规则为基础（任何无政府主义团体也不能够证明无
规则基础的社会存在）。这种渗透到我们行为中的"社会契约"不需要是正式
的或经过签署的，只要人们认可这些规则，从而让社会得以存续。在英国，我
们从来没有正式签署过公民证书（至少英国居民不签），但人们既然选择了留
下来，那么就是同意遵守英国的法律。

作为成年人，我们的主要职责是为学生树立一个可供效仿的榜样，并传授
其茁壮成长所必需的价值观、技能和知识，引导学生长大成人。我认为我们不
应该花太多精力去解释、说服、讨论我们强加给他们的规则，尤其是低年级的
学生。当学生还是婴儿时，我们不会和他们讨论什么不能碰热熨斗，我们只
是告诉他们"你不能碰"。我们可能会在事后解释原因，但这是因为我们比他
们更了解背后的危险，他们对此完全没有经验。

随着学生年龄的增长，我们向他们阐释了伦理道德的复杂性，可以和他们
开始讨论为什么人们会灵活掌握规则，这样做究竟对不对。但我们不能仅仅因
为学生们无权制定规则，就说他们只应该相信自己认可的规则。我们通过选举
代表等形式影响着社会规则的制定，但我们没有权利违反不喜欢的规则。进一
步讲，如果愿意的话，可以不服从规则，但如果要为此接受惩罚，也不要感到
惊讶。

当然，我不是主张要遵守不公正的法律，但我认为，作为成年人的我们，

或许有足够的智慧和成熟的心智来质疑、挑战和阐释法律。学生仍在成长，尽管我们中的许多人都不想成为独裁者，但这正是学生所需要的。他们不需要我们任由他们逍遥法外，他们想要、需要的是（且有时轻视）指导方针和规则，哪怕只是为了突破规则。要求他们同意这些指导方针和规则，是对教学自然过程的本末倒置。我们当然可以向他们学习，他们也可以激励我们。但我从来没有从7年级学生那里听到过任何帮我管理他们的建议。

教师教，学生学。只要情况没有改变，为了学生们的未来，我会在自己的教室里制定规则，不管他们是否同意。只要双方能够意见一致，就想尽一切办法与学生们达成协议。

如何理解教师评价？

亲爱的汤姆：

　　教育标准局的巡视员如何表达对行为管理的不满意？当他们说"学生行为不当，教师管理不善"之类的话时，是指有学生踢门而老师什么也不做吗？还是指学生捣乱，老师罚他们留堂的时间不够？我需要听得懂的人给我提点一下，我有时不理解他们在说啥！

根据教育标准局的观察标准来定义不良行为，就像在暴风雨中把船上一群猫集中在一起一样难。尽管细节描述看似详尽，但其定义含糊得令人抓狂。你需要它是什么意思，它就可以是什么意思。

例如，我认识一位老师，在上完观摩课以后很高兴，因为他那班平时不太守规矩的学生表现得无可挑剔，没有人乱说话，整节课每个人都在完成任务，并且都完成了各自的任务，还自觉排队交作业。他以为巡视员会给出令人满意的行为评价，收到评价时他却差点惊掉下巴，评价也就是合格。为什么呢？因为巡视员不知道学生们是真的表现好，或者只是因为这是一堂观摩课（也就是说"因为我在教室里"，行吧）。当被问及究竟在什么样的环境下才能真正观察到学生的表现时，答案是"好吧，在你离开教室去拿东西时"。太有才了。

任何价值判断都取决于巡视员，这是不可避免的。但我认为，只有发生"奇迹"才会出现客观的评价。我们都知道行为是复杂的，爱说话的学生（当然要在合理范围以内）往往能比安静的学生学到更多的东西，有时吵闹的学生会大声叫喊，因为他们正被讲课吸引。依我看，教育标准局希望看到的是那种可以动若脱兔，又可以随着老师一声令下静若处子的礼貌学生。当然，这是可能发生的。我记得，在我年轻时，无论在哪一位老师面前，都表现得很乖，不管那个老师多么差劲。但是，除了在最严厉的老师的课堂上有所收敛，有些学生来学校的目的就是为了在课堂上捣乱。

根据我的经验，如果全班同学在你讲话时安静倾听，在你说"行动"时积极行动，在你说笑话时笑容满面，在你提问时像喊救命一样把手举得高高的，并且能够促进你的进步，那么你会得到一个优异的评价。如果有什么乱七八糟的事，但你能综合各种因素有效地处理，那么你就可以得到一个良好的评价。如果有一些麻烦，学生积极性不足或没有明显进步，那么你可以算作合格。如果他们无情地嘲笑你使用香水，那你便是不合格。

教师有哪些权利？

亲爱的汤姆：

　　我是一名成人教育的教师，正在参加中学教师培训。我们在课堂上有什么权利？之所以这么问，是因为一个10岁的女孩一直搞小动作，并且串通同学指责我不公正。最后，我受够了她的抱怨，让她闭上嘴。

　　当然，她之后并没有收敛，她说我"没有权利"让她闭嘴。我的权利是什么呢？我需要对她说些什么？

这是我的课堂章程，也是我所依赖的"权利法案"：

1. 禁止做任何干扰到教学的事情（解释权在我）；

2. 你很清楚这会有什么后果；

3. 任何反对本章程的人都有权书面向我提出反对，但我会直接忽略，将它当成废纸回收；

4. 请注意：我有权随时补充新规则。

如果有需要，你可以增加别的条款。

说真的，有些学生大肆宣扬自己的"权利"，这有点可笑，他们并不知道自己在说什么，只是隐约觉得可以这么做。这些学生认为这就像看电视、了解食品添加剂编码或可以领取救济金等一样，是他们应得的。遗憾的是，"责任"这个概念就大多了，所以他们无法掌握，直到他们长大成人并接受强制性的公民教育。

很遗憾，我没有真正的教师权利章程可供你们参考，所以我建议你们自己研究出一份（我希望你们采纳以上条款）。我告诉学生们，我会竭尽全力保证他们受到良好的教育，因此他们必须让我决定如何实现这一目标。

也许你可以在下次学生发言会上提出教师的权利章程，静候你的佳音。

学生的自尊和行为之间的联系

亲爱的汤姆：

在我看来，自尊和行为之间有明显的联系。一个学生的自尊心越低，他们的行为表现就越差，这应该很明显。你同意我的观点吗？我们如何增强学生自尊，改善他们的整体行为？

谢谢你！

尽管有人认为不良行为和缺乏自尊有一定的因果关系，但其实二者不相干。自尊的确与不良行为的许多方面有关，但这种关系既有偶然性，也有局限性，缺乏自尊会导致行为问题，过度自尊也会导致行为问题。但这两种联系都不是必然的。缺乏自尊显然是导致不良行为的一个因素，但肯定还有其他很多因素存在，它们之间微妙的互动共同导致了复杂的行为问题。

此外，将所有不良行为与自尊问题联系起来的做法本身就有问题，因为这是在用医学方法处理非医学问题。"是啊，因为他缺乏自尊，所以才如此无礼或欺负别人。"好像行为就像时钟上的齿轮一样，可以预设。这让学生无须再承担责任，从而使我们所有人都陷入宿命论中，不管将来会发生什么样的事情，我们都无能为力。这与我们整个社会结构赖以生存的自由意志主义道德体系背道而驰。沿着这条路走下去，不久，什么事都有可能发生。

如果我们想要明辨是非，就需要明确责任。当然，为了解决行为问题，可以使用诸如"缺乏自尊"之类的术语作为诊断工具，但让我们记住，说某人缺乏自尊是对其行为的描述，而不是行为的借口。

最后，说缺乏自尊导致不良行为，在定义上也有问题，毕竟，怎么定义不良行为？一个简单的定义可能是"观察者不希望看到的任何形式的行为"，但这种定义实在是太宽泛了。法律将吸大麻定义为非法行为，但鲍勃·迪伦可能不这么认为。我的邻居在早上4点播放超嗨歌曲串烧，这对我来说是明显的不良行为，但我邻居并不觉得有什么不对。无论是缺乏自尊还是过度自尊，都不是导致不良行为的重要因素。自尊可能影响行为，但两者没有因果关系。

我认为，如果我们想通过一件事来增强学生的自尊，要注意出发点不是因为我们认为自尊等同于"正确"，还要小心增强他们哪一方面的自尊。告诉一个虚荣、傲慢、自我放纵、自恋、过度放纵和被宠坏的学生，你对他们非常满意，就像告诉简森·巴顿，你的车开得真快。

对于那些正忙着准备考试、胆小、缺乏自信的学生们，我要轻声地警告他们，不准偷看，不要扰乱课堂，也不准对老师无礼。

引起不良行为的各种因素：什么导致混乱？

亲爱的汤姆：

　　我认为应该更多地关注影响学生课堂行为的各种因素。这些因素可能来自家庭，比如父母的素质，有多少兄弟姐妹，爸爸下班回家的时间，或者祖父母是否生病住院，等等。

　　在教室里，他们会受到老师的教学风格、备课的情况、他们的座位等因素的影响。这么多不同的因素要考虑。那么，有如此多的不可控因素对学生们的行为产生影响时，我们又怎么能责备学生们行为不当呢？

如果我们假设，每一个学生、男人和女人，都只是决定他们行为的无数预先存在因素的产物，那么我们就会迅速滑向心理决定论，也就是说，我们是没有自由意志、无能为力的机器人。你喜欢这个理论吗？

我认为人拥有自由意志，我相信个人责任感以及改变自我的能力。考虑到我既不是训练有素的社会工作者，也不是无所不知的神经外科医生，我会惩罚顽皮的学生，奖励那些表现良好的人。

如何回应来自学校领导的指责？

亲爱的汤姆：

　　我的学校领导说，教学失败＝行为不当。我同意老师应该认真备课，讲课不要千篇一律，但我并不赞同有人认为没有载歌载舞、充满个性的课程就等于教学失败这一观点。因为这基本上就是在说，学生的行为表现不好都是我们的错。

这样的观点并不少见，不知道课堂如何运转的人通常都会这样认为。良好的行为的确比有趣、激动人心的课程更为重要。如果你控制不了整个班级，任何花里胡哨的东西都不会起作用。你费尽心思，却只得到他们冷漠的回应，你会尊严尽失。我在一张海报上读到一条关于经理委员会决策的好句子，写着："开会是因为我们所有人合起来比我们每个人都笨。"

这就是我的看法，会议只能产生这种善意的垃圾。只有学生规矩了，你才可以专注于教学。教学与行为管理可以并重，但教学绝不能比良好行为更重要，绝对不能。

把我的话告诉你的学校领导，事实上，让他们看着办，或者说："您怎么看呢？"

有面向家长的行为管理规范吗？

亲爱的汤姆：

在我们学校，老师经常会遇到一些难以应付、态度恶劣的家长，我们没法投诉他们，我觉得很糟糕。真的没有面向家长的行为管理规范吗？

在理想的情况下，我们可以让他们像学生一样留堂。不过在这种"学校以外"的情境中，很少有家长违法。家长行为规范很难得以实施，因为家长不归我们管，所以不要指望家长遵守行为规范。这样的规范充其量只能决定学校应如何应对家长的"不当行为"。对于确保学校领导团队和教职工在出现问题时保持期望的一致性，这是一个不错的方法。

遗憾的是，现实情况更加复杂。因为学校领导团队认为，确定这样的规范十分费劲。这种规范必须明确列举出一些面向家长的可接受和不可接受的行为，这可能被家长视为一种对抗（在一个学校争夺学生、家长争夺学校的世界里）。一个好的学校领导团队即便在面对挑衅的家长时（在调解失败后），也应该有勇气坚持正确的看法。

然而，我确实见过学校、家长和学生之间签订家长合同的个案，合同里家长承诺提供校服、确保学生参加学校活动等。这些规范似乎仍然侧重学校对学生的责任，却很少提及家长的良好行为。不知道是否有学校制定了家长行为规范，我也很想看一眼。

如何采取计时隔离措施？

亲爱的汤姆：

怎样才能在小学里更有效地采取计时隔离措施？我在幼儿园工作过几年，这是我第一次在小学工作。

我认为，采用计时隔离措施以后，安排某种形式的回归聚会效果最好，聚会可以只有几分钟，也可以放学后安排更正式的聚会，但其本质是要消除情绪的负面影响。当我们的（或他们的）判断力受到情绪干扰时，我们就会做出许多糟糕的决定，刺耳的话语一旦说出，就很难收回。情绪掩盖了真相，我们便会迷失行动的方向。

因此，学生只有道歉或默认错误行为后，才能结束计时隔离。这不应该是一场掺杂自我与挑衅的激烈对峙。相反，有问题行为的学生需要平静地接受你的权威。否则，他们需要花更多的时间思考。如果他们带着怒气回归，他们只会重复以前的行为。

在放学后和学生们谈谈为什么被计时隔离，会是一种不错的做法。这时事情已经过去很久，即便是学生也会觉得，再去感到愤怒似乎有点无意义和愚蠢。通过这种方式，我们鼓励学生认识到自己的错误，进而希望他们在未来能够更好地处理这些问题。

CHAPTER 6
第六章

如何应对教学挑战

如果这是一本杰姬·柯林斯的小说（遗憾的是，它并不是），那么这或许就是你随手翻到的一章，也是最精彩的一章。本章讨论的不良行为都可以成为引人注目的新闻头条。实际上，我认为不能再称之为不良行为——所谓不良行为，是我们对学生行为做出的某种道德判断，并意味着我们有权利告诉他们该怎么做。本章讨论的行为无疑只能称为人们几乎无法接受的行为。

这是新任教师最害怕的挑战，其他教师也是如此。然而在没有经历之前，这些挑战往往才是最吓人的，教师们倾向于将自己尚未经历的挑战夸大，但真正经历过后，至少新手教师们会知道它到底是怎么回事，以及可能如何应对。学生的极端行为的确令人难以忍受，但实际上并没有听说的那么糟糕，因为大多数此类行为，与其说是令新手教师感到震惊或厌恶，不如说是新手教师们因为不知如何应对的困惑情绪导致了恐惧。当然，学生的许多行为本身的确令人恼火。本章展示了学生的各种极端行为，包括意想不到的精神问题，以及让人恐惧和危险的行为等等。各行各业都有各自的风险和挑战，每个学校面临的问题也各不相同，有些学校很幸运地从未遇到过这些极端行为事件，而有些学校却成为了过激和危险行为的温床。我个人的经验是，后者是罕见的，因为极端行为相对罕见。

新手教师们可以放心的是，极端行为不过是个别现象，学生真正攻击或威胁教师的事件，并未频发到成为教学期刊专门研究的主题。此外，教师们处理极端行为的方式，与处理其他类型的不良行为的方式大同小异，即：记录极端行为，报告上级，然后执行相应的处罚。如果学生拒绝听从指令，坐在原地一动不动，拒绝按照要求离开教室去反省，那么就记录下来，并确保课后充分利用学校的规章纪律来执行更严格的处罚。事实上，不管多么不服从管教的学生，最终……都将得到应有的惩罚，这就足以平息你在当时处于失控边缘的怒气。

但掩盖极端行为存在的事实也没有必要。很多教师向我提问时，会告诉我他们因学生的极端行为而感到茫然不知所措，根本不知应该如何处理。他们不仅不知道如何处理学生，也不知道如何与家长和其他同事合作，学校领导常常也不知道应该如何处理极端行为问题。毕竟他们和我们一样，都是人。问题在于，一方面，少数懦弱无能的教学主管人员在其他教师遭遇极端行为问题时，不愿意承担起应有的责任；另一方面，新手教师在遭遇学生的羞辱（如学生叫老师"滚开"）时，往往感到惊慌失措，不知如何妥善处理。我曾见过学生因为从教师手中抢东西或辱骂教师而被罚课后留堂15分钟！这才是正确的应对之法！

显然，在处理极端行为事件的时候，总会有一些办法能够取得明显更佳的效果。首先，目睹极端行为的教师要第一时间响应，将其视为急需解决的重点问题。在着手处理之前，要把事情的来龙去脉，以书面形式报告给教学主管人员和分管领导，接到报告的相关人员应秉持同样的处理态度，并尽快着手处理问题。犯错的学生需要被带出教室（最好是在他的同学面前），以此证明违规就会受罚。还要尽快考虑对其采取什么处罚措施。学校应该以适当方式为受到有关行为影响的教师（和班上的同学）提供支持。如果主管人员或学校领导对学生的暴力、威胁、辱骂、侵犯和种族歧视等行为视而不见，我也想不出还有什么事情能够令他们纡尊降贵地着手处理。学校领导们请注意：一旦发生极端行为事件，请第一时间中断冗长的会议，着手处理，这才是正确的领导之道。

教育主管部门也可以发挥作用：尽管在学校做出开除学生的严肃处理决定时，它们很少驳回，但我认为它们可以更严格一些，教育主管部门完全可以更大胆一些，在评判学校的处罚决定时，不妨问问自己，是否愿意让自己的孩子也在一个充满暴力威胁的环境中学习。

事实上，每个人都有责任制止这种极端行为。年幼的学生们很容易有样学样，如果有人犯了错却成功地逃过了惩罚，其他人就会知道，学校的规章制度不过是一纸空文。

如果你遭遇过任何极端行为，请鼓起勇气；很多人（包括工会、教师协会和有责任感的老教师）都会支持你并保护你的权益。当然，新任教师们也得学会保护好自己，因为教学从来都不是一件简单的事儿。你要告诉自己：首先，学生的极端行为肯定不是你的错；其次，其他人也会遇到同样的问题，你并不是在孤军奋战。

如何应对学生的"袭击"？

亲爱的汤姆：

　　我在一所专门为存在情绪和行为障碍的学生提供教育的学校工作，上周五发生了一件事，我和我的助教都遭受了一个学生的暴力攻击。我背上挨了几拳，助教胸脯上挨了一拳。那个学生被警察拘捕了，但已经被取保候审。我的助教刚刚告诉我，学校没有开除这个学生，而且星期一还会回到我们两人的课堂上来正常上课。

　　显然，学校领导没有开除他的打算，并且本周正好要面试一位新的学校领导。学校领导班子想看看这个求职者是否有能力对付这个问题学生，处理好整个班级。

只能说，我十分同情你的处境，如果学校领导真的这么处理，他们应该为此感到羞愧。学生对教师的暴力攻击永远都不应该成为挑战求职者的问题，因为这已经是犯罪行为，威胁了教师们的人身安全。我的建议是，你们都不要去给他上课了。鉴于学校领导并没有站在你们这一边，你们需要立刻寻求教师工会的支持。从法律上讲，教师无权拒绝给某个学生上课，但确保教师的工作安全也是学校和当地教育主管部门的责任。现在，你的工作明显存在人身安全方面的风险，没有哪个教师应该给攻击自己的学生上课。我倒想知道，如果调换身份，你们学校的校长会不会愿意给一个打过自己的学生上课。

如何应对学生家长的威胁行为？

亲爱的汤姆：

　　我最近在一所学校（我是该校校董）的家长会上，看见一位学生家长对着学校老师大喊大叫，手里还挥舞着一根棒球棍，好像要狠狠地揍老师们。他的妻子（是教师同行）不停地对我们大喊，让我们"赶紧散开，给他一点空间，让他安静下来"，我们当然不会蠢得送上去给他打！接下来是长达一小时的会议，场面就像在酒吧里吵架一样。太可怕了。

　　我的问题是：如果有学生家长做出这种行为，老师的常规做法就是给他"空间"吗？在大家的人身安全受到威胁的时候，我真的想打电话报警。对于这种行为，最好的办法肯定不是立即采取安抚举措，对吧？

情绪状态是恶化还是缓解，取决于我们如何表达。伯特兰·罗素说过："我们可以按照情绪行事，却无法控制情绪的状态。"实际上，尽管每个人都可能突然不可控制地受情绪影响，但每个人都要学会控制自己的情绪。如果有一个不顾别人死活的司机在开车时抢道，并对我竖起中指，我肯定会非常生气，但不会被怒火冲昏头脑，当场和他打起来，我只会强压自己的怒火，并小声骂一句（这也算是对他的报复了吧）。我们是人，不是机器，可以控制自己的状态。

但如果我选择宣泄自己的怒火，不仅会火上浇油，还可能导致对方也怒火中烧，加剧事件的冲突。我认为那种不管场合地选择"宣泄怒火"的做法很荒唐。情绪是什么，是毒药吗？它不是某种具体的物质，不能被"释放"，也不会随风而逝。情绪是一种意识状态、一种态度，是主观可控的东西。这个学生家长肆意宣泄怒火的行为，的确挺愚蠢的。

我曾经有幸与一位聪明的保镖共事，他从来不会主动攻击任何人。他的座右铭是："如果有人主动对我动手，那么他就会挨揍，但我不会主动攻击他人。"因此，如果你到处挥舞球棒，表现出一副攻击的姿态，就要做好接受反击的心理准备。我当然不是建议你主动去揍他一顿，但这件事肯定应该由警察来处理，正如你一度计划做的那样。

发泄总比压抑好？除非你是个坏蛋。成年人不应该乱发脾气；那是小孩才做的事情。

学生偷带危险物品来上学，如何处理？

亲爱的汤姆：

有个学生被发现带刀来到学校，不过，在被临时开除3天之后，他又大摇大摆地回到了学校！难道不应该永久地开除他？更糟糕的是，我下周就要给他上课了。我应该拒绝吗？

我认为，带刀上学的学生的确应该被永久性开除。然而，这或许有一些情有可原的情况，有些小男生这么干不过是为了炫耀。想象一下，一个孤僻的男生带了一把刀来上学，不过是为了向同龄人证明自己有多厉害！如果事情是这样，且这个学生没有暴力犯罪的前科，那么临时开除或许已经是足够严重的惩罚，我们不能因为他的一时糊涂，就永远地剥夺他接受教育的机会。但如果这种行为再次出现，他就应该被永久开除。此外，如果他以一种危险或充满威胁的方式使用或展示他的刀，那么他肯定需要去另谋出路了，因为他肯定要被学校开除的。

什么样的行为在教室里绝对不可接受？

亲爱的汤姆：

基础教育阶段的课堂里可以接受这种行为吗？我有两个学生总是带头捣乱，并伤害其他学生，还在教室和游戏区域里乱扔垃圾。由于担心他们威胁到其他学生的安全，我一度带着其他学生离开教室。上课时他们无所顾忌地大声尖叫，并随心所欲地移动教学设备。这种捣乱行为每天都会发生，严重地干扰了班上其他同学的正常学习。这些捣乱的学生不做任何作业，也不和别的同学合作，我感到非常失败。他们的行为可以接受吗？

当然是不可接受的。如果这样的行为都能够接受，整个班的教学还如何继续？这些学生看起来毫无教养，如果你始终坚持惩罚他们的不良行为，并且言出必行，那么很显然，常规的办法已经行不通了。

当然，也有可能是这些惩罚的效果还没有显现——他们到你的班上多长时间了？你实施相关的惩罚有多长时间？坦白说，如果对这两个问题的回答都是"好几个月了"，而他们依然我行我素，那么或许你应该采取更严厉的措施。

你肯定要寻求特殊教育协调员的帮助，这些极端行为背后可能有深层次的原因，他们可能需要接受特殊的对待。

但首先应该尽可能让他们远离正常的班级教学。这样做有两个原因：（1）确保其他学生的利益，多数人的需求应该比少数人的需求更重要。这两个学生的行为已经严重损害了其他学生接受教育的权利。（2）也是为了这两个捣蛋鬼好。如果他们捣乱的原因只是自制力差、没有礼貌和缺乏家教，那么当他们发现自己被赶出教室时，就会知道这都是自己的问题。孩子和成人一样都是社会性动物（借用亚里士多德的说法），比起大多数惩罚措施，他们更害怕社会孤立。每个人都需要他人的关注，而剥夺这个权利或许会令他们开始反思自己都做错了些什么。只要一捣乱，就要让他们离开教室。让他们认识到，整个班级群体不接受他们的不良行为。

在他们捣乱的时候，不要心慈手软并尝试将他们留在教室里。学生们要学会与人交往，就要明白什么事可以做、什么事不可以做。如果他们表现不好，而教师却继续让他们留在教室里，免受处罚，那就等于给他们发了一张赦免卡，让他们变本加厉，这是他们最不应该领悟到的"教训"。更糟糕的是，如果捣乱的行为没有得到处理，其他学生会很快地有样学样。

你可以与助教、导师、学习助理和其他老师一起商量，让他们离开教室以后干什么，以及在什么情况下让他们离开教室。他们表现糟糕，就要照章处罚。如果我们想把他们教育成合格的社会一员，就必须让他们学会遵守社会的规则。因此，如果他们继续捣乱，就要采取更严厉的处罚措施，或者让他们休学一段时间。也许一段时间以后，他们就会明白"犯错就要受罚"的道理。

如何应对叛逆的学生？

亲爱的汤姆：

你好！我即将开始教书，因此我完全是个新手教师。有一个班的情况让我很焦虑，那是一个10年级的英语班，迄今为止我在那个班听过的每节课都以混乱告终。学生让老师滚蛋、东西到处乱丢、在桌上涂鸦、随意进出教室……他们完全不尊重那个可怜的老师。有个学生还推了她一下，把她惊呆了。我也很害怕，真的为她遭受的羞辱感到揪心。请告诉我这不是正常的现象……

听起来真可怕。这种情况绝对不正常，也不是人人都会碰到的。根据我的经验，多数学生在大多数时候都是专心学习和懂礼貌、守规矩的。确实有一些令人不快、表现很差的学生、班级乃至学校，但我们无论如何都不能说这些情况很正常。我经常听到有的教师不承认这一点，声称所有学生都很野蛮，按照这种说法，在学生们开始吃人之前，我们应该赶紧撤离到海峡群岛保命。

实际上，总会有糟糕的学校、差劲的教师和调皮的学生。社会上总会出现一些非常极端的情况，例如极端的贫困或极端的特权。我不知道人们常说的青少年行为的黄金时代是否真正存在过。学生们什么时候做过脸色红润的道德模范？我们自己什么时候做过？我当然承认，我们的社会迎合了他们心血来潮的喜好，放松了对青少年的教育，忘记了自己作为成年人的责任；我也承认，这样的溺爱正在摧毁他们的前途，因为我们有时忘了，学生们需要的是引导，而不是纵容。稍稍回顾一下历史就会明白，没有哪个时代的学生具备那种我们所期望的神话般的良好而积极的行为习惯。

看来这班学生非常叛逆。这位教师需要得到切实有效的帮助与支持。你提到的每个违规的行为都应该记录下来、上报学校并加以处罚。如果她因为害怕或压抑而没有这样做，那么应该通知学校领导（我不是说你应该这样做，不过你也许可以跟她谈一谈，了解她在做什么，甚至建议她向同事寻求鼓励和支持，以免精神崩溃）。

这种班级很不正常，但问题班级并不罕见，你会碰到各种各样的问题。学生们的表现在很大程度上取决于你如何对待他们。祝你好运。

学生在社交媒体上诽谤学校教职工

亲爱的汤姆：

我觉得挺聪明的一个女生，在脸书网站上建立了一个网页，非常恶毒地攻击了学校。她说副校长是在食堂里"暴饮暴食的肥猪"，说科学部主任是"没脑子的废物"，等等，共计有大约25位教职工遭到恶毒的诽

毁。在学校发现以后，她被暂停学习，在学校"冷静室"待了几天，进
行反省。学校应该如何处理此事？我不知道这样处理是否恰当。

在互联网的美丽新世界里，这样的人可不少见！每一次新的科技浪潮都会
给老问题带来新的表现形式——你遇到的就是这种情况，不过是老问题的新
示范，这一次以网页的形式展示（或任何其他科技化的形式，但也无须在意我
的表述，我毕竟不是科技大佬，只是一个宗教学教师）。

脸书平台的网页有选择不公开访问、公开访问或限制访问的权限。如果她
的网页对所有人公开（这个没脑子的学生显然是这么做的），对被点名的老师
而言，就是莫大的公开侮辱。在这种情况下，处理这个问题的方式就应该与她
公开攻击学校教职工一样。临时停课反省听起来没什么问题——至于是在学
校里还是在校外执行，取决于你认为惩罚应该取得什么样的效果。

这肯定不是一个简单的造谣，更像是严重的诽谤——法律允许公正的评
论，除非它在某种程度上是不准确的，或者它被证明损害了受害者的声誉。不
过，我估计警察不会有兴趣丢下手头繁重的工作来处理这件事情。

如果那个网页是限制访问的（也就是说，只有她在脸书上的朋友，而不是
现实中的朋友能够看到），那么不管其内容多么令人不快，在某种程度上，这
也只是一种私下里的交谈，因此当然与他人无关。我们都有权发表自己的意
见，哪怕这种意见令他人不快，但只要没有对他人的私人空间造成损害，这些
言论就可以合理地存在。

如果她愚蠢到认为教师看不到这个网页，那么她就没有她想的那么聪明，
因为自己的无礼和缺乏远见，理应受到惩罚。那就应该要求她向每一位受到侮
辱的教师和职员道歉，要让她当着对方和资深教师（最好再加上一位家长）的
面，把自己在网页上写的东西念出来。

学生的恶作剧：我被学生推了一下

亲爱的汤姆：

　　一个10年级的学生在走廊里推了我一把，害得我差点摔倒。他推我是因为我在课上批评他，不应该在教室里打打闹闹。结果因为校长主张"修复性"正义（我不是很懂他的逻辑），我不得不和这个指责我说谎的学生坐下来开会，他拒绝承认自己犯了错，还假模假样地挤出了几滴眼泪，因为他知道卖惨可以逃避惩罚。这件事给我造成很大的压力，整日忧心忡忡、夜不能寐，觉得自己变成过错方。为什么学校宁可相信他的话，而不是我的？

　　我也曾经被一个学生推过，原因是他觉得好玩——结果他立刻被开除了，因为学校领导非常重视，马上采取了处理措施，还因为我要求学校执行最严重的处罚。

　　但问题是，如果学校不重视，就很难处理这种行为。作为任课教师，你大概只能辞职了。我真的不知道什么时候学校才能更注重教师权利，而不是为了学生牺牲教师的权利。尽管如此，有时我们也只能脚踏实地向前看，解决自己面前的问题。

　　我只能祝你好运，但很遗憾地了解到你成为又一个无辜的受害者，因为那些本应该关心和支持你的人让你失望了。我向你保证，其他地方有更好的学校，也有更好的学校领导。如果这所学校的领导在这件事情上表现得如此没有担当，你应该向教师工会反映问题，因为学校有责任维护教师作为雇员的权益，如果他们不能保证杜绝此类事件，就要告诉工会，你仍然可能继续受到伤害。如果这个学生是从天花板上吊下来的一根裸露、带电的电线，威胁到了大家的生命安全，我想学校一定会第一时间处理，而不是像现在这样和稀泥。坚决要求学校实施严厉惩罚。如果你有目击证人，也可以报警，总之，祝你好运。

如何应对学校对学生的袒护？

亲爱的汤姆：

　　几天前，一个9岁的女孩生气地打了我一下，因为我没有让她和朋友一起写作业。我站在原地没有动，她冲过来使劲拍打我的手臂。于是我把她送到年级主任那里（她当时也正在上课）。5分钟后，年级主任把她送了回来，还说："我正在上课，你为什么把她送过来？"

　　当我事后说起此事时，年级主任表示需要证人，否则无法处理。我就奇怪了，我想我好歹是一个成年人和一位老师吧？为什么不相信我的话？这个女孩拒绝道歉，第二天又回到我的教室里，好像什么都没发生过！她说学校告诉她不需要向我道歉。什么？然后年级主任还花了一个小时，给她提供各种可以帮助她喜欢上课的"办法"。这让我感觉错的是我，或者学校认为我是犯错的一方……

　　如果不是听起来有几分悲剧色彩，这就是一场纯粹的闹剧。这个女孩的行为很严重，临时开除的处罚都轻了。学校把理解学生内心的需求放在了教师的人身安全之上，本身就很愚蠢。学生的需求固然重要，但她现在更需要意识到打人很危险，需要学会尊重成年人并跟他们相处，以及向你道歉。另外，你们年级主任也需要一点骨气和感同身受。这世上有很多东西是我们不想要但必须学会的，例如个人自由方面的诸多限制（以防止我们随心所欲地行事）。所有这些限制都是为了使我们在其他方面成为更好和更健康的人。学生们需要学会约束自己，这样他们才能茁壮成长。

　　如果学校选择置之不理，不妨直接联系教师工会，还要严肃地跟年级主任谈一谈。她做得不够好，要让她知道你受到了攻击，要让这个女孩在"冷静室"里待上一段时间，直到她冷静下来。还要让年级主任知道，你不会让这个女孩回到你的教室，除非学校相信你并提供更多的支持。祝你好运。

课堂管理缺失，该怎么办？

亲爱的汤姆：

　　我喜欢在继续教育学院当老师。不过……一个非常聪明也很会说话的男生（18岁）成为了老师们的噩梦。他最近总是跟一个新生打架。在一次开协调会的时候，我让他签了一份行为协议，但对他没有任何作用。他一边签字一边指责我们种族歧视。

　　最近6个月以来，每次上课他都会捣乱，他总是在课上发短信、大声说话，并随意进出教室。他还用很多恶毒的语言辱骂我。他是个令人厌恶的大男子主义者，当他说我们是种族主义者的时候，我真想当面告诉他这一点。

　　我的上司非常软弱，拿学生一点办法都没有。她完全帮不上忙，只想推卸责任，而且出问题的时候，基本找不到人。

　　这显然是令人绝望的管理缺失，这样的学生早就应该被赶出教室了。在我观摩过的任何一所学校里，他都会因为这种持续和故意的恶劣表现而被开除——这对班上其他同学造成的恶劣影响简直令人发指。班上的其他学生也有在和谐、有序的环境中接受教育的权利。

　　还有你身为教师的权利呢？教师有权享有安全的工作环境，而不必像现在这样承受不必要的压力。如果你的上司让一个犯错的学生不受惩罚就回到教室，那就是对你不负责任。如果你总是找不到上司来解决问题，就意味着你可能需要向上管理。找到你上司的上司，投诉你没有得到支持的事实。如果你不想投诉直接上级，不妨表示你需要更高级别的支持。告诉上级的上级，你尝试过找直接上级帮忙，但她太忙了。不管如何表述，要把问题的症结说清楚，这事儿必须有人负责，并由他们最终解决这个问题。

另外，最好不要提大男子主义的问题。他做了错事，也侮辱了那些真正遭到种族歧视的人，但我记得母亲教过我，以牙还牙并不会有助于问题的解决。另外，大男子主义本身并不犯法，《性别歧视法》规定不得在工资、就业等方面搞性别歧视，但讨厌女人不算。这就是为何大男子主义者不用坐牢。

相信我还是相信学生？

亲爱的汤姆：

　　我不敢相信自己会遇到这种事情：一个9年级的女生今天在课堂上让我"滚蛋"。我向一位学校领导报告了这件事，他问我有没有证人，我说没有，然后他表示会跟那个女生谈一谈。当天下午，他说跟学生谈过了，但学生不承认，因此他无能为力。我气得话都说不出来。他怎么宁可相信学生也不相信我？

一个学校领导竟然如此无能！这简直令我怒火中烧。遗憾的是，确实会有一些卑鄙的教师试图捏造事实，因此在这位领导看来，相信学生而不是教师是更安全的做法，但这样做真的很糟糕。

再说了，这不是刑侦电视剧，也不是法庭，除了合理的怀疑、根据和理由，我们不需要其他证据。这里是学校，因此教师们不需要像法庭判决杀人罪那样，提供翔实的证据和证人。在这种说法不一致的情况下，学校应该简化取证过程，并优先支持自己的教师，否则全校的教职员工恐怕都要跑光了。

学校领导们，拿出勇气来！不要将刑侦电视剧的做派拿到学生行为管理中来。

如何应对学生的当面指责？

亲爱的汤姆：

今天，综合艺术班上有个女生说我是个废物。我告诉她，我已经尽最大的努力了。遗憾的是，依然有学生不喜欢艺术课，对课程不感兴趣。甚至在我重新安排了座位之后，他们又坐回原来的位子，这让我知道他们根本没把我放在眼里。当学生如此公然指责你的时候，你会怎么办？我不知道我应该做出什么反应。我当时应该怎么做？

当学生向别人扔笔或骂你的时候，你会做出什么反应，现在就应该给出相同的反应。直接让她课后留堂，不要只是简单地告诉她"摩根，下课后留下来，我们需要谈一谈"，因为她说的话和意图都很无礼。她想在同学面前让你难堪，以显示自己很厉害、有趣和聪明。让她知道这样做需要付出什么代价。

没必要对学生说你已经尽力了，我相信你肯定尽力了，但你要搞清楚，学生没有资格和能力评价你的教学水平，因此没有权利公开指责你或批评你。她应该为拥有你这样的老师而感到幸运，同时闭上自己的嘴。我觉得，老师们有时候太在乎他人的看法，并因为他人的批评而怀疑自己，或许你可以反过来批评一下她身为学生的不合格表现。

在学生打架时，该出手就出手

亲爱的汤姆：

今天有两个男孩在我的教室里打架，我不得不动手拉开他们。我先是呵斥他们不要打架，但他们还继续打。我没有接受过这方面的培训，也不知道做得对不对。我的班级管理一直做得不错，但我还是不知道应该怎么做才更妥当。你怎么看待这个问题？谢谢。

打架斗殴事件的处理要看具体情况。法律允许教师合理使用武力来约束学生，避免打架的学生受伤。但很多时候，你无法找到明确的指示，"合理"的定义也很模糊，所以教师们的行为有可能违法。所以要谨慎处理，生活并不简单，学生互殴事件的处理亦是如此。

事实上，教师根本没有必要去劝架——除了教书以外，教师还兼任了社工和心理学家等很多其他角色，但教师不是警察，没人要求教师参与阻止斗殴，甚至冒着危害自身安全的风险。

话说回来，作为公民和成年人，我们可能负有更多责任。我有过多次劝架经历，经常是在学生打得不可开交的时候介入，因为我是个成年人，不能对此袖手旁观。当然，在劝架之前，我已经做好了挨上一两拳的准备（也的确挨过），但这完全是我个人的选择，别人无权要求我这样做。如果我看见一个学生正在挨打，不会像别的教师那样，站在旁边说："噢，我看见了，的确是有点吓人。"但如果打架的学生的块头比教师还大，我当然不会要求其他教师去劝阻。虽然听起来十分老派，我也不会要求小个子的女教师去劝阻两个11年级的大块头学生不要打架。

如前所述，是否劝架需要看具体情况，我发现，阻止学生互殴最有效的办法是将打架的双方隔开，当然这可能也会导致你挨上一巴掌。根据我处理酒吧打架的经验，90%的互殴都与面子有关，只要学生们有台阶可下，他们自然会收手。

被一些孩子攻击或恐吓，该怎么办？

亲爱的汤姆：

　　我找到了一份照顾儿童的工作，一周以后，就有人跳上我的车（还抽着烟！），当着我的面吐痰，拿着打火机追我。这里不是学校，而是社会服务机构，所以很多时候都是我独自一人面对他们。教学助理请病假了。说实话，我有点害怕，但如果我现在离职，会不会影响我找下一份工作？我感到进退两难。

我认为，能够在这种环境中坚持工作，已经证明你的勇气过人。我还想提醒你，你提到的一些行为明显属于攻击行为（别忘了，不一定要真正造成身体伤害，才算是攻击行为，哪怕只有威胁也算）或恐吓。你完全可以告他们了，但我觉得也没必要走到这一步。换成其他人，或许早就报警了，但我们的角色似乎要求我们默默地忍受这一切的不合理之处，甚至我们自己有时候也默认了这种非人的要求。

总之，如果你选择起诉，可以受到法律的保护，因为在我看来，这样的行为无论如何都不能被视为"开玩笑而已"。这些孩子可能需要受到警告，并意识到在现实世界里，不良的行为会产生后果。

此外，在任何情况下，都不要独自一人跟他们待在一起（最起码要确定隔壁有一位同事），如果雇主无法保证这一点，那就不要干了。在学校等常规的教育环境中，我们身边常常有很多目击证人，包括其他学生和很多同事，但你的情况不一定。

要保证自己的安全——这绝对是头等大事，也是你应得的权利。为了一份工作而受伤根本不值得。不要让雇主用折中方案糊弄你——你应该得到更好的待遇。

如何应对学生的辱骂？

亲爱的汤姆：

今天有个11年级的男孩说我是个贱货。但因为其他人没听到，所以他似乎不会受到任何处罚。这种事情很常见吗？学生的话可以和老师的话同样可信吗？

　　我很奇怪他为什么会叫你贱货。如果事实如此，只需要教师的报告，就可以对他执行长时间的留堂处罚，在我看来，也可以临时开除（理想情况下，这种行为应该被处以长时间开除，不过，我们不要操之过急）。这件事情的最终处理结果将在很大程度上取决于学校领导的做事风格，有的领导会一直站在你这边，有的领导可能一想到后续的麻烦就想要装傻。你向学校报告过这件事情吗？你说"似乎"，那是否意味着你要求学校处罚学生，却被拒绝了？如果还没有报告学校，就要尽快，否则事情会被淡忘，处罚的效果也会降低。

　　学生的话当然不可能和教师的话同样可信，因为：（1）我们是成年人；（2）我们是专业人士；（3）我们不喜欢说别人是"贱货"。遗憾的是，个别教师恶意捏造事实的行为已经败坏了教师队伍的声誉，但我并不认为每个教师的话都因此而变得不可信。我担心的是，在教师地位下降的同时，教育界越来越重视"学生的声音"。这就导致了一个无法回避的问题：是我们在教学生，还是学生在教我们？学生可以拿工资吗？我可以逃课吗？这些问题都没有答案。

　　不妨把事情闹大，让学生和学校都知道，你并不好糊弄。

这样应对学生的无意之失是否合理？

亲爱的汤姆：

　　闹剧是这样的：有个10年级的女生跑进卫生间哭，另一个女生去看她为什么生气。哭泣的女生（有过情绪不稳定的记录）拿出打火机点燃了自己的围巾。去了解情况的女生感到有点害怕，就带着她去找心理老师，还在燃烧的围巾被忘在了卫生间。她们找到了心理老师之后，老师说过一会儿去找她们。10分钟后，火警报警器被触发了，全体师生紧急疏散。因为这件事，学校把两个学生都开除了。第一个是因为纵火，第二个是因为没有及时向老师报告火险。她们的父母都提出了申诉。这件事应该怎么处理？

在我们需要道德哲学家的时候，他们就隐身了。

这件事情看起来比较复杂，学校的处理也欠妥：如果第二个女生不认为存在火险（也就是说，她觉得围巾的火已经灭了），那么她就不应该承担隐瞒不报的责任，因为没有什么需要报告的险情。承担责任要有三个前提：（1）知晓；（2）故意；（3）行动自由。第二个女生似乎只具备第三个条件。如果我不觉得存在火险，就没必要打火警电话，这不是很合理吗？学校可能认为在她们离开的时候，围巾还在着火？如果是这样，只有非常愚蠢的人才会放任不管吧？考虑到她能带着哭泣的女生去找老师，就说明她关心和同情别人，并且非常尽责。做出处罚决定的学校领导们，请问这样的女孩怎么可能与他人合谋纵火？

当然，这一切只是基于现有证据，我们要谨慎，不要依据片面的证据下定论。围巾可能只是在阴燃，因为露营的人都知道，阴燃的火可能变成明火。或者，围巾可能正在燃烧，而这个女生觉得好玩，只想跟老师谈一谈……但我认为后一种可能性并不大。

除非你刻意隐瞒了其他细节，否则开除第二个女生的决定肯定是过犹不及了。学生有没有可能因为瞒报事情而被永久开除？有可能，但校方必须证明存在预谋和蓄意瞒报的情况。

但在我看来，那个10年级的女生应该被开除。毕竟，没有几个正常人会因为不高兴就点燃围巾，难道她疯了吗？我注意到她并没有摔坏自己的手机或别的东西，我想她清楚地知道这样可能造成不便，所以也排除了发疯的可能性……

一个生气就做出出格行为的学生

亲爱的汤姆：

我有一个2年级的学生经常无缘无故地跑出教室，他一生气就会乱

咬、乱踢和乱抓，为此也曾被临时开除过。关于如何管理这个学生，我征求过学校很多教师的意见，但都没有很好的办法。我的助教常常不在，因此我经常单独和他在一起。据说他从入学开始就一直是这样，从未改善。我是一个新手教师，被他弄得很烦，也充满了挫败感，因为他让我没有精力顾及班上其他的学生。你有什么建议？

年纪这么小就已经这么捣乱，只能说他以后可能会搞出更大的麻烦。要对付这种学生，就要把他交给能够治住他的人，并尽可能地帮助他学会遵守学校的规矩。但这个问题不可能在课堂上解决，因为这个学生表现出了严重的反社会行为问题症状。

他的问题没有更早地得到解决的确令人遗憾，导致你现在需要面临这个棘手的问题。为了他，也为了你自己和其他的学生，请尽快寻求教育心理学家和社工的介入。你可以去找学校领导，请他们尽快安排，如果他们不搭理你，就是失职。如果一个学生妨碍了正常的教学秩序，就应该将他隔离并单独对待。如果学校不负责任，就让教师工会介入处理。

如何处理那些造谣说教师打人的学生？

亲爱的汤姆：

　　我决定做一名小学代课教师，因为我喜欢迎接挑战，但现在有一个班的学生让我感到很棘手。他们总说我太严格，我不在乎这个评价。但校长告诉我，有两个女孩给自己的妈妈打电话和发短信，造谣说我在课堂上把她们两人推倒在地。这种行为让我感到恶心。

　　幸运的是，校长比较了解她们，没有相信这些一面之词，其他学生也证明了我的清白。其中一个女孩承认了错误，说自己造谣了；但另一个仍然坚持撒谎。幸亏校长相信我，并告诉学生家长，她们的说法就是一派胡言。

现在她们又回到了我的课堂上，没有受到任何惩罚。但她们造谣生非的行为，有可能导致我失业，难道她们不应该为自己的所作所为付出代价吗？

真是一段糟糕的经历，很高兴听到校长这么支持你，但让我们来看看校长是不是真的支持你……

坚持撒谎的女孩应该受到惩罚。她这种造谣的行为很可怕，可能严重地影响你未来的就业和收入。这是一桩不实的指控，而凭空造谣的人却没有受到任何惩罚。她应该受到严厉惩罚，因为这不是小错——而是一个学生可能对教师犯下的最严重的一个错误，比表现不好或上课讲话的性质严重得多。

如果校长知道这个女孩说谎，那么她至少应该被临时开除（就算是永久开除，也不足为奇）。毕竟，一旦她指控的罪名"坐实"，你可能因此而被解雇！这个女孩不需要原谅，而应该被送去恶魔岛。她应该知道不良行为会产生后果，做出危险的行为需要接受严厉的惩罚。

如果校长不想处罚这个女孩，原因是什么？如果他们认为这个学生的话不符合事实，那么他们就应该支持自己的员工，确保教师享有安全的工作环境，保障教师群体不必害怕、不受欺凌的权利。如果他们没有这么做，就是在敷衍了事，而不是履行职责。有时，履行职责意味着学校需要坚定地捍卫教师的权利。

你还需要配一个助教。这些学生是定时炸弹，随时可能毁掉一个教师的声誉，而助教可以证明你的清白。如果这两名学生侥幸地逃过了惩罚，他们学到的"道理"就是，造谣生非也没什么代价，因此日后可能变本加厉。

全班学生都对我无礼，该怎么办？

亲爱的汤姆：

我教的那班学生一点都不尊重我。我从教多年，却从来没有遇到过这种情况——甚至当我在黑板前等他们安静下来的时候，他们仍然喋喋不休。我试过重新安排座位、给家长打电话、写信，还有留堂，但都没用。

他们好像真的对我怀有恶意，也很喜欢捉弄我。当我因为这群学生发出令人厌烦的噪声而批评他们时，他们的反应是嬉皮笑脸！学校领导一直都很支持我，但只要领导们离开教室，学生们就故态复萌。我对此束手无策，今天差点被气到破口大骂，这完全不符合我的性格，我已经濒临失控了。

我想这种情况已经困扰你很久了。学生们有时候会喜欢老师，有时候厌恶，原因则是多种多样。他们可能经常扎堆"决定"是喜欢你还是讨厌你。要彻底解决这个问题，需要很长一段时间，就像巨轮转向那样，需要循序渐进，但你可以立刻采取一些行动，来改变糟糕的现状。继续落实你提到的各种惩罚和约束措施，最重要的是不要停止惩罚，尤其是在你因为管不住学生而感到沮丧，觉得坚持没有意义的时候，更不能停下来。要记住，我们打的是持久战，靠的是水滴石穿，不是一蹴而就，所以坚持就是胜利。

还要记住，不管看起来多么可怕，他们都只是一群学生，而不是食人蜂。有些学生愿意学习，有些学生只想让自己看起来很厉害，只有少数学生会专门跟你作对，因此在处罚的时候，要尽量有的放矢，不要针对整个班级，否则就可能误伤好学生（相信我，好学生真的存在！）。

把他们的作业收上来，认真批改。如果学生不喜欢当众受到表扬，那么批改作业就是一个"私下"肯定学生的机会。

改善学生的行为本身就需要时间，所以我的答复可能让你有点失望，但只要你坚持不懈，就肯定有收获。要记住，不管他们有多么可怕，显得有多么厉害，他们始终都是学生，而你是成年人，只要相信自己，你就能笑到最后，我相信你最终会搞定他们。

遭到学生的歧视，该怎么办？

亲爱的汤姆：

　　我在这所学校工作一年多了，我发现学生们不尊重我，因为我不是白人，说话口音也和他们不一样。学生们公开嘲笑我，不管我的课上得好不好。

　　他们管我叫"恐怖分子"（更多时候说我是"该死的恐怖分子"），学校里面到处都是模仿我口音的学生。尽管我喜欢当老师，但这实在令人难以忍受。我给学生家长打电话时，也能明显察觉到他们对我的蔑视，这让我感到非常屈辱。我曾经很喜欢当老师，现在我觉得每个人都在嘲笑我，我感到非常紧张和压抑。

　　上级要求我加强课堂管理，但我这样做了之后，有人指责我过于严厉。我不知道如何解决这个问题，更糟糕的是，我觉得自己已经不在乎了。

如果你遭遇了种族歧视，就要记下来，跟学校汇报，要求进一步的处理。如果学校没有采取任何行动，那它就是种族歧视者的同谋，应该被起诉——这一点毋庸置疑。尽管在学校里肯定有别的同事也会同情你，并要求学校采取行动，但你的工会代表应该成为你最亲密的盟友。你值得拥有一个安全和没有种族歧视的工作环境。在我看来，那些学生对你说的话非常无礼，伤害了你，因此他们应该被临时开除一段时间，从而让他们认识到事情的严重性。

学校应该提供支持，你说在执行学校规定的时候，有人指责你过于严厉。是学生指责你吗？在这件事情上，学生的意见并不重要。你不需要赢得学生的喜欢，他们本应该尊重你，并接受你的教导。有时候，学生也会喜欢你——这当然是好事，但不需要刻意追求。是学生家长指责你吗？但你也不必在意家长们的好恶。如果是学校指责你过于严厉，那我不明白他们为什么自相矛盾，既要求你加强管理，又指责你过于严厉，也难怪你会感到迷惑。你可以要求学校明确他们到底希望你怎么做。

正如我前面说过的，找你的工会代表谈一谈。请你认为公正的同行来听你讲课，请他们提供一些行为管理方面的建议。如果我们自己的教学方法一成不变，就容易陷入某种模式，有时候换个角度看问题总是有益的。在这种情况下，上公开课不是一种负担，而是对你实实在在的支持。

最后，你根本不是别人的笑柄，而是恶毒言行的受害者。

在遭到学生攻击时，教师不要忍气吞声

亲爱的汤姆：

纳入"个别教育计划"的学生就可以在不高兴的时候随意打老师和扔东西吗？我有一个5年级学生，非常难管教，他经常在上课时尖叫，总是情绪失控，影响了全班学习。因为他的特殊情况，我不能把他赶出教室。有时候，他把我逼得也想尖叫。作为老师或助教，我们应该忍受多少暴力行为，直到可以合理地开除一名学生？

容忍度越低越好，我也觉得这个问题很棘手。我们什么时候要求老师在受到学生的攻击时忍气吞声？没错，8岁的学生不会将老师打昏，但这种行为模式可能导致将来会出现这种情况，除非这个相信暴力的学生，在长大成人以前受到行为方面的教育。

　　或许没有人站在学生这一边，但应该有人为你提供支持。只要动手打老师，学生就应该被开除。他应该明白，攻击老师的行为是不可接受的，也无法得到"理解"，需要学习并理解各种行为规范的人是他，而不是老师。当然，他变成这样，肯定有很多文化、社交、遗传和社会方面的原因，但这些都不是逃脱责罚的理由，哪怕他只有8岁。毕竟，多数与他同龄的同学都知道打人是不对的，他也不应该例外，需要承认自己的错误。

　　到目前为止，你采取过什么处罚措施？如果处罚不够严厉，他可能会认为后果没什么大不了，下一次他就有胆子去抢银行了。带他去见你的上级，不要让他回到你的教室，要求他的父母来学校开家长会，最后要求学校严厉处罚他。如果学校不支持你的诉求，你就得跟他们好好理论一番，让教师工会介入，争取其他教师的支持，要让学校领导明白，你不会再纵容或安抚这个男孩。

　　他需要的不是爱的拥抱，而是一记警钟，学校也一样，因为学校对学生不良行为的纵容会影响课堂教学。毕竟，其他学生的需求也同等重要，而他是少数。大多数的学生有权获得教育，教师有权获得安全的工作环境，但他一个人的暴力行为已经严重地影响到了其他人的权利，现在是时候消除影响了。只要处理得当，你可能会挽救这个男孩，并教会他自我克制，避免在今后伤害其他人。如果不加干预，童年时期形成的暴力行为模式，在长大后会反复出现。

如何教导尼特族[①]？

亲爱的汤姆：

　　在私营部门工作几年以后，我在一所职业学院找到了一份工作，负

　　责给尼特族讲授"谋生技能"，学校坦率地告知了这些学生的糟糕情况，

---

① 尼特族（Not in Education, Employment or Training, NEET）指一些不上学、不上班，也不参加就业辅导，终日无所事事的青年群体，类似于中国的"啃老族"。

他们社会地位低下、总是挑衅同学、愤世嫉俗。我在接受研究生教育证书课程培训的时候，就对不守规矩的学生束手无策，因此你能不能给我一点建议？当然，防弹背心就不用了。

说实话，你要做好接受重大挑战的准备。不是说你应该接受现状，而是要准备好应对措施。因为这些学生已经形成了一种认知，觉得这个世界充满敌意，不属于他们，他们觉得自己一无是处，且无法改变现状。从小到大，这些学生听到的都是，他们毫无价值。当然他们当中很多人的所作所为也助长了这种偏见，但现在，你可以用以下方法让他们感到耳目一新：

• **绝对真诚**。他们有一种强烈的直觉，可以分分钟辨别老师口不对心的话。因此一定要对他们说实话，并言出必行。

• **绝对热情**。如果你不能享受教师的身份，这份工作的挑战一定会使你无法忍受。你必须热爱教授的科目、学生和教学工作。告诉学生你永远不会放弃他们，因此他们也不应该放弃。告诉他们，你相信他们有潜力（但要谨慎，不要违心地说这样的话，理由参见上一条）。

• **最后，积极主动**。他们中的很多人存在自我心理障碍，原因是有太多人对他们说"不，你做不到"。要认真地对他们说"你们能做到"。

一个让我束手无策的难管班级

亲爱的汤姆：

　　我刚刚到一所市中心的学校工作，有一班9年级的学生态度恶劣、不服从管教。他们完全静不下来，每当我转过身去，他们就向我扔纸团，也互相扔，没有一点尊重。全班没有一个人想学习。没有人带书包来上课，每节课我都要给每人发一支笔。上课时，他们会随心所欲地把手机拿出来玩！

这根本不是教书——只是把作业发下去然后祈求他们做完。这让我越来越想要辞职，尽管学科主任会帮我惩罚那些最调皮的学生，但这个班仍然是我最糟糕的噩梦。我再也不想走进他们的教室，并正在严肃考虑离职。

我觉得，学生的公然反抗的确会令教师倍感压力，惩罚固然是好手段，然而法不责众，你该如何惩罚一群学生？大多数教师可能都会心生退意，所以你并不孤单。我第一年当教师的时候，成天担心学生跟我捣乱，也曾怀疑自己是否选错了职业。记住，每个教师都经历过类似的挑战，至少在那些学生很难管的学校工作过的教师，都有过类似的经历，而且这种情况几乎无法避免（尽管大家都不太想接受这个现实）。

你可以让学生留堂，这是一个好的开始。接下来怎么做？看起来这群学生经常不接受惩罚，如果你放任不管，他们永远都学不会听话。因此，那些拒绝留堂的学生一定要受到更严厉的惩罚，要求那些执行的教师从严处理。教师也是人，有时也需要给他们施加一点压力（尽管很多人会主动做好分内事）。

如果学生拒绝留堂，一定要将他们的姓名、日期和应该受到的惩罚及时上报给学科主任，决不可姑息。

那些互相扔纸团的学生也应该被留堂，这是我唯一的手段，已经变成了一种习惯，每次都要将捣乱的学生名字记录下来，然后留堂，保存好惩罚的记录，一旦学生抗拒，就加重处罚力度。

班上肯定有一些学生愿意学习，因此你应该把作业当成一种行为管理策略，而不是迫不得已使用的终极手段。如果整个班的学生都表现得如你描述的那样糟糕，那么在能够约束好学生之前，照本宣科式的讲课没有意义。尝试让那些愿意学习的学生自己写作业，方便你腾出手来对付那些越来越多的留堂学生。

能否扭转学生的行为问题取决于学校的态度。你应该去争取学校的支持，看起来你已经在这样做了，那么就要坚持下去，团队作战的力量才是最强的，而且我们打的是持久战。学生会听教师的话，但如果教师自己做不到始终如一，他们就总是会挑衅你。只有当你的做法变得既严厉又可以预测的时候，学生才会开始服从。相信我，捣乱的学生在一英里以外就能嗅到你的犹豫。

学生公然反抗并最终彻底失控了，该怎么办？

亲爱的汤姆：

你遇到这种情况怎么处理？我有一个3年级的学生，把教室门锁上，不让其他同学进去。老师苦口婆心地劝他开门，但他抗拒不从，不管老师怎么要求都没用，当时走廊里挤满了无法进入教室的学生，相当危险，于是老师抓住他的手，把他带到"反思角"，让其他学生进教室。这个学生跑回来大喊大叫，全班乱作一团，于是老师再次抓住他的手，把他送回"反思角"。

1分钟以后，传来了东西摔碎的声音。他把一个玻璃定时器砸到墙上，碎片四溅。最后学校领导把这个男孩带走并送他回家。我感到很难过。

由于对这个学生和当时的情况缺乏进一步了解，我很难下定论。表面上看，这位教师的做法似乎都合乎常规，也照顾了多数学生的利益，然后才抽出时间来处理这个男孩。我猜可能你想知道，有没有更好的处理方法。简而言之，可能没有。有时教师们做了该做的一切，却还是解决不了问题。出于对学生情绪状态的关心，我们会感到非常沮丧，但也只能接受现实。

根据你的描述，短时间内做出复杂而周到的决定，并得到大家都满意的结果的确很难，我们只能用当时能够想到的最好的办法来处理问题，人人都能做事后诸葛亮，但也只是说说而已。在我看来，这个男孩可能被什么事情触怒了，或是想要吸引关注。从你的描述可以看出，由于某种原因，他想得到你的关注。在这场闹剧之前，发生过什么让他生气的事情吗？他家里是否发生过什么事情？他被人欺负了吗？他有没有因为什么事情感到不爽，因此想发泄一番？

这中间有很多变数，当然，你只能根据现场的情况处理，没有时间做精神分析或面面俱到。如果你问他一句"你还好吧？"，也许会有点作用。这样问可能让他觉得自己受到了关注，有可能安静下来。或者说："我知道你现在不高兴。5分钟以后我们可以谈一谈，但你要帮我让其他同学进来，这样我才有时间。"这样做可以让他得到关注，又避免了正面冲突。

但在放学之前也需要让他意识到，自私和妨碍他人的行为将受到惩罚。因此，我认为你的表现非常专业。

一个年纪这么小的学生怎么会如此具有攻击性呢？

亲爱的汤姆：

在我教的小学预备班上，一个男孩的攻击性行为真是前所未见。这学年刚开始的时候，他就经常发火，我们也想过很多办法，但现在这变得更加棘手。他会故意走向其他同学，并猛击他们的脸部，他很清楚自己的行为，我应该怎么办呢？

这件事看起来很可怕，但遗憾的是，对这种行为的管控似乎超出了常规教育的能力范畴。如果这个男孩拒绝遵守正常的课堂纪律，那么他需要的支持和关心就超出了教师的时间和能力所能提供的范围。五角星等积极肯定的办法只适用于那些喜欢得到表扬且不喜欢捣乱的学生，他不属于这一范畴。他可能是在模仿和重复自己看见过的行为模式，因此这里可能还涉及儿童保护问题。学校有专人负责这一类问题（儿童保护官），因此你应该请他们来处理这个男孩的情况。

还有一个更大的问题，就是对其他学生的保护。如果我是学生家长，另一个学生经常攻击自己孩子的行为可能会令我非常恼怒。这个学生应该被赶出教室，以免其他学生被他伤害。

可能他希望通过不良行为来吸引别人的注意，如果是这样，每当他表现不好，可以带他去见另一个教师，与其他教师待在一起，并让他认识到，他的不端行为让他在同龄人中间越来越格格不入。但我建议，你可以与学校的特殊教育协调员谈一谈，安排他去见见教育心理学家。如果做不到这一点，你需要寻求学校层面的帮助，因为你自己可能无法解决这个问题。学校有责任为其他学生创造一个安全的学习环境。

教室里每个学生都是平等的，在这种情况下，我们必须优先考虑多数人的需求。

攻击过我的学生又回来了，该怎么办？

亲爱的汤姆：

最近，我受到了一个职业学院学生的攻击。学校对他的处罚是临时停课几天，然后可以回来复课。

对于他这种高年级的学生，这种处罚就是毛毛雨。教师工会代表似乎认同学校的处罚决定，但他所做的事情足以让他被任何单位开除，毕竟，这个学校已经不属于义务教育阶段了。

他对你的攻击严重到什么程度？我知道这个问题略显愚蠢，但侵犯程度不同，处理的方法也不一样。教师是被学生乱扔的纸飞机碰到，还是挨了学生的一记耳光，二者的惩罚力度肯定不一样。

另外，如果事情真像你说的那么严重，我希望这不是学校管理人员因为这件事没有直接影响到他们，而在处理严重问题时表现软弱或懒惰（或确实无能）的又一个例子。类似的情况在餐饮服务行业堪称司空见惯——管理层总是会委屈服务员，要求他们忍气吞声，因为经理们不敢直接面对生气的顾客。

如果学校领导不重视这件事情，你自己要重视起来，你可以拒绝给他上课，因为你遭受了极不公正的待遇。你可以威胁学校，如果他们不做出令你满意的处罚决定，你就要提出刑事指控。

这样做肯定很难，但这件事太严重了，绝不能妥协。妥协的代价可能非常高昂：其他学生现在是否会认为，可以攻击教师？是不是没完没了？

在我不久前工作过的一所学校，有一位女教师被一个学生骚扰。学校对这个学生的处罚是临时停课两天，然后他又回来了。愤怒的教师把这个学生告上法庭（在工会的支持下），结果他受到起诉并被判有罪。最后他被学校永久开除，学校领导则颜面尽失。

如何应对学生的人格阴暗面？

亲爱的汤姆：

在我教的一个2年级班上，一个女生很爱打架。她是特殊教育对象，也是班上年龄最大的学生，但她的学习成绩差了其他人一大截。

委婉点说，她已经成为了"班霸"，每当她不高兴，就会一边跺脚一边挥舞她的小拳头。毫不夸张地说，她在课堂上的表现已经到了令人无法忍受的地步。我尝试过表扬她，也鼓励她要善待别人，但都不起作用。她还经常因为一些在我看来根本就是无中生有的事情批评别人。

她的父母对此也束手无策，我还有望管好她吗？

这种情况表明这个学生的需求可能无法在课堂上得到满足，我真的很同情你的处境。我相信你经常跟学校的特殊教育协调员沟通，或许应该另想他法，例如给她定期提供个别辅导，偶尔让她离开教室自己待一会，等等。

　　现在，我建议你继续表扬她，也要注意她批评其他同学的行为。有时，批评别人的学生，内心希望自己得到教师的表扬，这说明他们害怕无人关注。不过既然你已经表扬过她但没有用，那可能就有更深层次的问题。我们为什么批评别人？有时候是因为我们害怕自己跟他们一样，因此如果她批评别人的失败，可能是因为她害怕自己显得愚蠢和笨拙。

　　这个问题要如何处理？你可能要让她和班上其他同学保持一定距离，或者让她自己待在一个教室里，又或者要求她坐在教室的一个角落。在其他学生成对或分组做练习的时候，单独给她布置作业，并告诉她这是一项特殊任务。尽量减少她和同学的接触，就能避免相互比较。同时，需要请专业的教育专家对她进行更严格的评估，以确定她的具体需求，然后想办法满足。

　　说到跺脚等行为，应该像处罚其他学生一样处罚她，不要给她任何特殊待遇，否则她就会认为她能够破例。

学校缺乏统一的行为管理体系，该怎么办？

　　亲爱的汤姆：

　　我刚到一所学校工作，关于对学生严重不良行为的处理，该校有着与众不同的方法。有的学校领导认为，老师讲得越好，学生的表现就会越好；但其他人则认为，应该先管好学生，然后再抓教学。这所学校的教学效果普遍较差，因为不管教师的授课质量高低，学生们都在捣乱，从不认真听课。学生经常互相攻击——最近还有人因此而进了医院——有时他们也会攻击不喜欢的老师。骂人已经是家常便饭，但老师却不能处罚学生。

　　我怎么做才能改变这种状况？要求学生听话这个简单的要求，不是被学生无视，就是会触发他们的叛逆心理。被老师喊到教室外反省的学生会直接跑掉；课后留堂也不管用，因为学生不会出现。学校领导只会一味地纵容学生的行为，不会采取更严厉的处罚。这一切都令人失望，但学生应该有更好的学习环境，教师们应该有更好的工作环境。还有希望改变吗？

我真的很同情你，这的确是艰难的处境，每个教师都会觉得难以应付。同时我也很佩服你，为了让学生接受更好的教育，你还在努力想办法。

这个学校最严重的问题是缺乏统一的行为管理体系。要解决学生的不良行为问题，学校教职工需要达成共识，再加上一系列严格的、得到学校领导支持的处罚措施。学生人数毕竟远远多于教师，因此无论在什么地方（教室、走廊），他们都是大多数，而学生本质上是一个缺乏组织的群体，教师的主要优势就是能够团结协作。如果学生和教师都缺乏组织，那么教师想要落实任何政策，可能都需要经过一番挣扎。但如果教师们团结起来，就所向披靡了。

遗憾的是，根据你的来信，这个学校在行为管理方面缺乏足够的团结协作，因此这是你们需要首先解决的问题。你说学校领导袖手旁观，那么哪些教师在上课时能够管好学生？如果有，就请求他们的支持与帮助。如果可以，去观摩他们上课可能会有用，留心观察他们的做法以及学生的反应。看看能否学到一些有用的经验，然后运用到自己的班级上。

另外，他们也许愿意帮你完成行为管理的后续处罚，比方说，如果学生没有来留堂，就帮你打电话给学生家长，又或者他们跟你班上最调皮的那个学生有特殊关系，能够帮你管好学生。

想一想教室里究竟发生了一些什么事情。青少年也是人，无论他们看起来多么没有人性，他们同样会对一些非常原始的信号做出反应，也就是说，他们同样需要来自权威人士的肯定，需要感觉到自身的价值。这意味着你应该在教室里做好两件事情：一是要发自内心地关注学生的教育，让他们尽可能获得最好的受教育机会；二是要竭尽全力提供这样的机会。随时提醒学生，每个人都很重要，且同等重要，因此你将通过惩罚违规者来推行你的规则。

上课时，你可以采用一些不会受到不良行为影响的教学方法，例如把作业写在黑板上，或发到每个学生桌上。这样一来，每个学生都会有事可做，那些表现好的学生会很高兴，而你也能腾出手对付那些爱捣乱的学生。

你还需要和学生家长合作。要落实校内的惩罚措施，你需要联合其他教师，尽可能联系家长，尽管部分家长不讲理，但大多数家长都会配合学校的工作。争取家长支持的最佳方法是先表扬他们的孩子，然后再提到不良行为：

"你好，×先生/女士，总的来说，罗伯特在我的课上表现得相当不错，如果他愿意，就可以很好地完成作业，但好像今天有点松懈了，你有时间和我谈一谈，怎样让他保持最佳表现吗？"这类表述十分有效。不要让学生家长觉得孩子表现不好都是家长的错，或老师在指责家长，这样你就可以消除他们的戒心。

讲课生动有趣重要，还是行为管理重要？精心准备的课程内容固然对行为管理有帮助，但如果认为这两件事情同样重要，或者认为把课讲好就可以管好一帮调皮捣蛋的学生，这就不切实际了。在一班捣乱的学生面前，无论多么精心准备的课程，都像一面纸墙，一吹就破，因此，我认为你们学校的领导在行为管理问题上多少有点推卸责任。毕竟这是最容易的做法："这不是我们的责任，而是你的"，但事实上，这是每个人的责任。

当然还有别的解决办法，但对教师的勇气和独立工作能力有很高的要求。从你的来信中，我无法判断你是不是新任教师，如果是，那么我能够提供的最好建议就是始终如一和坚持不懈；随时按照规章制度执行处罚，即使在看似没有希望的时候，也绝不放弃。你要慢慢驯服冥顽不化的学生，而不是缴械投降。他们是学生，有时可能既无礼又讨厌，但你是成年人。

如果你已经是行业老手，那就要鼓起勇气迎接挑战，但不要孤军奋战，要争取尽量多的、各种资历的教师同仁的支持。或许你可以申请加入或组织一个行为管理协会来解决这些问题，并制定一套行为管理规则。可以跟工会代表谈一谈，看看他们如何看待学生对教师的攻击行为。告诉他们你非常担忧，如有可能，让他们知道你已经忍无可忍。

　　如果你尽了最大努力，却仍然无济于事，那么就可以问心无愧地去另谋高就了，因为你已经尽力了。没人可以仅凭一己之力改变一所学校。而且如果学校领导都不支持你的努力，又何必继续白费心思呢。

与其他成年人打交道

学生是影响教学的唯一因素。如果没有他们的干扰，我们可以安安静静地按照预定的进度讲课。下课铃声会在走廊里回响，然后，慢慢归于沉寂。生活就是这样充满了遗憾。

既然我们教的是学生而不是机器人，那么在整个职业生涯中，我们都会面临各种行为问题，这也是本书迄今为止的重点。解决学生们的问题，一切都会好起来的，对吧？唉，可惜。当一名教师，要处理的不仅仅是师生关系。你会注意到其他成年人会不停干涉你的工作，有些人应邀出现，而有些人却不请自来。我们也必须学会和他们打交道，但不是把他们看作问题制造者，而是看作潜在的盟友、导师和精神力量的源泉。或者你也是这些群体的一员，一名不讲课的教师，想知道如何与学生、教师和其他人打交道。学生向周围的每个人学习，而我认为他们也是我们大家的教师。

学生家长会令部分教师很紧张：他们中的很多人都觉得家长在某种程度上是自己的"对手"而不是"盟友"，并设法控制家长，而非请求家长的合作。公平地说，很多学生家长确实给我们出了不少难题，并认为我们和他们不是一条心。如果学生家长曾威胁要来学校"修理"你（教师），你就会明白我的意思。而对于家长，说句公道话，很多教师都不太讲道理，有些教师会打电话说："你的儿子很令人讨厌，你到底是怎么把他养大的？"

关键是找到教师和家长之间的一些共同语言，在此基础上，以合作而非敌对的态度沟通。那么，你和这些家长的共同点是什么？是学生的福祉：他们的发展、进步和教育。这是你们双方都想要的。坦率地说，无论你多么关心你的学生，他们的家长总是比你更在乎。有些教师跟家长说话的方式，就好像家长不知道什么对学生有好处似的。好吧，可能有一些与众不同的家庭，育儿方式有违常理，但如果我们扪心自问，我们对别人的养育方式嗤之以鼻，大多只是基于自己的做法来表达文化厌恶或个人偏好。

在我们与学生父母交谈时，我们都应记住，这个人是学生的第一监护人。如果你说服他们，你想要的也正是他们对学生期望的，那么你们就能够结成同盟，增强彼此的力量。所以，我们必须确保沟通的方式是这样的："萨米最近表现不太好，我知道他可以做得更好的。如果他继续这样下去，他可能会被开除，我想我们都不想看到这样的结果……"如果我们能时刻秉持这样的心态，那么除了最难搞的家长，其他家长都会积极配合你的工作。当然，很可能一些家长会传授你一两点方法，教你如何和学生相处，但这只是个可能……

当然，学校不仅仅是由教师经营；还有一群管理人员、官员、代课老师、后勤和辅助人员，负责确保电灯正常工作、疏通安全出口以及支付学校各项支出。他们中的很多人会以各种各样的方式与学生和教师产生关联。一些人还请教我如何与学生和其他工作人员相处。在学校里，最重要的是每个人都有必要清楚自己的责任和利益范围，并了解自己应该做什么。如果教师群体对行为管理感到不知所措，那么你只能想象，对代课老师、助教或管理人员来说，这件事有多难。

毫无疑问，所有员工都应该举止得体，客气地对待他们遇到的每个人，无论他们是否相处融洽，这似乎是显而易见的。一些教师要求学生尊重自己，我对此感到很不舒服，他们表现得好像尊重是召之即来的东西。在我的生活中，我只能想到六七个值得我深深尊敬的人，但待人以礼应该是我们每个人都期待的事情。待人以礼的美妙之处在于让每个人都大致明白你的意思。这并不是说你希望别人怎么对你就怎么去对待别人，而是说你要像一个有价值的人那样去对待别人。因为你是人，所以你有价值。

我们都是有价值的人。

我一直在碰壁：被学生忽视的代课教师

亲爱的汤姆：

*　　去年以来我一直做临时代课主管，我遇到一个棘手的问题：如果学生无视你，拒绝做你要求他们做的事情，比如进入教室前先在外面等候，不守规矩时站在外面，不要扔纸飞机，等等，你会怎么做呢？我一直给任课的老师留便条，也向学校做过报告，并且如果学生再犯，我还会向年级主任报告，但学生依然我行我素。我该怎么办？*

试图让别人来惩罚问题学生似乎就是你的问题所在。我知道作为一名代课主管，你不太确定自己是否有权利让学生留堂等，但是如果你不这么做，学生就会把你当作一个好好先生。遗憾的是，很多教师没有给代课教师必要的帮助，让课程顺利进行，也没有在回来后追究在自己离开期间犯错的学生。事实上，我在某种程度上理解这种做法，但却无法认同。大多数正式教师，哪怕不去管自己不在任时的事情，也已经在工作时有足够多的事情要忙。不过我总是建议正式教师和代课教师合作，共同制定出管理学生的方法。如果正式教师没有跟进，那么你就需要改变自己的策略，不然你还是会遇到类似的情况。

给学生家长打电话；自己决定是否留堂；追究逃避留堂的学生；执行学校行为准则；去找部门领导沟通，问为什么他们都不管，并说明处罚的必要性。毕竟，教师应该在某种程度上重视代课教师的课。当他们不这样做时，问题就会出现，因为学生们认为代课没什么用。

如果因为学校政策，不允许代课教师执行留堂等处罚，就要要求学校采取行动。你有权利要求同事给予合理的支持，否则你就相当于被他们抛弃了。

我的女儿在留堂时做陶艺不行吗？

亲爱的汤姆：

我的女儿最近搬来和我住了，之前她一直跟着母亲生活。她一直非常聪明，在各个方面都是模范生，但最近她在学校遭受了不公平的待遇。因为屡次旷课，她被学校警告，但我在离家很远的地方工作，不可能经常放下工作赶去学校。现在学校告诉我，如果她不想待在这所学校，就转学吧！

难道学校不应该先搞清楚她的问题吗？难道就可以这样撒手不管了？我觉得学校根本不愿意帮助我的女儿，这是非常不公平的——在此之前，她每年都表现得很好。现在的教育出了什么问题？而且在她留堂时，老师也只是让她做些毫无意义的事，比如画图和抄写。教育的重点当然是教育，她为什么不可以在留堂时做一些有趣的事情，比如陶艺或写一篇政治随笔？

问题就在于她搬来跟你生活，就像"房间里的大象"（比喻显而易见却被忽视的事实）。

对任何人来说，这都是一个艰难的时期，尤其是青少年，因为他们还要面对青春期的各种困难，发展自我认同感，或者接受从一个家搬到另一个家的事实。即使得到最无微不至的照顾，他们也会有被疏远、被抛弃和不确定的感觉。她以前十分乖巧和优秀，说明她的生活中发生了新的变化，从而打破了平衡，很可能就是她搬来和你一起住。这对你来说都是一个很大的变化，所以想象一下她的感受：她还被爱着吗？现在谁说了算？现在的基本规则是什么？

她生活中的安全感被颠覆了，还有点漂泊无依的感觉。

青少年叛逆是自然合理的，这是他们寻找自我的过程。而这种叛逆增加了她的不确定感，她似乎非常渴望有人告诉她新的规则是什么。

学生需要知道界限。她需要知道什么可以做，什么不可以做。如果没人告诉她，那么她就会自己去找，这样往往会对别人造成伤害。如果学生的家庭生活发生巨变，教师经常会发现他们的性格大变。

以前表现良好的学生突然变坏往往意味着，他们需要得到过去生活中的成年人的关注。如果他们觉得自己在家被忽视，他们会求助于身边的大人，做出需要关注的举动；遗憾的是，他们做出的往往是不良行为。

我不好评价教师在个别情况下的表现，因为我们不在场，因此最好不要评判。我敢打赌，大多数教师都把她的事放在心上。对一些人来说，留堂等方法可能听起来毫无意义，但教师可以采用的策略也不多。一般来说，最常见的策略就是惩罚不良行为，奖励良好行为。留堂是很常见的惩罚方式，为了起到威慑作用，惩罚必然令学生感到不快。这并不意味着它毫无意义（我会要求学生留堂时写作业），它必须在某些方面有警示作用，提醒学生（例如）粗鲁对待教师和同学会导致他们不喜欢的后果。这是威慑和奖励的普遍原则，就像山脉一样古老。

如果一个学生一直旷课，那么学校必须得调查发生了什么。但学校毕竟是教育机构，它的首要职责是处理外在问题，而不是解决内在原因，所以学校没有能力来当福利官或者心理学家，只能治标，不能治本。公平地说，父母的责任更大，他们更了解学生，与学生关系最亲近，当然，他们还有在道德上管理学生的权利。在学校看来，在影响学生行为的潜在心理问题方面，家长的能力和机会都更大。

我相信这个女孩的教育问题可以得到解决，但需要家长来解决她生活中困扰她的问题。她需要知道自己是被爱着的，她需要守规矩，并且知道这些规矩是为了她好，因为父母爱着她。为了避免问题变得更严重，现在就要采取行动。听起来她非常地需要你。现在不要纠结于老师说了什么，学生什么时候以及是否应该在留堂期间学陶艺。

如何对付到处乱跑的学生？

> 亲爱的汤姆：
>
> 我是一名特殊教育需要协调员，我正在制定对付一个3年级男孩的策略，他喜欢到处跑——跑离课堂、跑离人群、在学校里到处跑。我从来没有抓过他，而是让他自己回去上课。在他表现好的时候，我给他奖励，这取得了一点效果。没什么特别的事刺激他到处跑——他就是想跑就跑——但我们都拿他没办法，你有什么建议吗？我将感激不尽！谢谢。

他接受过心理教育部门的评估吗？逃跑可能是种强迫行为，比如因为害怕同龄人、焦虑等一大堆潜在因素。如果一些内在因素促使他做出违背自己意愿的行为，那么这就不仅仅是课堂管理的问题了，需要心理学家的帮助，我在这方面没有发言权。

另一方面，这可能只是行为不当，是不愿意参与活动，或不愿意以一种大家认可的方式行事。当你跟他谈这件事的时候，他对你说了什么？他是否以某种方式为自己的行为辩护？那么，这就是你的"突破口"——解决他行为不当的线索，因为你或许可以和他讲道理，以一种他能理解的方式分析问题（比如强调到处跑浪费了多少时间，多么影响他的学习，多么让他妈妈失望等——只要是有用的话都行）。或许他根本不解释自己的行为，只说"他想跑"而已，那么应该按照规定对他进行处罚，向他强调他和班上的其他同学一样需要学习，以及老师在很大程度上知道什么是对他最好的。

我担心的是，如果我们容忍他的行为，那么他潜意识里会觉得：（1）逃跑是可以接受的；（2）这是个逃课的好方法。当然了，不要去抓他，说不定他就是想看老师追着他满地跑。就像我说的，他解释行为时所说的，就是你决定采取何种应对措施的关键。

如何回答面试时的行为管理问题？

亲爱的汤姆：

作为一名助教，我经常在面试中被问到，如何处理课堂上的不良行为，我总是不知道该说什么。如果这不是一个关于行为管理的问题，我感到很抱歉！

对我来说，这当然是个行为问题。在面试时，如果被问到如何处理学生的不良行为，我建议你按照以下要点回答：

如有不良行为发生，请随时参照学校的学生行为管理规范。如果你不知道学校使用的规范，那就去找一找。如果学校没有相关规范，那就不要入职该学校。快跑！

随时配合教师的行为管理；助教的作用是辅助，学生需要看到教师是教室里的权威，否则他们会感到迷惑，这也有损教师的威信。这样一来，学生就会一直重复"他说……但是她说……"，挑拨两个教师的关系。

这并不是说你什么都要听教师的，而是说你应该了解，你辅助的教师希望如何处理行为问题。我曾经遇到过一个助教，每当学生们说话的时候，用嘘声要求学生保持安静，结果却造成更大的混乱。我后来不得不提醒她注意这一点。

在上课前与教师沟通，明确基本规则和管理模式，了解你需要分管哪些学生，在他们表现不好时，你应该做什么。

我的儿子被校园霸凌者欺负了，该怎么办？

亲爱的汤姆：

从上学期开始，一些9年级的男孩就在欺负我家7年级的儿子。直到他泪流满面地回家，我才知道情况有多糟糕。他们总是嘲笑他的长相，以至于他很严肃地问我，等他长大了能不能做整容手术。

我给年级主任打过电话，所以知道他们是谁，年级主任也说会教育这些男孩。好吧，如果学校真的教育了这些男孩，也没有任何效果，因为欺凌还在继续。我应该怎么做才能阻止他们欺负我儿子？我需要和他们的父母谈谈吗？

这对你和你儿子来说，一定很可怕。如果你儿子是受害者，我对他深表同情。以下是几点需要考虑的事项：

如果你想快点解决这件事，那么多和学校沟通；尽快和年级主任或相关领导安排会面，讨论解决的办法。如果你这么做了，我保证他们会加快动作，因为没人喜欢参加这种无话可说的会议（我知道这有点愤世嫉俗，但这是事实）。

至少学校可以让双方保持距离，这样一来，如果他们再次接触，也可以明确责任和过错。欺凌通常很难举证，因为经常是双方各持己见。公平地说，是否有欺凌应该是很难去证明的；很多时候，学生就是学生，很容易做出错误的指控（当然，我不是在暗示你的儿子在说谎，只是表明学校可能不怎么管，但实际上是想做到公平。毕竟，如果他们对无辜者施加严厉惩罚，也同样糟糕——那只是另一种形式的欺凌）。不过，如果教师密切关注这个情况，那么就相对容易发现谁是欺凌者，谁是受害者。

如果可以的话，你的儿子应该试着勇敢地口头反击。我当然不会建议你儿子去揍他们一顿，无论这么做有多解气。首先，这可能会导致他被学校开除。其次，这只会让暴力升级，让事情变得更复杂。

霸凌者实施欺凌，是因为这能给他们自尊。他们选择受害者的标准，是自己能够欺负到他——本质上，他们选择看起来像是受气包的人。重复下，我不是在暗示你的儿子很懦弱，只是他性格的某些特点足以向那些淘气的孩子暗示，欺负他不会带来大麻烦。如果霸凌者们受到了一点反击，他们就会失去兴趣，因为一般来说，他们不想要真正去打架，只是想要欺负别人，让自己感觉更好。所以，尽可能在公开场合口头反击他们，会有所帮助。尽量鼓励你的孩子不要流露出任何情绪；这只会满足他们的自尊心，让霸凌者们觉得自己高人一等。嘲笑他们也是一种好方法。

霸凌者通常不认为自己是霸凌者。他们可能认为只是开了个玩笑。所以，有时候和他们谈话可以帮他们意识到自己的行为正在伤害别人。当然，他们可能充分认识到自己在做什么，所以严厉惩罚他们也能产生预期效果。

小心行事——如果父母觉得自己的孩子受到伤害，拼了命也会保护孩子。你也会为自己的孩子做同样的事，对吧？如果你的确和另一方家长谈话了（如果你和他们的关系很好，这可能非常有用），那么需要用一种非敌对的方式来交流。向他们解释你的儿子很难过，你知道他们的孩子可能不是故意的，等等，请他们跟孩子谈一谈。如果你能够得到他们的理解，那就像在冷兵器时代有了一门大炮，但如果你惹他们生气，那就像一场阵地战。

我女儿被掌掴了，该怎么办？

亲爱的汤姆：

我女儿最近转到了一所新学校。她一向学习优秀，表现良好，喜欢上课。后来一个个头更大的女孩无缘无故扇了她一耳光。我的女儿太善良了，没有反击，所以她陷入了一种深深的惊恐中。

我的女儿现在还睡不好觉，不想上学，因为打她的这个女孩在事后第二天还对我女儿微笑，把我女儿吓坏了。我教育自己的孩子要讲文明，但不敢相信我可怜的女儿因为这个霸凌者对学习失去了兴趣。你能给我一些建议吗？她现在总是哭，像个婴儿一样，我想知道学校是否做出了正确的反应。

在校内被打和在校外被打一样严重。你完全有权利报警，指控对方人身攻击。警方可能不愿意接手，因为这是"校内事件"，但如果你坚持，那么他们必须采取行动。或许你在报警之前，可以通知学校，看看这是否能让他们加速处理此事。学校经常把人身攻击看作"正常"行为，但事实并非如此，就像你女儿的情况一样。

至于你女儿遭到的打击，我感到非常同情——暴力让人深感痛苦，尤其是对不习惯使用暴力的人而言。在她身边支持她，鼓励她，告诉她这不是她的错，你正在努力确保施暴的女孩得到应有的惩罚。也许你也可以在周末时带她出去走走、放松放松。

学校现在为你和你的女儿做的远远不够，作为家长，有时候你必须去争取，逼着学校行动起来。

代课教师如何管理学生？

亲爱的汤姆：

我现在是一名代课教师。因为有很多教师请病假，所以我的时间表排得满满的。大多数课程还行——有些艰难，但是还能坚持。最令我忍无可忍的是两个9年级的班级。我经常遇到这种情况：他们不停地说话，在教室里乱扔垃圾，而且大多数人都不学习。他们还很少遵守规章制度。不过我也会采取留堂措施，但课程进度根本无法保证，你有什么建议能让我管好他们吗？谢谢。

恕我直言，代课教师值得登上新年荣誉榜，他们承担着所有代课的痛苦，还要被学生瞧不起，说"你又不是真的老师"。尽管他们很乖戾，但听起来你和他们已经有了个好的开始，当然，9年级的学生是出了名的叛逆，所以你并不孤单。

好消息是，你在那里的时间足够长，足以让他们大多数学生完成任务。关键是要追究那些逃避留堂的学生，因此一定要记下他们的名字，并交给值得依赖的主管或学科主任，以便执行进一步的处罚。同样重要的是，明确这个主管对学生的期望，然后（礼貌地）要求他加以落实。如果学生一犯再犯，就重复上述步骤，一直重复，直到他们认识到不应该调皮，认识到你会追究到底，认识到代课也是上课，而不是延长的玩耍时间。

如果我们偷懒并放任自流，他们就会发现可以逃避处罚。因此，要给他们一点教训。我有一句口头禅："不是他们把你困在教室里——是你把他们困在教室里。"所以，不要害怕看到他们。把代课看作是做出这种行为的机会。上课时不要和他们大喊、争吵。保持冷静（这只是一份工作，不是神圣的意志之战），上课时平静地记下名字，下课后找他们算账。

什么是"体面"的转学？

亲爱的汤姆：

　　我是一名老师，我代我的嫂子向您请教一个问题。她最近接到了女儿所在学校的校长来电，建议她女儿"体面"转学。由于很多家庭变故（父母离婚，亲人去世等），她女儿在9年级的表现不太好，脾气也不好。她的手机被没收了，于是她生气地冲出了教室，而当时她扔出的一件东西打中了老师。现在校长认为这是攻击行为，她应该永远离开这所学校。

　　我不理解。我的学校有一个特教学生也打人，但她从来没被要求"体面"转学。因此，请告诉我什么叫"体面"转学，我应该建议我嫂子做什么，她有什么权利？非常感谢。

一般来说，除非一个学生被永久性开除，否则任何离校要求都必须得到父母或监护人的同意。根据你说的这种情况，这个女孩的父母知道她可能被永久开除，在开除她以前，学校允许她选择自愿转学，这样她就不会留下开除记录。对学生而言这是一件好事，因为她可能需要换一个地方重新开始。

当然，家长总是可以拒绝的，但这样一来，他们可能要跟学校和当地教育主管部门打一场持久战。或者学校缺乏合适的理由开除学生，想用这种方式让学生自愿转学，在这种情况下，家长只需要说："不——让我们看看其他选择吧。"

根据我的经验，如果学生被学校要求"体面"转学，那么这意味着学校掌握了有关她的极端和危险行为的充足证据。我必须说，即使她正在经历家庭困难时期，她也不能以此为借口攻击他人和破坏东西。

一个教师会扰乱别人的课堂吗？

亲爱的汤姆：

今天我走进另一位教师的教室，3个男孩突然闹腾起来。这些男孩是出了名的淘气，我已经无数次见过他们调皮捣蛋，所以我没有理会他们，以免影响教师上课——至少我是这么认为的。但随后这个班的教师在全班面前说："不要因为布兰特老师来了，你们就开始胡闹。"后来她说班上同学表现得非常好，但只要我一走进教室，他们就开始闹起来。我不知道该如何反应。就在几节课之前，我不得不把这些男孩带离教室，这样她才能继续上课。有没有可能她是对的？

嗯……听起来这个教师只是因为你看到了她课上的不良行为而感到尴尬。

因为她内心的恶魔在对她大喊："你是个垃圾老师！看到了吗？连布兰特老师都看到了！"对此，她的回应是说出她最害怕的事，甚至可能回避她内疚的真正原因（瞧不起自己教学的能力），将问题归咎于你，让你疯狂在意。

问问她是否需要帮助。也许可以问问她是怎么处理这几个捣乱的男孩的。当然，要试着指导，而不是说教。如果你觉得她真的需要帮助，那就委婉地和她的上级谈谈。

有人指责我能力不够

亲爱的汤姆：

*　　我和其他老师轮流教一群学生，所以我只在一个学期的前10周左右和他们见面，在这10周内，我清楚地说明了交作业的时间和要求等。然而一些学生还是没有按时提交作业，所以我写信去他们家并要求他们有问题就来问我。我发出了催交作业通知并让别的老师提醒他们。现在有人指责我能力不够！学校领导层说，不管怎样都要收完课程作业，这是我的责任。当然，我已经做了我能做的一切——也许更多——而且不管怎么说，交作业是否应该是学生的责任呢？*

这是一个不负责任的指控。从道德上讲，我们能够区分自己被要求做的事、不被要求做的事以及介于两者之间——可做可不做的事。

要求教师完成的事情包括：依据教学大纲授课，通知并指导学生完成课程作业。但我们也清楚地知道，不能帮学生写作业。这里讨论的是我们要给学生施加多大的压力让他们完成作业。问题在于，我们给他们的压力越大，他们独立学习的能力和主动性就会越少，而这恰恰是写作业的一项主要目的。有人还会说，为了让学生完成作业而让他们留堂（我偶尔也会这么做，但并非出于本意，而是迫不得已），这与完成作业所需的挑战精神背道而驰。

在教与学的过程中，学校非常强调教师取得成果的责任；而与此同时，评价教师的依据很大程度上取决于学生的表现。这非常有趣：让学生尽量多做而我们尽量少做，结果我们经常发现，要求我们做的是一件事情（例如鼓励独立学习），而我们却必须做另外一些事情才能实现教育体制所要求的最终结果（考试成绩、作业、单元论文等）。

看起来你为收作业的事情付出了很多，如果你提前很长时间将情况报告给你的直属上司，那么他们会给你什么建议？如果他们保持沉默，或者对你做的事感到高兴，那么你在这件事上就有了挡箭牌，因为他可以指责你，但你也可以指责他。我并不是说这件事情一定要找个替罪羊。但如果你想推卸责任，不妨先将目光投向那些已经被告知应该做什么、什么时候做，但却什么也没做的学生。

谁来教教师？行为管理在职培训应该怎么做？

亲爱的汤姆：

我负责一所学校的学习援助中心，学校要求我组织一个关注学生行为问题的教师日活动，可否请您给我一些建议。我不想让这次活动又变成大家扎堆抱怨学生多么冥顽不灵、顽固不化。谢谢。

不妨从找个思路着手：一天的时间恐怕无法培养什么技能，但可以让他们思考下自己已经做了什么。我建议你做视频培训。在活动日之前，招募一些教师录制教学视频——比如15分钟的教学片段。招募教师将会很困难，但我相信你会找到乐意录制视频的教师。他们可能在行为管理方面很有办法，希望他们不会害羞。在教室里录像不存在法律问题，甚至工会也没什么意见，只要摄像机不是对准教师，也不会用录像来批评他们。如果要对准他们拍摄，就要获得教师本人的同意。

然后让活动参加者来观摩和学习这些录像：用SWOT分析法来研究哪里做得好，哪里还可以换一种做法。这个方法可以让教师思考现实生活中的情况以及对应的处理方法。行为管理是一项实践，需要观摩和模仿来提高，所以这种方法既可以观摩一节课又不用进入教室（当然，摄像机必须放在教室里，但你会惊讶地发现，很多学生很快就忽略掉它了）。这样的培训也很有意思，它能吸引眼球，比一般的由彩色记号笔、A2纸张和头脑风暴所构成的培训有趣多了。

如果你觉得培训可能沦为牢骚集会，那么你可以提前发放调查问卷，询问他们一些具体的问题、不满等。这样一来，在培训日当天，你就可以用一种有意义的方式整理、解释和反映教师们的思想和感受。这意味着有人重视他们的想法，并有了一个表达意见的平台（书面观点通常比口头观点更深思熟虑）。顺便一说，如果你觉得教师们突然开始表达消极的想法，这对学校领导层来说是个明确的信号，表明学校出现了严重的问题，即教师们觉得自己没有机会表达自己、被倾听，或是做出改变。以上意见仅供参考。

行政体系中的薄弱环节：学校领导尽职了吗？

亲爱的汤姆：

最近我在英国广播公司（BBC）网站上读到，尽管校长和校领导们的权力很大，但当涉及行为问题时，他们往往未能给老师提供应有的支持。你对这份报告有什么看法？你认为它会督促校长和校领导更多地关注课堂行为问题吗？

嗯，根据我个人的工作经验，除非压力迫使，人们（不仅仅是管理岗位）通常不会采取行动。这并不是对人类行为的一种愤世嫉俗的观点，只是承认人们有许多需要优先考虑的事情，还有很多压力和需求，人们只能依次按照重要性的高低次序完成——有时，一些事情会变得不那么重要，或完全被忽视。

无论职位高低，人们的行为方式都一样，他们往往会优先满足在食物链上地位更高的人的需求，然后才会考虑地位"低于"自己的人的需求。这只是一种更简单的谋生方式——如果你能让你的老板开心，那么你的生活可能过得更容易。毕竟，领导有能力让你不开心。

啰唆了这么多，我想表达的重点是，高级管理层通常不会对区区一份报告做出反应——他们每天都被报告包围着，对于他们，报告就像早餐那样稀松平常，就如同教师经常从信箱里收到教师培训的邀请一样，根本不会当一回事儿。对待报告，学校领导可以像拒绝饭后甜点一样，把一份报告扔在一边。促使他们行动的往往是迫使他们做出改变的外部需求（休谟称之为"外因"）——教育标准局要来视察、上级要来考察等外部可见因素。但这是人类的天性，而不是对校领导的抱怨。当然，还有促使管理层做出改变的其他因素，责任心、专业素养、荣誉感、正义感等，这些也都起作用了。但是要想让校领导紧张起来，报告必须写得有分量。

当然，相对而言，无论是理论上还是实践中，校领导对整个学校的行为规范都有着重大影响。所有的领导都是自上而下地发挥作用，所以如果校长和其管理团队在行为管理方面失职了，其负面影响会反映到学生群体中。如果学生知道犯了行为错误后，最终会被请去领导办公室，那么他们在与教师顶撞的时候，就会三思而后行。但是如果当他们的行为足以被请去学科主任或年级主任那儿，或是犯下其他同等严重的错误，而惩罚却像雾那样轻飘飘，或只是偶尔受到惩罚，那么他们就会知道，他们可以违反规则，然后逃脱惩罚。

在以前工作过的一个学校的操场上，我曾听到一个学生问另一个学生："你没去留堂，校长对你说了什么？"另一个学生说："没说什么。就是和我聊聊天，叫我不要再这样做了。"这是我听过的最糟糕的事情。

这就像一个有法官、警察和法院，但没有监狱的社会，根本无法管理。不良行为发展到某个地步，就需要得到制止，否则，学生们就会意识到我们只是做做样子。

我希望看到，每个学校都能强制性地指定一名管理层成员，专门管理行为问题，并且给予这个成员足够的时间和支持，让他或她顺利完成工作。这样一来，这名成员（在各种必要的支持下）就成了一个后盾、一个提示器，说明一切都好，秩序井然，于是每个人都可以安心地做自己的事情。

我可能会给这位被指定的成员一个特殊的头衔，比如"首席教师"，听起来很时髦。

教师在职培训对行为管理有用吗？

亲爱的汤姆：

　　为了支持我的职业发展，我工作的学校愿意花钱让我去参加课堂管理培训。我不是特别了解相关的培训机构，但应该如何选择一个靠谱的？我需要一个一到两天的课程。

　　十分感谢！

行为管理是一种实践（尽管从字面意思来看不是这样），所以我建议去报有演员或同事参与的角色扮演类课程。尽管你非常清楚地意识到，你面对的不是学生，但你会惊讶地发现，你在下意识地重复自己习惯的做法。

另外，我还建议你选择有视频（模拟或真实的教学视频都可以）观摩项目的课程，因为观察学生怎么捣乱和教师如何处理，特别是在置身事外的情况下观察，确实是个好办法。通常情况下，我们很难充分利用到学校里的观摩课，因为我们不得不参与其中。

我不太相信那些要求教师整天坐着听别人讲课的教师在职培训或课程的质量。你也可以查一查，培训教员是否熟悉自己感兴趣的教学环境，是否拥有相关经验。要当心那些只在瑞士女子精修学校教过外交官女儿的行为管理专家……在谷歌上搜索一下，把他们剔除出去。就我个人而言（我承认自己存在偏见），我建议你对那些从非常学术的角度研究行为管理的课程敬而远之。当然，行为管理背后有很多理论，但是作为一名教师，管理行为主要讲究态度和行动，而不是过于学术化。

对了，如果你看到宣称"通过感同身受、拥抱和身体能量调整来提升行为管理能力"的课程，请立刻向教育部举报。

得不偿失的行为：嘲笑同事的风险

亲爱的汤姆：

我最近在《泰晤士报教育副刊》中读到，一名老师在管理班级方面有些困难，但是当另一个（不受欢迎的）老师走进教室又走出时，她发现通过和全班同学一起嘲笑那名老师，他们的关系更亲密了，后来她还发现自己更容易管理学生行为了。你认为这样的笑声共鸣，是一个重要的行为管理工具吗？

尽管我赞成使用各种方法来加强师生关系，却不太认同为此损害同事关系。取笑其他老师就是在告诉全班的学生：他们可以把老师看作小丑。这一行为在当时可能会产生有益的辅助效果，但它也会使嘲笑老师尤其是那位老师的行为合理化。

我不知道这件事会给那位老师造成多大的伤害。也许班上的学生会更不尊重他，也更不愿意服从他的管理。当然，这种伤害无法量化。但是如果是我，我会希望我的同事能保持沉默——我是说真的保持沉默，而不是仅仅忍住笑——并且无视这种情况。

当然，这可能会让我看起来有点假正经。毕竟有时我真想对一些老师的行为翻白眼。但是默许学生公开嘲笑其他老师是很不光彩的，同时也有违教师的职业道德。我很同情这位作者，为了带动和吸引学生而尝试各种策略的压力胁迫着我们每一个人。

众所周知，微笑是一种良药。但这并不意味着它能治愈一切，也不意味着百试不爽。俗话说，是药三分毒，笑是灵长类动物在感到恐惧时做出的和解反应，实际上笑的意思是"请不要伤害我，我没有恶意"。当然，人类的笑更加复杂，但通常用来表达团结和友谊。当你和一个班的关系处于还不熟悉的阶段时，学生们需要看到你冷静又严肃的样子，这样他们就知道你是认真的。如果你太早开始笑，你就暗示着你希望他们喜欢你。相反，在你可以让学生和你自己放松之前，你都要一直保持严肃。否则你就会遇到麻烦。如果你开始的时候过于友善，以后再想让他们守规矩就不容易了。

有时，和学生们搞好关系需要花费很长时间。和他们一起欢笑是下一步的事情，通常标志着你可以让他们在课堂上表现得更好。但是不要急着走捷径，这就像行贿——短期能得到收益，但代价是什么？

家长对教师的攻击行为

亲爱的汤姆：

这周我"差点"被一位家长攻击。他对我大声辱骂，怒气冲冲地站起来，把他前面的桌子狠狠地推向我。我的学科主任不得不站在中间，因为他觉得这位家长要打我。但是学校根本不支持我，甚至还叫学科主任给这位"绅士"打电话，为事情发展到这种程度而道歉。

如果学校允许这样的辱骂，那我现在感觉很不安全。有人告诉我可以报警，但是我不确定该怎么做。

这太可怕了，如果所在的学校氛围让教师不得不报警保护自己，那他们从家长和学生那儿是受到了多少委屈，这太让人沮丧了。我在娱乐行业工作时，经常看到类似的情况，员工对顾客百依百顺，而在被攻击或恐吓时，被要求去道歉、擦桌子。实际上，学校要求你做的事情也没什么两样。

太对了，你就应该采取行动。我很高兴你的同事支持你，我也对学校的反应感到有些吃惊。接下来你要做的事就是鼓足勇气。

告诉你的直属上司，你希望能禁止这个家长进入学校，这件事并不难。如果有人向我扔椅子或桌子，在他们离开前，我早就报警了，至少，你有权在安全的环境中工作。如果事实证明家长做不到文明表达，那么他们就需要像学生那样被处罚。如果学校不同意，那么你就得想办法让他们同意。告诉他们，如果他们不同意，你就让警方来调查。跟你的工会代表沟通，看看是否能获得有组织有纪律的支持。

如果校领导们懒得采取行动（不作为就是最简单的作为），那么你就得让他们感到不舒服。虽然很可悲，但你必须这么做才能让他们有所行动，你别无选择，只能督促上级。

我不是法律专家，但是我相信攻击的法律定义是威胁伤害他人的身体（殴打则是实施这种威胁），所以从法律角度来看，这个人应该受到攻击指控。威胁可以是无声的，但如果有人不得不出面干预（善良的见证人），那么就有明显的证据表明，那人存在伤害或恐吓的意图。不管怎样，你都不应该忍受，这就是工会设立的初衷之一。

不要息事宁人。只要采取足够的行动，你可能真的会改变学校的政策，改善同事们的工作环境。

如何支持一个孤僻且被欺凌的学生？

亲爱的汤姆：

我在本地一家青年俱乐部工作。一个略微孤僻的男孩有时会来这里，他很信任我。最近他告诉我，学校里的学生在欺负他，他很痛苦。他的学校显然是个好学校，但是他担心如果告诉老师，会显得很软弱，他觉得自己应该像个男子汉那样还击对方。

这周，那些男孩欺人太甚，他奋起反击……然后因为打架惹上了麻烦。在告诉我的时候，他大哭了起来。部分原因在于老师认为他也有责任，因此不会偏袒他。他觉得自己的唯一选择就是反击。他还说自己父母不管这件事。

我让他告诉校长。他问我能不能和他一起去学校和校领导谈谈，但我不太确定。我是否应该打电话告诉学校领导，告诉他们这位男孩的遭遇？

我很同情你和那个男孩的处境。青少年原来也会像成年人一样恶毒。

在某些方面，我实际上很同情这个男孩的反击——不是因为我赞成，而是因为这恰恰是对他处境的合理反击。他被欺负了，没人帮他走出困境，所以他只能选择要么忍气吞声，要么用唯一已知的方式反击。劝他"忍着""选择忽视"或类似的人既可憎又无用。操场里的学生和监狱里的男人凭直觉都知道的事，他也知道：如果你打了他们，他们再次打你的时候，就要想一想了。

遗憾的是，他这样做可能只会适得其反，因为他们可以激怒他，或导致他因为过度反应而遭受惩罚。我想，对于那些骚扰他的学生来说，这是特别令人满意的结果。

现在，你需要给他出个主意，既然你知道这个问题，就不能袖手旁观。首先，确认他没有夸大其词。我知道这可能是对霸凌者的开脱，但要确定他真的是受害者，毕竟，你一定在社交论坛上看到过一些虚假的评论。所以，你需要证据。他能不能再带个朋友过来和你聊聊，证明自己的故事？我知道这对他来说很苛刻，那些欺负他的人也会受到相同的质疑。要收集一些可以说服中立者的有力证据。

如果你确定他的说法真实，那么我建议你直接联系他的学校。约定见面时间，记住，一些老师很乐意提前或延迟到学校，以适应其他人的生活方式。告诉他们你所知道的事情，强调你很担心他的要求没有得到认真对待，提醒他们学校有义务关心自己的学生。如果他出了什么事，学校就要承担责任。

联系他的家长，告诉他们你正在做什么。本着合作的精神，你要做到彬彬有礼。总的来说，大多数家长听到有人在帮他们的孩子时，都会十分高兴。但同时，他们也可能会告诉你一些背景信息，这可能会加强或削弱故事的可靠性。

如果他说的是真的，那么他现在最需要的就是你的支持和力量。你可能是他唯一的救命稻草。这是一个重大的责任，但它现在是你的责任了。如果现在不帮他，他可能会误入歧途，自尊心受挫，破坏或毁掉自己的学习生涯。但如果得到帮助，情况可能会扭转。

如何有针对性地解决问题？

亲爱的汤姆：

我在一个学生表现不佳的班级（6年级）当助教，至少有9名学生因各种原因需要接受特殊教育。这些学生（还有其他学生）非常难管：他们总是坐不住、大惊小怪、七嘴八舌、瞎操心，别人的事总要插一脚。我知道他们大多数都非常缺乏安全感，有个男孩在生气的时候还会怒气冲冲地跑出教室。这班的老师出乎意料地有耐心，从不发脾气，但我却希望有时候她能发发脾气。如果班上不稍微安静下来，其他人怎么学习呢？

在这种情况下，了解老师对班上情况的态度很重要。如果是我，我会跟她谈谈，了解她对这些问题的看法。这些有特殊教育需要的学生是否取得了令人满意的进步？学生的行为问题是否会影响学习，是否可以接受？这些行为是否干扰教学？教室里的其他学生是如何应对当前的吵闹和行为问题的？

　　只要回答了这些问题，你就会知道是否存在重大问题。一个安静的班级不总是意味着全神贯注的学习，一个吵闹的班级也不总是糟糕的班级（如果你像我一样更喜欢安静，你就会恨得牙根发痒）。如果老师冷静且淡定，那或许她对目前的学习氛围很满意，那你就不要多嘴，不管你怎么看待这个吵闹，你的任务就是咬咬牙少嚼舌根，做好助教该做的事情。每个老师都有自己的风格，虽然有时候我们并不喜欢。当然，如果你发现学生在学习上有很大的困难，而老师却没有注意到，那正确的做法就是告诉她。

　　如果你觉得老师没有处理好严重的问题，那就和她商量一下，调整座位安排，把闹事的学生隔开，让他们在不同颜色的纸上写不一样的作业，及时表扬他们做得好的事情，并肯定他们的能力。严重行为问题的背后通常隐藏着缺乏安全感和对失败的恐惧，所以要有针对性地解决问题。把他们的作业贴到墙上。每个人都需要鼓励，差生也不例外。

教师如何应对压力

你是否也曾遭遇过瓶颈？

在以前的工作中，我见识过暴怒的醉汉、斗殴的暴徒、失火的厨房，以及因为停电而打不开的紧急出口，但相较于做教师的压力，这些都是小菜一碟了。这么说也是为了安慰那些濒临崩溃的新任教师们，他们被学生折磨得十分痛苦。

我见过的教师一开始都干劲满满。有些人要吃很久的苦头才终于成为经验丰富的老手，而有些人最终选择了离开，去找份更省心的工作。如果教师这份工作令你倍感压抑，无须担忧，这都是常态。我自己不是超人教师，但自认在行为管理方面很有一套（否则，这本书就是吹牛）。即便如此，我也曾因为学生表现不好，而多次遭受学校的批评，尤其是在入职的第一年。下课之后，我经常精疲力竭，缺乏信心，陷入自我怀疑之中。哪怕知道学生根本不会听课，我还是每晚熬夜备课到10点。我还不止一次差点被学生气哭。而我还比别人稍好一点，30多岁才转行当教师，有过多年在酒吧对付无赖和恶棍的经验。

那么，为什么教师的压力这么大？只要读过这本书，你就明白了。不过，我们还是可以想办法尝试缓解这份职业的压力。

首先，这是一份待机时间超长的工作。教师们不仅一大早就得到校上班，下了课还有无数的会议等着，中午要管学生吃饭的事儿，晚上还得开家长会。其次，改变他人从来都不是一件简单的事儿，教师也没办法直接控制学生的行为。教师还承担很多其他责任，比如给学生打分、安排课程，还要学习各种教学法。教师自己还要接受无数的培训才能成为好的教师。

此外，有些学生的确是令人生厌，但教师这个身份决定了我们必须一视同仁，这两点只会令我们觉得自己是无能的废物。学生可以视教师如粪土，而教师却要报之以热爱。实际上，教师群体往往看起来力不从心。

最后，教师们往往对自己要求过高，自我评价都以缺点或自认为存在的不足为出发点。

要缓解压力，就要知道压力从何而来。归根结底，压力的存在有其合理性，无论是心理作用，还是某种心理过程的结果。多数动物都有一种战斗或逃跑反应。几百万年前，人类的祖先在进化中形成了这种应对危险的生存反应。碰到凶猛的老虎或暴走的猛犸象时，原始人的各种反应最后可归结为两种：是迎难而上，还是知难而退？

无论选择是什么，他们都需要立即行动，支持自己勇敢但可能愚蠢的选择。一旦发现周围存在危险，人体的每个器官都会做好战斗或逃跑的准备：心率飙升，为肌肉运动供应所需的血液；呼吸变得快而短促，从而最大限度地给血液供氧；血液从内脏流向肌肉，为肢体供应能量。这一切都要依赖于肾上腺素的大量分泌。身体姿势也会发生改变：腿部可能稍稍弯曲，以便做出跑、踢等动作；为了更迅速地行动，身体要伏低；要耸起肩膀，缩回脑袋；雄性则会自然地把睾丸缩回阴囊，以便保护这个最宝贵的器官。短时间内，人类身体会触发许多关联的反应。

同时，许多重要的心理变化也发生了：战斗状态使人的大脑高度集中——不能再懒散地一心多用，而是高度集中注意力，专注于眼前的威胁。这样他们才不会因为分心去想周末轮到谁清扫洞穴，而被敌人痛殴一顿。经过所有这些自然强化以后，人类战胜敌手的胜算就大多了。

这的确是自然的反应，但却很极端，人类不可能长时间保持高压或应激状态。人体也不可能无限地保持极端备战状态，因为这样做是有代价的：如果战斗没有发生，那么一切超能量都将慢慢减退，原始人类很快变得疲惫和麻木；而如果战斗准备状态持续太久，副作用也随之而来，如无法控制的大小便、流口水和全身颤抖等。

回到现代场景，史前时代的野人变成了身着正装的教师，猛犸象则变成了学校里的学生。但压力的应对机制没有改变：教师们发现自己身处一个充满威胁的环境（如刚到一所学校），被关在一间教室里，面对一帮既令人讨厌又爱捣乱，还不断骚扰自己的学生。因此，受到威胁的身体就会本能地做出反应：不是奋勇战斗，就是溜之大吉。

相信你切身体验过这样的情况：血液从内脏流向肌肉，因此你不觉得饿，甚至有点恶心；心跳加速、呼吸加快，突然之间，你发现自己把注意力集中在那些捣乱的学生身上，无暇他顾。身体的应激反应令你感到迷惑：你既没有逃离教室，也没有操起教具跟学生干架。这到底怎么回事？你仍然面对威胁，但由于某种原因，你没有采取任何行动。因此，你的身体将持续保持这种应激状态。最后，如果类似的情况每天上演，教师就会害怕去学校，感到压抑，觉得自己失职，并感到孤独，认为随便一个人都能干得比自己更好。

而这就是压力：在你想做的事和你能做的事之间产生的一种挫败感。你发现理想的生活与现状之间有差距。这并不是建议你通过狠狠反击来应对压力，或者干脆躲到深山老林里。事实上，即便我给出这样的建议，你也不一定做得到。但这无关紧要；你不能（我再说一遍，你做不到），那么你该怎么办呢？

教师一定要知道的事情

我知道，当你感到压抑或难过的时候，说什么都无济于事。但要解决问题，又不得不说，教师们需要牢记下面的事情：

1. 每个教师都会经历很长一段时间的挣扎，每个人都是这样过来的，而且就像这本书所述的那样，学校越差，教师的工作就越难。

2. 倍感压力完全是一种正常反应。

3. 你不是废物，你只是还需要学习和成长，仅此而已。

4. 你不是废物（再次强调）。你只是讨厌自己没有足够的能力和信心。

5. 可能没有人好好教过你如何管理学生，但这不是你的错。

6. 学生首先会听权威的话，所以你需要充分利用规章制度，提供安全感，打消学生的顾虑，如果他们认为你好欺负，就会反复捣乱。

7. 他们以前不认识你，不会自然而然地服从你的管理，你需要首先树立自己的权威。

8. 所有人际关系的建立都需要时间，树立权威也不例外。

9. 你会经历一段痛苦的时光，但要学会习惯这一点。

10. 但跟所有痛苦一样，它不会永久持续。就像补牙，虽然过程痛苦，但最后的结果还不错。

对你来说，部分建议或许听起来有悖常理，但这就是事实。相信我，我是哲学老师，我知道自己在说什么。（但话说回来，没人会相信我。真的，人们总是很容易接受其他行业专家，如水管工或律师的建议，但只要你说"我是一位道德哲学家"，大家就不拿你的话当一回事，为什么？说实话，没有人尊重我们的意见……）

如何成为一名合格教师？

现在你需要挑战一件难度更高的事情：让自己像教师那样去思考。谁都可以做到这一点，不管你是什么人，是暴君还是环保主义者。教书是一项技能，而不是一堆数据。没有一本工作手册告诉你怎么做，也不存在可以应对各种情况的"教师"行为指南。教书育人是一件需要全身心投入的事情，是一种态度。但到底是什么态度？我有几点建议：

1. 在教室里，教师是老大。对此你可以有多种解释，有些人管理学生的方式类似管理铁路，而有些人则像管理幼儿园，但存在一个共同点：教师是负责人。在教室里，每个人都享有权利，每个学生都很重要，但教师的意见必须胜出，因为没有教师的指导，学生们不会自我管理，也不会自学。不同意这一点的人都是空想主义者，学生必须接受教师的教导，才会变得有趣和聪明，而不仅仅是天真可爱。

2. 学生要对自己的行为负责。如果他们满嘴脏话、桀骜不驯，或互相扔零食，那不是教师的错。教师可以决定具体怎么处理，但这归根结底是学生的问题，他们表现不好的时候，教师无须自责，冷静处理即可。

3. 要确保前后一致。在回应各种行为管理问题时，这就是我无数次强调的原则。教师做到言出必行、始终如一，才是正确管理行为问题的方法。

4. 不要把工作上的问题带回家。（我真心实意地建议诸位不要这样做，我参加过一个专门讨论这个问题的专题会议。）直白点说，学生回到家后，才不会担心自己是否伤害了教师的感情，或者为自己不是好学生而生气。他们正忙着从YouTube上下载视频到自己的手机上。因此，教师也没必要下班之后还为学生操心。

5. 他们还是孩子，有时非常讨厌，有时又可爱迷人，而教师是成年人。有时候，学生们可能故作老成，对十几岁的少年来说，假装长大成人再正常不过。你真的在意学生对你的看法吗？如果茉莉（Jasmine）认为你非常粗鲁，那又怎么样？方奇（Fonzie）对茉莉说，得了吧。全球有几十亿人，人人都有自己的看法，汇集起来有几十亿种看法，你听得完吗？

6. 学生不了解你。在他们看来，你不过是又一个不让他们在课堂上或推特上聊《电锯惊魂》的成年人。不要认为他们在针对你，有些比较好斗的学生的确知道如何攻击你的要害，例如你担心什么，他们就会说什么："你是个废物"，"老师，你管不了我们"，等等，不必理会，他们不过想要刻意地激怒你，把他们的名字记下来，然后该怎么罚，就怎么罚。

7. 教师的目标不是赢得学生的喜爱，而是教书育人。这是你的工作职责，因此你只需要在一定程度上做好准备、接受挑战，这就是一个专业的教师应该做的。

8. 最终你会赢，而一个成功的教师能够带着学生双赢。

下课铃声响给谁听

下课铃声是响给学生听的。当一天的最后一节课下课铃声响起时，学生们可以放学回家，同样，你也是。我在前面说过，别把学校的烦心事儿带回家，那你应该怎么做呢？

• **记住以上几点。**很多人把工作成就跟自尊联系起来，如果我们在职场中赢得了重视，肯定就是有价值的人。但寻求外界的认同反而很容易伤害自尊。一旦工作进展不顺利，或你对自己的职场表现感到不满意，就会影响你的自尊，要防止这种情况的出现。

• **换个角度看问题。**教学是一项非常重要的工作，但那并不意味着每一次失误或挫折都是灾难，每一点成绩都是成功。你要明白，就算学生嘲笑你的教学能力，那又怎么样呢，你的生活、爱情和工作也不会因此而一败涂地。自我反省很难让你正确地看清问题，但通过行动就要容易得多。你如何正确看待教学工作的重要性？不妨跳出思维定式，做点工作以外的事情。如果你有业余爱好，就继续下去。安排时间和朋友们见面，并像对待蛮不讲理的学生家长那样，认真对待教学以外的人际关系。

当然，调整生活重心的压力很大，除了教学，你肯定还有其他要做的事情，你并不是一台只会教书的机器，而是一个活生生的人，你需要平衡的饮食，也需要一种平衡的生活方式，才能保持清醒的头脑。去见几个其他行业的朋友（你肯定有这样的朋友），跟他们聊聊自己的工作。他们会对你那些骇人听闻的故事感兴趣，你可以一边讲一边分析，而不只是作为一个当事人。另外，他们能够提供第三方的视角，让你了解其他人的想法。教书不像呼吸，不是你的生活本身，只是生活的一部分。

• **做一些与教书育人无关的事情**。去爬山或去图书馆都不错。也可以看一场比赛；看蜘蛛结网；跟吉普赛人一起做饭。总之，去做你想做的事情。每当教师们度假回来，他们都表示自己精力充沛。这才是看待问题的正确视角。只要你能够协调处理生活中的不同兴趣，就可以一直从正确的视角看问题。

不过，你也许会说：我实在是太忙了！没有时间出去玩，我还欠了3堆上周三的作业没批改完呢！

• **要分清事情的轻重缓急**。把自己弄得疲惫不堪，对学生也没什么好处。干完分内事之后，不妨休息片刻，给自己一些享受闲暇的时间和空间。相信我，适当的休息比批改学生的作业重要得多。哪怕你迟一点归还学生的作业，地球也不会停止转动。即使你忘记给学生分发100张黄金时间游乐券，伦敦塔上还是会有乌鸦。如果你给自己的压力太大，那才是真正的灾难。教师工会成立的原因之一，就是给教师减压，但即便如此，教学工作依然会让你倍感压力。因此，除非遭遇紧急情况，不要寻求工会支持，日常的教学工作并没有那么十万火急。

• **保持健康**。如果大脑过于紧张，就动起来，如果你喜欢运动，不妨去慢跑几圈，散散步也行。如果你愿意，剧烈的有氧运动效果最好。去健身房里运动一小时，它会让你多想想谁的身体在散发异香，少去想那帮让人闹心的学生。运动还有一个重要作用，就是将身体在战斗或逃跑的应激反应中分泌的肾上腺素消耗掉。所有类型的运动都有这个效果，所以尽早动起来。但我不确定坐着玩电脑游戏是否等于锻炼，但很多人这么觉得（就好像很多人说喝饮料就等于吃水果和蔬菜一样）。

另外，当你认为自己更健康、身材更好的时候，就更容易应对压力。因此，哪怕不喜欢跑步机，也要让自己尽可能地动起来，以更好地应对教学工作的挑战。我的选择是骑车上班，尽管伦敦的交通状况经常让我在上课之前就面临很大压力。

- **保证充足的睡眠**（天哪，我听起来像啰嗦的老母亲。下次我会告诉你少喝点酒，保证饮食健康。我可能真的会把你当小孩一样唠叨：小心过马路）。那么，你每天都备课到凌晨一点吗？别傻了，保证睡眠。很多教师一大早就要起床上早读课，所以不要再虐待自己了，不要再占用晚上宝贵的睡眠时间了。每个人都需要保证每晚8小时左右的睡眠，要尽量每天在大约相同的时间上床睡觉。有证据表明，这样做会让你睡得更沉、更好。

夜深时不要再喝含有咖啡因或酒精的饮料。咖啡因会在体内停留几个小时，让你感到亢奋，即使睡着了，睡眠质量也会很差。酒精也一样，它可能会使你昏睡过去，但这可不是什么甜美的睡眠。有的人寻求其他"药物"的帮助（至于哪些药物，相信你自己心里有数）……这些办法都不如让身体遵循其自然的生物钟：感到身心疲惫的时候，就收工休息。人们依然没有搞清楚睡眠的作用，因为我们没有想象的那么聪明。所以，只要记住睡眠的重要性，不要去尝试连续一个星期不睡觉之类的荒诞且不合理的事情，好吗？

- **向学校寻求帮助。**学校教师是一个团队，即使你是新人，在遇到困难时，也可以并且应该向其他经验丰富的教师学习。总有一天，你也会反过来帮助新人。因此，在遇到棘手的问题时，就去找教学导师、上级、好朋友、学校领导——所有可以提供帮助的人。如果你需要教学方面的指导，请他们来听你讲课，也可以问问是否可以去旁听他们讲课。

如果有学生捣乱，那么就去找年级主任或其他学校管理人员，并征求他们的意见。他们应该乐于提供帮助，否则就是失职。

- **遵守学校的规定，尤其是纪律规定。**学生应该明白，如果他们跟你捣乱，就是跟整个学校作对，大多数学生没有这个胆量单挑整个学校。只要知道跟你对着干的学生一定会被惩罚，就能很好地缓解教师的紧张情绪。因为教师们感到紧张的一个原因，就是觉得学生可以侮辱我们，然后逃脱惩罚。当然，这是不可能的，所以面对闹事的学生，保持耐心，把他们的名字记下来。还要记住，75%的行为管理发生在教室以外。它可能没那么快产生效果，但只要坚持，就会见效。这样过了一段时间以后，多数捣蛋鬼就会变得老老实实的了。

感到无力和无用会损害你的自尊，严重的情况下，甚至可能导致抑郁症，对于那些容易感到压抑的人来说，还可能引发长期的痛苦。因此，尽力消除自己的负面情绪是有意义的。最好的办法是相信自己可以把工作压力降到最低，而不是无助地等待，成为大环境的牺牲品。相信自己可以有所作为，这一点非常鼓舞人心，因此，一定要让自己去尝试以上各种办法。你不是一个教育体制的牺牲品，而是一个大自然的奇迹：一个受过高等教育、理性而独立、有价值、有能力的男性或女性，无论是对学生和同事，对其他人来说，都非常有价值。

当然了，你还是一位教师。祝你好运，并传播你的爱。

"常青藤"书系—中青文教师用书总目录

书名	书号	定价
特别推荐——从优秀到卓越系列		
★ 从优秀教师到卓越教师：极具影响力的日常教学策略	9787515312378	33.80
★ 从优秀教学到卓越教学：让学生专注学习的最实用教学指南	9787515324227	39.90
★ 从优秀学校到卓越学校：他们的校长在哪些方面做得更好	9787515325637	59.90
★ 卓越课堂管理（中国教育新闻网2015年度"影响教师的100本书"）	9787515331362	88.00
名师新经典/教育名著		
最难的问题不在考试中：先别教答案，带学生自己找到想问的事	9787515365930	48.00
在芬兰中小学课堂观摩研修的365日	9787515363608	49.00
★ 马文·柯林斯的教育之道：通往卓越教育的路径（《中国教育报》2019年度"教师喜爱的100本书"，中国教育新闻网"影响教师的100本书"。朱永新作序，李希贵力荐）	9787515355122	49.80
★ 如何当好一名学校中层：快速提升中层能力、成就优秀学校的31个高效策略	9787515346519	49.00
★ 像冠军一样教学：引领学生走向卓越的62个教学诀窍	9787515343488	49.00
像冠军一样教学2：引领教师掌握62个教学诀窍的实操手册与教学资源	9787515352022	68.00
★ 如何成为高效能教师	9787515301747	89.00
★ 给教师的101条建议（第三版）（《中国教育报》"最佳图书"奖）	9787515342665	49.00
★ 改善学生课堂表现的50个方法（入选《中国教育报》"影响教师的100本书"）	9787500693536	33.00
改善学生课堂表现的50个方法操作指南：小技巧获得大改变	9787515334783	39.00
美国中小学世界历史读本/世界地理读本/艺术史读本	9787515317397等	106.00
美国语文读本1-6	9787515314624等	252.70
和优秀教师一起读苏霍姆林斯基	9787500698401	27.00
快速破解60个日常教学难题	9787515339320	39.90
★ 美国最好的中学是怎样的——让孩子成为学习高手的乐园	9787515344713	28.00
建立以学习共同体为导向的师生关系：让教育的复杂问题变得简单	9787515353449	33.80
教师成长/专业素养		
精益教育与可见的学习：如何用更精简的教学实现更好的学习成果	9787515368672	59.00
教学这件事：感动几代人的教师专业成长指南	9787515367910	49.00
如何更快地变得更好：新教师90天培训计划	9787515365824	59.90
让每个孩子都发光：赋能学生成长、促进教师发展的KIPP学校教育模式	9787515366852	59.00
60秒教师专业发展指南：给教师的239个持续成长建议	9787515366739	59.90
通过积极的师生关系提升学生成绩：给教师的行动清单	9787515356877	49.00
卓越教师工具包：帮你顺利度过从教的前5年	9787515361345	49.00
★ 可见的学习与深度学习：最大化学生的技能、意志力和兴奋感	9787515361116	45.00
学生教给我的17件重要的事：带你爱、勇气、坚持与创意的人生课堂	9787515361208	39.80
★ 教师如何持续学习与精进	9787515361109	39.00
从实习教师到优秀教师	9787515358673	39.90
像领袖一样教学：改变学生命运，使学生变得更好（中国教育新闻网2015年度"影响教师的100本书"）	9787515355375	49.00
★ 你的第一年：新教师如何生存和发展	9787515351599	33.80
教师精力管理：让教师高效教学，学生自主学习	9787515349169	28.00
如何使学生成为优秀的思考者和学习者：哈佛大学教育学院课堂思考解决方案	9787515348155	49.90
反思性教学：一个已被证明能让教师做到更好的培训项目（30周年纪念版）	9787515347837	59.90
★ 凭什么让学生服你：极具影响力的日常教育策略（中国教育新闻网2017年度"影响教师的100本书"）	9787515347554	28.00
运用积极心理学提高学生成绩（中国教育新闻网2017年度"影响教师的100本书"）	9787515345680	59.90
可见的学习与思维教学：成长型思维教学的54个教学资源：教学资源版	9787515354743	36.00

	书名	书号	定价
★	可见的学习与思维教学：让教学对学生可见，让学习对教师可见（中国教育报2017年度"教师最喜爱的100本书"）	9787515345000	39.90
	教学是一段旅程：成长为卓越教师你一定要知道的事	9787515344478	39.00
	安奈特·布鲁肖写给教师的101首诗	9787515340982	35.00
	万人迷老师养成宝典学习指南	9787515340784	28.00
	中小学教师职业道德培训手册：师德的定义、养成与评估	9787515340777	32.00
	成为顶尖教师的10项修炼（中国教育新闻网2015年度"影响教师的100本书"）	9787515334066	49.90
★	T. E. T. 教师效能训练：一个已被证明能让所有年龄学生做到最好的培训项目（30周年纪念版）（中国教育新闻网2015年度"影响教师的100本书"）	9787515332284	49.00
	教学需要打破常规：全世界最受欢迎的创意教学法（中国教育新闻网2015年度"影响教师的100本书"）	9787515331591	45.00
	给幼儿教师的100个创意：幼儿园班级设计与管理	9787515330310	39.90
	给小学教师的100个创意：发展思维能力	9787515327402	29.00
	给中学教师的100个创意：如何激发学生的天赋和特长／杰出的教学／快速改善学生课堂表现	9787515330723等	87.90
	以学生为中心的翻转教学11法	9787515328386	29.00
	如何使教师保持职业激情	9787515305868	29.00
★	如何培训高效能教师：来自全美权威教师培训项目的建议	9787515324685	39.90
	良好教学效果的12试金石：每天都需要专注的事情清单	9787515326283	29.00
★	让每个学生主动参与学习的37个技巧	9787515320526	45.00
	给教师的40堂培训课：教师学习与发展的最佳实操手册	9787515352787	39.90
	提高学生学习效率的9种教学方法	9787515310954	27.80
★	优秀教师的课堂艺术：唤醒快乐积极的教学技能手册	9787515342719	26.00
★	万人迷老师养成宝典（第2版）（入选《中国教育报》"2010年影响教师的100本书"）	9787515342702	39.00
	高效能教师的9个习惯	9787500699316	26.00
课堂教学/课堂管理			
★	像行为管理大师一样管理你的课堂：给教师的课堂行为管理解决方案	9787515368108	59.00
	差异化教学与个性化教学：未来多元课堂的智慧教学解决方案	9787515367095	49.90
	如何设计线上教学细节：快速提升线上课程在线率和课堂学习参与度	9787515365886	49.00
	设计型学习法：教学与学习的重新构想	9787515366982	59.00
	让学习真正在课堂上发生：基于学习状态、高度参与、课堂生态的深度教学	9787515366975	49.00
	让教师变得更好的75个方法：用更少的压力获得更快的成功	9787515365831	49.00
	技术如何改变教学：使用课堂技术创造令人兴奋的学习体验，并让学生对学习记忆深刻	9787515366661	49.00
	课堂上的问题形成技术：老师怎样做，学生才会提出好的问题	9787515366401	45.00
	翻转课堂与项目式学习	9787515365817	45.00
★	优秀教师一定要知道的19件事：回答教师核心素养问题，解读为什么要向优秀者看齐	9787515366630	39.00
	从作业设计开始的30个创意教学法：运用互动反馈循环实现深度学习	9787515366364	59.00
	基于课堂中精准理解的教学设计	9787515365909	49.00
	如何创建培养自主学习者的课堂管理系统	9787515365879	49.00
	如何设计深度学习的课堂：引导学生学习的176个教学工具	9787515366715	49.90
	如何提高课堂创意与参与度：每个教师都可以使用的178个教学工具	9787515365763	49.90
	如何激活学生思维：激励学生学习与思考的187个教学工具	9787515365770	49.90
	男孩不难教：男孩学业、态度、行为问题的新解决方案	9787515364827	49.00
★	高度参与的线上线下融合式教学设计：极具影响力的备课、上课、练习、评价项目教学法	9787515364438	49.00
★	跨学科项目式教学：通过"+1"教学法进行计划、管理和评估	9787515361086	49.00
	课堂上最重要的56件事	9787515360775	35.00
★	全脑教学与游戏教学法	9787515360690	39.00

	书名	书号	定价
★	深度教学：运用苏格拉底式提问法有效开展备课设计和课堂教学	9787515360591	49.90
★	一看就会的课堂设计：三个步骤快速构建完整的课堂管理体系	9787515360584	39.90
	如何有效激发学生学习兴趣	9787515360577	38.00
	如何解决课堂上最关键的9个问题	9787515360195	49.00
	多元智能教学法：挖掘每一个学生的最大潜能	9787515359885	39.90
★	探究式教学：让学生学会思考的四个步骤	9787515359496	39.00
	课堂提问的技术与艺术	9787515358925	49.00
	如何在课堂上实现卓越的教与学	9787515358321	49.00
	基于学习风格的差异化教学	9787515358437	39.90
★	如何在课堂上提问：好问题胜过好答案	9787515358253	39.00
★	高度参与的课堂：提高学生专注力的沉浸式教学	9787515357522	39.90
	让学习变得有趣	9787515357782	39.00
★	如何利用学校网络进行项目式学习和个性化学习	9787515357591	39.90
	基于问题导向的互动式、启发式与探究式课堂教学法	9787515356792	49.00
	如何在课堂中使用讨论：引导学生讨论式学习的60种课堂活动	9787515357027	38.00
	如何在课堂中使用差异化教学	9787515357010	39.90
★	如何在课堂中培养成长型思维	9787515356754	39.90
	每一位教师都是领导者：重新定义教学领导力	9787515356518	39.90
★	教室里的1-2-3魔法教学：美国广泛使用的从学前到八年级的有效课堂纪律管理	9787515355986	39.90
	如何在课堂中使用布卢姆教育目标分类法	9787515355658	39.00
	如何在课堂上使用学习评估	9787515355597	39.00
	7天建立行之有效的课堂管理系统：以学生为中心的分层式正面管教	9787515355269	29.90
	积极课堂：如何更好地解决课堂纪律与学生的冲突	9787515354590	38.00
	设计智慧课堂：培养学生一生受用的学习习惯与思维方式	9787515352770	39.00
	追求学习结果的88个经典教学设计：轻松打造学生积极参与的互动课堂	9787515353524	39.00
	从备课开始的100个课堂活动设计：创造积极课堂环境和学习乐趣的教师工具包	9787515353432	33.80
	老师怎么教，学生才能记得住	9787515353067	48.00
	多维互动式课堂管理：50个行之有效的方法助你事半功倍	9787515353395	39.80
	智能课堂设计清单：帮助教师建立一套规范程序和做事方法	9787515352985	49.90
	提升学生小组合作学习的56个策略：让学生变得专注、自信、会学习	9787515352954	29.90
	快速处理学生行为问题的52个方法：让学生变得自律、专注、爱学习	9787515352428	39.00
	王牌教学法：罗恩·克拉克学校的创意课堂	9787515352145	39.80
	让学生快速融入课堂的88个趣味游戏：让上课变得新颖、紧凑、有成效	9787515351889	39.00
★	如何调动与激励学生：唤醒每个内在学习者（李希贵校长推荐全校教师研读）	9787515350448	39.80
	合作学习技能35课：培养学生的协作能力和未来竞争力	9787515340524	59.00
	基于课程标准的STEM教学设计：有趣有料有效的STEM跨学科培养教学方案	9787515349879	68.00
	如何设计教学细节：好课堂是设计出来的	9787515349152	39.00
	15秒课堂管理法：让上课变得有料、有趣、有秩序	9787515348490	49.00
	混合式教学：技术工具辅助教学实操手册	9787515347073	39.80
	从备课开始的50个创意教学法	9787515346618	39.00
	中学生实现成绩突破的40个引导方法	9787515345192	33.00
	给小学教师的100个简单的科学实验创意	9787515342481	39.00
	老师如何提问，学生才会思考	9787515341217	49.00
	教师如何提高学生小组合作学习效率	9787515340340	39.00
	卓越教师的200条教学策略	9787515340401	49.90
	中小学生执行力训练手册：教出高效、专注、有自信的学生	9787515335384	49.90

书名	书号	定价
从课堂开始的创客教育：培养每一位学生的创造能力	9787515342047	33.00
提高学生学习专注力的8个方法：打造深度学习课堂	9787515333557	35.00
改善学生学习态度的58个建议	9787515324067	36.00
★ 全脑教学（中国教育新闻网2015年度"影响教师的100本书"）	9787515323169	38.00
★ 全脑教学与成长型思维教学：提高学生学习力的92个课堂游戏	9787515349466	39.00
★ 哈佛大学教育学院思维训练课：让学生学会思考的20个方法	9787515325101	59.90
完美结束一堂课的35个好创意	9787515325163	28.00
如何更好地教学：优秀教师一定要知道的事	9787515324609	49.90
带着目的教与学	9787515323978	39.90
★ 美国中小学生社会技能课程与活动（学前阶段/1-3年级/4-6年级/7-12年级）	9787515322537等	215.70
彻底走出教学误区：开启轻松智能课堂管理的45个方法	9787515322285	28.00
破解问题学生的行为密码：如何教好焦虑、逆反、孤僻、暴躁、早熟的学生	9787515322292	36.00
13个教学难题解决手册	9787515320502	28.00
★ 让学生爱上学习的165个课堂游戏	9787515319032	39.00
美国学生游戏与素质训练手册：培养孩子合作、自尊、沟通、情商的103种教育游戏	9787515325156	49.00
老师怎么说，学生才会听	9787515312057	39.00
快乐教学：如何让学生积极与你互动（入选《中国教育报》"影响教师的100本书"）	9787500696087	29.00
★ 老师怎么教，学生才会提问	9787515317410	29.00
★ 快速改善课堂纪律的75个方法	9787515313665	28.00
★ 教学可以很简单：高效能教师轻松教学7法	9787515314457	39.00
★ 好老师可以避免的20个课堂错误（入选《中国教育报》"影响教师的100本图书"）	9787500688785	39.90
★ 好老师应对课堂挑战的25个方法（《给教师的101条建议》作者新书）	9787500699378	25.00
★ 好老师激励后进生的21个课堂技巧	9787515311838	39.80
★ 开始和结束一堂课的50个好创意	9787515312071	29.80
好老师因材施教的12个方法（美国著名教师伊莉莎白"好老师"三部曲）	9787500694847	22.00
★ 如何打造高效能课堂	9787500680666	29.00
合理有据的教师评价：课堂评估衡量学生进步	9787515330815	29.00
班主任工作/德育		
★ 北京四中8班的教育奇迹	9787515321608	36.00
★ 师德教育培训手册	9787515326627	29.80
中小学教师职业道德培训手册：师德的定义、养成与评估	9787515340777	32.00
★ 好老师征服后进生的14堂课（美国著名教师伊莉莎白"好老师"三部曲）	9787500693819	39.90
优秀班主任的50条建议：师德教育感动读本（《中国教育报》专题推荐）	9787515305752	23.00
学校管理/校长领导力		
如何构建积极型学校	9787515368818	49.90
卓越课堂的50个关键问题	9787515366678	39.00
如何培育卓越教师：给学校管理者的行动清单	9787515357034	39.00
★ 学校管理最重要的48件事	9787515361055	39.80
重新设计学习和教学空间：设计利于活动、游戏、学习、创造的学习环境	9787515360447	49.90
重新设计一所好学校：简单、合理、多样化地解构和重塑现有学习空间和学校环境	9787515356129	49.00
让樱花绽放英华	9787515355603	79.00
学校管理者平衡时间和精力的21个方法	9787515349886	29.90
校长引导中层和教师思考的50个问题	9787515349176	29.00
如何定义、评估和改变学校文化	9787515340371	29.80
优秀校长一定要做的18件事（入选《中国教育报》"2009年影响教师的100本书"）	9787515342733	39.90

书名	书号	定价
学科教学/教科研		
中学古文观止50讲：文言文阅读能力提升之道	9787515366555	59.90
完美英语备课法：用更短时间和更少材料让学生高度参与的100个课堂游戏	9787515366524	49.00
人大附中整本书阅读取胜之道：让阅读与作文双赢	9787515364636	59.90
北京四中语文课：千古文章	9787515360973	59.00
北京四中语文课：亲近经典	9787515360980	59.00
从备课开始的56个英语创意教学：快速从小白老师到名师高手	9787515359878	49.90
美国学生写作技能训练	9787515355979	39.90
《道德经》妙解、导读与分享（诵读版）	9787515351407	49.00
京沪穗江浙名校名师联手教你：如何写好中考作文	9787515356570	49.90
京沪穗江浙名校名师联手授课：如何写好高考作文	9787515356686	49.80
★ 人大附中中考作文取胜之道	9787515345567	39.80
★ 人大附中高考作文取胜之道	9787515320694	49.90
★ 人大附中学生这样学语文：走近经典名著	9787515328959	49.90
四界语文（入选《中国教育报》2017年度"教师喜爱的100本书"）	9787515348483	49.00
让小学一年级孩子爱上阅读的40个方法	9787515307589	39.90
让学生爱上数学的48个游戏	9787515326207	26.00
轻松100课教会孩子阅读英文	9787515338781	88.00
情商教育/心理咨询		
9节课，教你读懂孩子：妙解亲子教育、青春期教育、隔代教育难题	9787515351056	39.80
★ 学生版盖洛普优势识别器（独一无二的优势测量工具）	9787515350387	169.00
与孩子好好说话（获"美国国家育儿出版物（NAPPA）金奖"）	9787515350370	39.80
中小学心理教师的10项修炼	9787515309347	36.00
★ 别和青春期的孩子较劲（增订版）（入选《中国教育报》"2009年影响教师的100本书"）	9787515343075	39.90
★ 100条让孩子胜出的社交规则	9787515327648	28.00
守护孩子安全一定要知道的17个方法	9787515326405	32.00
幼儿园/学前教育		
中挪学前教育合作式学习：经验·对话·反思	9787515364858	79.00
幼小衔接听读能力课	9787515364643	33.00
用蒙台梭利教育法开启0～6岁男孩潜能	9787515361222	45.00
德国幼儿的自我表达课：不是孩子爱闹情绪，是她/他想说却不会说！	9787515359458	59.00
德国幼儿教育成功的秘密：近距离体验德国学前教育理念与幼儿园日常活动安排	9787515359465	49.80
美国儿童自然拼读启蒙课：至关重要的早期阅读训练系统	9787515351933	49.80
幼儿园30个大主题活动精选：让工作更轻松的整合技巧	9787515339627	39.80
★ 美国幼儿教育活动大百科：3-6岁儿童学习与发展指南用书 科学/艺术/健康与语言/社会	9787515324265等	600.00
蒙台梭利早期教育法：3-6岁儿童发展指南（理论版）	9787515322544	29.80
蒙台梭利儿童教育手册：3-6岁儿童发展指南（实践版）	9787515307664	33.00
★ 自由地学习：华德福的幼儿园教育	9787515328300	49.90
赞美你：奥巴马给女儿的信	9787515303222	19.90
史上最接地气的幼儿书单	9787515329185	39.80
教育主张/教育视野		
重新定义学习：如何设计未来学校与引领未来学习	9787515367484	49.90
教育新思维：帮助孩子达成目标的实战教学法	9787515365848	49.00
学习是如何发生的：教育心理学中的开创性研究及其实践意义	9787515366531	59.90
父母不应该错过的犹太人育儿法	9787515365688	59.00

书名	书号	定价
如何在线教学：教师在智能教育新形态下的生存与发展	9787515365855	49.00
正向养育：黑幼龙的慢养哲学	9787515365671	39.90
颠覆教育的人：蒙台梭利传	9787515365572	59.90
如何科学地帮助孩子学习：每个父母都应知道的77项教育知识	9787515368092	59.00
学习的科学：每位教师都应知道的99项教育研究成果（升级版）	9787515368078	59.90
学习的科学：每位教师都应知道的77项教育研究成果	9787515364094	59.00
真实性学习：如何设计体验式、情境式、主动式的学习课堂	9787515363769	49.00
哈佛前1%的秘密（俞敏洪、成甲、姚梅林、张梅玲推荐）	9787515363349	59.90
基于七个习惯的自我领导力教育设计：让学校育人更有道，让学生自育更有根	9787515362809	69.00
终身学习：让学生在未来拥有不可替代的决胜力	9787515360560	49.90
颠覆性思维：为什么我们的阅读方式很重要	9787515360393	39.90
如何教学生阅读与思考：每位教师都需要的阅读训练手册	9787515359472	39.00
成长型教师：如何持续提升教师成长力、影响力与教育力	9787515368689	48.00
教出阅读力	9787515352800	39.90
为学生赋能：当学生自己掌控学习时，会发生什么	9787515352848	33.00
如何用设计思维创意教学：风靡全球的创造力培养方法	9787515352367	39.80
如何发现孩子：实践蒙台梭利解放天性的趣味游戏	9787515325750	32.00
如何学习：用更短的时间达到更佳效果和更好成绩	9787515349084	49.00
教师和家长共同培养卓越学生的10个策略	9787515331355	27.00
★ 如何阅读：一个已被证实的低投入高回报的学习方法	9787515346847	39.00
★ 芬兰教育全球第一的秘密（钻石版）（《中国教育报》等主流媒体专题推荐）	9787515359922	59.00
世界最好的教育给父母和教师的45堂必修课（《芬兰教育全球第一的秘密》2）	9787515342696	28.00
★ 杰出青少年的7个习惯（精英版）	9787515342672	39.00
杰出青少年的7个习惯（成长版）	9787515335155	29.00
★ 杰出青少年的6个决定（领袖版）（全国优秀出版物奖）	9787515342658	49.90
★ 7个习惯教出优秀学生（第2版）（全球畅销书《高效能人士的七个习惯》教师版）	9787515342573	39.90
学习的科学：如何学习得更好更快（入选中国教育网2016年度"影响教师的100本书"）	9787515341767	39.80
杰出青少年构建内心世界的5个坐标（中国青少年成长公开课）	9787515314952	59.00
★ 跳出教育的盒子（第2版）（美国中小学教学经典畅销书）	9787515344676	35.00
夏烈教授给高中生的19场讲座	9787515318813	29.90
★ 学习之道：美国公认经典学习书	9787515342641	39.00
★ 翻转学习：如何更好地实践翻转课堂与慕课教学（中国教育新闻网2015年度"影响教师的100本书"）	9787515334837	32.00
★ 翻转课堂与慕课教学：一场正在到来的教育变革	9787515328232	26.00
翻转课堂与混合式教学：互联网+时代，教育变革的最佳解决方案	9787515349022	29.80
翻转课堂与深度学习：人工智能时代，以学生为中心的智慧教学	9787515351582	29.80
★ 奇迹学校：震撼美国教育界的教学传奇（中国教育新闻网2015年度"影响教师的100本书"）	9787515327044	36.00
★ 学校是一段旅程：华德福教师1—8年级教学手记	9787515327945	49.00
★ 高效能人士的七个习惯（30周年纪念版）（全球畅销书）	9787515360430	79.00

您可以通过如下途径购买：
1. 书　　店：各地新华书店、教育书店。
2. 网上书店：当当网（www.dangdang.com）、天猫（zqwts.tmall.com）、京东网（www.jd.com）。
3. 团　　购：各地教育部门、学校、教师培训机构、图书馆团购，可享受特别优惠。
　　购书热线：010-65511272 / 65516873